P. Vergilius Maro

Georgica
Vom Landbau

Lateinisch / Deutsch

Übersetzt und herausgegeben
von Otto Schönberger

Reclam

RECLAMS UNIVERSAL-BIBLIOTHEK Nr. 638
1994 Philipp Reclam jun. GmbH & Co. KG,
Siemensstraße 32, 71254 Ditzingen
Bibliographisch ergänzte Ausgabe 2010
Druck und Bindung: Esser printSolutions GmbH,
Untere Sonnenstraße 5, 84030 Ergoldling
Printed in Germany 2024
RECLAM, UNIVERSAL-BIBLIOTHEK und
RECLAMS UNIVERSAL-BIBLIOTHEK sind eingetragene Marken
der Philipp Reclam jun. GmbH & Co. KG, Stuttgart
ISBN 978-3-15-000638-2

www.reclam.de

Georgica
Vom Landbau

Inhalt

Liber primus

Quid faciat laetas segetes, quo sidere terram
vertere, Maecenas, ulmisque adiungere vites
conveniat, quae cura boum, qui cultus habendo
sit pecori, apibus quanta experientia parcis,
hinc canere incipiam.
Vos, o clarissima mundi
lumina, labentem caelo quae ducitis annum;
Liber et alma Ceres, vestro si munere tellus
Chaoniam pingui glandem mutavit arista
poculaque inventis Acheloia miscuit uvis;
et vos, agrestum praesentia numina, Fauni,
ferte simul Faunique pedem Dryadesque puellae:
munera vestra cano. tuque o, cui prima frementem
fudit equum magno tellus percussa tridenti,
Neptune; et cultor nemorum, cui pinguia Ceae
ter centum nivei tondent dumeta iuvenci;
ipse nemus linquens patrium saltusque Lycaei,
Pan, ovium custos, tua si tibi Maenala curae,
adsis, o Tegeaee, favens, oleaeque Minerva
inventrix, uncique puer monstrator aratri,
et teneram ab radice ferens, Silvane, cupressum;
dique deaeque omnes, studium quibus arva tueri,
quique novas alitis non ullo semine fruges,
quique satis largum caelo demittitis imbrem;
tuque adeo, quem mox quae sint habitura deorum
concilia incertum est, urbesne invisere, Caesar,
terrarumque velis curam et te maxumus orbis
auctorem frugum tempestatumque potentem
accipiat cingens materna tempora myrto,
an deus immensi venias maris ac tua nautae

Erstes Buch

Was die Saaten üppig macht, unter welchem Gestirn man die Erde pflügen soll, Maecenas, und Reben an Ulmen binden, welche Wartung die Rinder brauchen, wie man Kleinvieh halten und pflegen soll und welche Erfahrung die sparsamen Bienen erfordern, davon will ich nun singen.
Ihr, strahlendste Lichter des Alls, die ihr das gleitende Jahr am Himmel dahinführt; auch ihr, Liber und gütige Ceres, wenn durch eure Huld die Erde die Chaonische Eichel mit strotzenden Ähren vertauscht und Acheloische Becher mit neu entdeckten Trauben vermischt hat; auch ihr, Faune, hilfreiche Gottheiten des Landvolkes, kommt zusammen herbei, ihr Faune und Dryadenmädchen: Euren Gaben gilt mein Lied. Auch du, Neptunus, dem anfangs die Erde, durchbebt vom mächtigen Dreizack, das schnaubende Pferd hervorbrachte; ferner du, Aristaeus, Freund der Haine, dem dreimal hundert schneeige Stiere die saftigen Sträucher von Cea abweiden; ja Pan selbst, Hüter der Schafe, verlaß den heimischen Wald und die Triften des Lycaeus und steh uns, so wahr dir dein Maenala lieb ist, gütig bei, Gott von Tegea, und du, Minerva, Entdeckerin des Ölbaums, auch du, Knabe Triptolemus, Bringer des krummen Pfluges, und Silvanus, der die entwurzelte junge Zypresse einherträgt; auch ihr, Götter und Göttinnen alle, die ihr eifrig die Fluren beschirmt und neue Feldfrucht ungesät sprießen laßt und den Saaten reichlich Regen vom Himmel ausgießt; vor allen auch du, von dem wir nicht wissen, in welchen Rat der Götter er bald eintritt, ob du, Caesar, lieber Städte besuchen und Länder beschirmen willst und dich der riesige Erdkreis als Spender der Feldfrucht und Herrscher über Wind und Wetter empfängt und dir die Stirn mit der Myrte deiner Mutter kränzt, oder ob du als Gott des unermeßlichen Meeres erscheinst und nur die Seefahrer dein Walten verehren,

numina sola colant, tibi serviat ultima Thule
teque sibi generum Tethys emat omnibus undis,
anne novum tardis sidus te mensibus addas,
qua locus Erigonen inter chelasque sequentis
panditur (ipse tibi iam bracchia contrahit ardens
Scorpios et caeli iusta plus parte relinquit),
quidquid eris (nam te nec sperant Tartara regem
nec tibi regnandi veniat tam dira cupido,
quamvis Elysios miretur Graecia campos
nec repetita sequi curet Proserpina matrem),
da facilem cursum atque audacibus adnue coeptis,
ignarosque viae mecum miseratus agrestis
ingredere et votis iam nunc adsuesce vocari.

Vere novo gelidus canis cum montibus umor
liquitur et Zephyro putris se glaeba resolvit,
depresso incipiat iam tum mihi taurus aratro
ingemere et sulco attritus splendescere vomer.
illa seges demum votis respondet avari
agricolae, bis quae solem, bis frigora sensit;
illius immensae ruperunt horrea messes.
At prius ignotum ferro quam scindimus aequor,
ventos et varium caeli praediscere morem
cura sit ac patrios cultusque habitusque locorum,
et quid quaeque ferat regio et quid quaeque recuset.
hic segetes, illic veniunt felicius uvae,
arborei fetus alibi atque iniussa virescunt
gramina. nonne vides, croceos ut Tmolus odores,
India mittit ebur, molles sua tura Sabaei,
at Chalybes nudi ferrum, virosaque Pontus
castorea, Eliadum palmas Epiros equarum?

das äußerste Thule dir dient und Tethys dich um sämtliche Wogen als Schwiegersohn erkauft, oder magst du dich als neues Gestirn den langsamen Monaten zugesellen, dort, wo sich der Raum zwischen Erigone und den ihr folgenden Skorpionscheren öffnet (selbst der glühende Skorpion zieht für dich seine Arme schon ein und läßt dir mehr als den schuldigen Platz), wer also du künftig auch seist (erhofft doch der Tartarus dich nicht als König, und nicht soll dich so schreckliche Herrschgier ankommen, mag auch Hellas Elysiums Auen bestaunen und Proserpina, zurückgefordert, kaum Lust verspüren, der Mutter zu folgen), gib leichte Fahrt, sei kühnem Beginnen geneigt und erbarme dich mit mir des Landvolkes, das den Pfad nicht kennt, tritt dein Amt an und gewöhne dich jetzt schon an Gebet und Gelübde!

Früh im Lenz, wenn das eisige Naß im weißgrauen Gebirge schmilzt und die lockere Scholle sich dem Westwind auftut, da schon soll mir der Stier am hinabgedrückten Pflug zu keuchen und die in der Furche gescheuerte Pflugschar zu blinken beginnen. Erst jenes Feld nämlich entspricht am Ende dem Wunsch des habgierigen Bauern, das zweimal Sonne und zweimal Frost spürte, und nur von diesem sprengt eine riesige Ernte die Scheuern.

Doch ehe wir mit dem Pflug eine unbekannte Fläche durchschneiden, gilt es, sorgsam die Winde und verschiedenen Wetterbedingungen vorherzuerkunden, die heimische Art der Feldbestellung, die Beschaffenheit des Geländes, auch, was jede Gegend hervorbringt und was sie verweigert. Hier kommen Feldfrüchte, dort Trauben üppiger fort, anderswo gedeihen Baumfrüchte und Wiesengras von selbst. Siehst du nicht? Der Tmolus sendet duftenden Safran, Indien Elfenbein, die schlaffen Sabaeer ihren Weihrauch, nackte Chalyber aber Eisen; Pontus liefert stinkendes Bibergeil und Epirus die Siegespalmen olympischer Stuten. Gleich zu Beginn erlegte die Natur bestimmten Orten diese

continuo has leges aeternaque foedera certis
imposuit natura locis, quo tempore primum
Deucalion vacuum lapides iactavit in orbem,
unde homines nati, durum genus. ergo age, terrae
pingue solum primis extemplo a mensibus anni
fortes invortant tauri glaebasque iacentes
pulverulenta coquat maturis solibus aestas;
at si non fuerit tellus fecunda, sub ipsum
Arcturum tenui sat erit suspendere sulco:
illic, officiant laetis ne frugibus herbae,
hic, sterilem exiguus ne deserat umor harenam.
  Alternis idem tonsas cessare novales
et segnem patiere situ durescere campum;
aut ibi flava seres mutato sidere farra,
unde prius laetum siliqua quassante legumen
aut tenuis fetus viciae tristisque lupini
sustuleris fragilis calamos silvamque sonantem.
urit enim lini campum seges, urit avenae,
urunt Lethaeo perfusa papavera somno;
sed tamen alternis facilis labor, arida tantum
ne saturare fimo pingui pudeat sola neve
effetos cinerem immundum iactare per agros.
sic quoque mutatis requiescunt fetibus arva,
nec nulla interea est inaratae gratia terrae.
saepe etiam steriles incendere profuit agros
atque levem stipulam crepitantibus urere flammis:
sive inde occultas viris et pabula terrae
pinguia concipiunt, sive illis omne per ignem
excoquitur vitium atque exudat inutilis umor,
seu pluris calor ille vias et caeca relaxat
spiramenta, novas veniat qua sucus in herbas;
seu durat magis et venas adstringit hiantis,
ne tenues pluviae rapidive potentia solis
acrior aut Boreae penetrabile frigus adurat.

Gesetze und ewigen Regeln auf, damals, als Deucalion zuerst Steine über die öde Welt warf, aus denen Menschen erwuchsen, das harte Geschlecht. Auf also! Gleich vom ersten Jahresmonat an laß die starken Stiere den fetten Boden umpflügen und die daliegenden Schollen vom stäubenden Sommer mit reifender Sonnenglut durchkochen. Gibt aber die Erde zu wenig Ertrag, wird es genügen, sie erst beim Aufgang des Arcturus in flacher Furche aufzuwerfen. Dort soll kein Unkraut der üppigen Feldfrucht schaden, hier der kärgliche Regen nicht abfließen und unfruchtbarer Sand entstehen.

Jedes zweite Jahr laß auch gemähtes Brachland rasten, das Feld träge und ungepflegt liegen und hart werden oder säe, wenn das neue Sternbild aufgeht, gelben Spelt, wo du vorher üppige Hülsenfrüchte in rasselnden Schoten geerntet hast oder die Frucht der schmächtigen Wicke und die schwachen Halme und das rauschende Dickicht der bitteren Lupine. Leinsaat dörrt ja den Boden aus, es dörrt ihn der Hafer, und auch Mohn dörrt ihn, der ganz vom Schlaf der Lethe getränkt ist. Baut man aber im Wechsel an, wird ihm die Mühe leicht; du darfst dich nur nicht scheuen, die magere Erde mit fettem Mist gut zu düngen und schmutzige Asche auf erschöpfte Felder zu streuen. Auch so nämlich erholt sich die Flur durch Fruchtwechsel, und die Erde ist nicht undankbar, auch wenn sie zwischendurch brachlag. Oft half es auch schon, ertraglose Felder anzuzünden und nichtige Stoppeln mit knatternden Flammen abzubrennen, mag die Erde dadurch geheime Kraft und reiche Nahrung empfangen oder das Feuer ihr alles Schlechte auskochen und schädliche Säfte verdampfen, oder mag diese Glut mehr Luftzüge öffnen und geheime Poren aufschließen, durch die Saft zu sprossenden Pflanzen emporsteigt, oder mag die Glut den Boden eher härten und die klaffenden Adern verengen, damit weder rieselnder Regen noch die scharfe Gewalt der sengenden Sonne, noch die durchdringende Kälte des Nordwindes die Erde versehrt. Aber

multum adeo, rastris glaebas qui frangit inertes
vimineasque trahit cratis, iuvat arva, neque illum
flava Ceres alto nequiquam spectat Olympo;
et qui, proscisso quae suscitat aequore terga,
rursus in obliquom verso perrumpit aratro,
excercetque frequens tellurem atque imperat arvis.
  Umida solstitia atque hiemes orate serenas,
agricolae; hiberno laetissima pulvere farra,
laetus ager; nullo tantum se Mysia cultu
iactat et ipsa suas mirantur Gargara messes.
quid dicam, iacto qui semine comminus arva
insequitur cumulosque ruit male pinguis harenae,
deinde satis fluvium inducit rivosque sequentis
et, cum exustus ager morientibus aestuat herbis,
ecce supercilio clivosi tramitis undam
elicit? illa cadens raucum per levia murmur
saxa ciet, scatebrisque arentia temperat arva.
quid qui, ne gravidis procumbat culmus aristis,
luxuriem segetum tenera depascit in herba,
cum primum sulcos aequant sata, quique paludis
collectum umorem bibula deducit harena,
praesertim incertis si mensibus amnis abundans
exit et obducto late tenet omnia limo,
unde cavae tepido sudant umore lacunae?

  Nec tamen, haec cum sint hominumque boumque labores
versando terram experti, nihil improbus anser
Strymoniaeque grues et amaris intiba fibris
officiunt aut umbra nocet. pater ipse colendi
haud facilem esse viam voluit, primusque per artem

auch, wer mit dem Karst die trägen Klumpen bricht und den Weidenrost darüber schleppt, bringt der Flur großen Nutzen, und die blonde Ceres sieht ihn vom hohen Olymp, nicht ohne zu lohnen. Auch der nützt dem Boden, der die buckligen Schollen, die er im gepflügten Feld aufriß, nochmals mit dem Pflug quer dazu durchbricht, die Erde vielfach abmüht und so den Fluren gebietet.
Fleht um nasse Sommer und heitere Winter, ihr Bauern, denn ist der Winter staubig, wächst üppig der Spelt und trägt der Boden in Fülle. Nie brüstet sich Mysien so sehr als dann seines Ertrages ohne Pflege, und Gargara selbst staunt über seine Ernten. Wie aber rühme ich den, der gleich nach der Aussaat dem Feld mit Handarbeit zu Leibe rückt, fruchtlose Sandklumpen zerschlägt, dann den Saaten den Fluß in willig folgenden Kanälen zuführt und, wenn das Feld versengt ist und sterbende Kräuter verschmachten, sieh nur!, vom Scheitel des abschüssigen Kanals die Woge herablockt? Diese stürzt über glattes Geröll, erzeugt dumpfes Brausen und erquickt mit sprudelndem Quell die verdorrende Flur. Wie rühme ich den, der die allzu üppige Saat, wenn sie noch zart im Kraut steht und eben zu Furchenhöhe aufwächst, abweiden läßt, damit nicht später der Halm unter trächtigen Ähren herabsinkt? Und den, der die Nässe, die sich sumpfig gesammelt hat, mit saugendem Sand auszieht, besonders wenn in unsicheren Monaten der Fluß überquillt und alles weithin mit Schlamm bedeckt hält, so daß lauwarmes Wasser aus tiefen Pfützen empordampft?

Doch wie sehr auch immer Mann und Stier sich mühten und pflügend mit dem Boden rangen, bringen doch die gefräßige Gans und Kraniche vom Strymon Verlust, auch die Cichorie mit ihren bitteren Fasern, und der Schatten ist von Übel. Der Vater selbst wollte, der Weg des Landbaues solle nicht leicht sein, und ließ als erster die Felder durch Kunst voranbringen, schärfte den menschlichen Geist durch

movit agros curis acuens mortalia corda,
nec torpere gravi passus sua regna veterno.
Ante Iovem nulli subigebant arva coloni;
ne signare quidem aut partiri limite campum
fas erat: in medium quaerebant. ipsaque tellus
omnia liberius nullo poscente ferebat.
ille malum virus serpentibus addidit atris
praedarique lupos iussit pontumque moveri
mellaque decussit foliis ignemque removit
et passim rivis currentia vina repressit,
ut varias usus meditando extunderet artes
paulatim et sulcis frumenti quaereret herbam,
ut silicis venis abstrusum excuderet ignem.
tunc alnos primum fluvii sensere cavatas;
navita tum stellis numeros et nomina fecit
Pleiadas, Hyadas claramque Lycaonis Arcton;
tum laqueis captare feras et fallere visco
inventum et magnos canibus circumdare saltus;
atque alius latum funda iam verberat amnem
alta petens, pelagoque alius trahit umida lina;
tum ferri rigor atque argutae lammina serrae
(nam primi cuneis scindebant fissile lignum),
tum variae venere artes. labor omnia vicit
improbus et duris urgens in rebus egestas.
Prima Ceres ferro mortalis vertere terram
instituit, cum iam glandes atque arbuta sacrae
deficerent silvae et victum Dodona negaret.
mox et frumentis labor additus, ut mala culmos
esset robigo segnisque horreret in arvis
carduus: intereunt segetes, subit aspera silva,
lappaeque tribolique, interque nitentia culta
infelix lolium et steriles dominantur avenae.
quod nisi et adsiduis herbam insectabere rastris
et sonitu terrebis aves et ruris opaci

Sorge und ließ sein Reich nicht in lastender Dumpfheit erstarren.

Vor Iuppiter unterwarf kein Bauer die Fluren, ja es galt als Unrecht, ein Feld zu kennzeichnen oder durch einen Rain zu teilen; alles war Gemeingut, und die Erde trug freigebig alles von selbst, weil ihr keiner es abzwang. Er erst verlieh den bösen Schlangen das schlimme Gift, hieß die Wölfe rauben und das Meer stürmen, schlug den Honig von den Blättern, verbarg das Feuer und ließ den Wein versiegen, der rings in Bächen floß, damit das Bedürfnis durch Grübeln schrittweise vielerlei Künste hervortrieb, in den Furchen die Getreidepflanze zog und den Adern des Kiesels verborgenes Feuer entlockte. Nun erst spürten die Flüsse gehöhlte Erlenstämme, nun gab der Seemann den Sternen Zahl und Namen, nannte sie Pleiaden, Hyaden und Lycaons Tochter leuchtende Bärin. Da lernte man, Wildtiere in Schlingen zu fangen, mit Leim zu täuschen und große Waldstücke mit Hunden zu umstellen. Hier peitscht einer schon den breiten Strom mit dem Wurfnetz, das er auf den Grund schickt, und dort zieht ein anderer das triefende Zuggarn aus dem Meer; nun kam das harte Eisen in Gebrauch, auch Blätter der kreischenden Säge (die Urmenschen spalteten nämlich Stammholz mit Keilen), und damals fanden vielerlei Künste Eingang. Maßlose Mühsal meisterte alles und die harte Not des drückenden Mangels.

Ceres lehrte als erste die Sterblichen, das Erdreich mit dem Eisen zu wenden, als schon Eicheln und Erdbeeren im heiligen Wald zu Ende gingen und Dodona die Nahrung versagte. Bald wurde auch dem Getreide Not auferlegt; da nagte der schlimme Rost die Halme an, und die unfruchtbare Distel starrte auf den Fluren; die Saaten gehen ein, rauhes Gestrüpp von Kletten und Dornen kommt hoch, und zwischen herrlichen Pflanzungen wuchern schädlicher Lolch und tauber Flughafer. Wenn du nämlich das Unkraut nicht mit rastlosem Hacken verfolgst, mit Lärm die Vögel verscheuchst und mit der Hippe am be-

falce premes umbras votisque vocaveris imbrem,
heu magnum alterius frustra spectabis acervum
concussaque famem in silvis solabere quercu.

Dicendum et, quae sint duris agrestibus arma,
quis sine nec potuere seri nec surgere messes:
vomis et inflexi primum grave robur aratri
tardaque Eleusinae matris volventia plaustra
tribulaque traheaeque et iniquo pondere rastri;
virgea praeterea Celei vilisque supellex,
arbuteae crates et mystica vannus Iacchi.
omnia quae multo ante memor provisa repones,
si te digna manet divini gloria ruris.
continuo in silvis magna vi flexa domatur
in burim et curvi formam accipit ulmus aratri.
huic a stirpe pedes temo protentus in octo,
binae aures, duplici aptantur dentalia dorso.
caeditur et tilia ante iugo levis altaque fagus
stivaque, quae currus a tergo torqueat imos,
et suspensa focis explorat robora fumus.
Possum multa tibi veterum praecepta referre,
ni refugis tenuisque piget cognoscere curas.
area cum primis ingenti aequanda cylindro
et vertenda manu et creta solidanda tenaci,
ne subeant herbae neu pulvere victa fatiscat,
tum variae inludant pestes: saepe exiguus mus
sub terris posuitque domos atque horrea fecit,
aut oculis capti fodere cubilia talpae,
inventusque cavis bufo et quae plurima terrae
monstra ferunt, populatque ingentem farris acervum
curculio atque inopi metuens formica senectae.

schatteten Feld das Laub bekämpfst und mit Gelübden Regen herbeiflehst, dann, ach, wirst du hilflos den mächtigen Kornhaufen des Nachbarn ansehen und draußen im Wald den Eichbaum schütteln, um deinen Hunger zu stillen.

Lehren muß ich auch, welche Waffen die harten Landleute haben, ohne die die Ernten weder gesät werden noch aufwachsen konnten. Zuerst die Pflugschar und der schwere krumme Eichenpflug, auch die träge rollenden Wagen der Mutter von Eleusis, die Dreschtafeln, die Schleifen und die unmäßig schweren Karste; sodann das schlichte Flechtgerät des Celeus, Hürden vom Erdbeerbaum und die mystische Schwinge des Iacchus. All dies halte lange vorher sorgsam bereit, wenn der volle Ruhm des göttlichen Feldbaues auf dich warten soll. Gleich schon im Wald wird eine Ulme mit großer Kraft gebändigt, zum Krummholz gebogen und erhält die Form des geschweiften Pfluges. An diesem Ulmenstamm ragt die Deichsel acht Fuß lang hervor und werden zwei Streichbretter und an beiden Schenkeln des Scharbaums die Pflugscharen angebracht; auch fällt man zuvor die leichte Linde zum Joch, die hohe Buche für den Sterz, der die Räder unten am Pflugende lenken soll, und Rauch prüft das Kernholz, das über dem Herd hängt.

Ich kann dir noch viele Lehren der Alten anführen, wenn es dir nicht lästig ist und ermüdend, von Sorgen um kleine Dinge zu hören. Erstens mußt du mit der mächtigen Walze die Tenne ebnen, von Hand umgraben und mit zäher Tonerde verfestigen, damit nicht Unkraut aufkommt, sie vom Staub besiegt wird und aufreißt und dir dann allerlei Schädlinge übel mitspielen. Oft nämlich hat sich das winzige Mäuschen unter dem Boden sein Haus gebaut und Scheuern gehöhlt, oder blinde Maulwürfe gruben sich Schlafstätten; auch findet sich im Loch die Kröte und Ungeziefer, das die Erde in Fülle erzeugt; der Kornwurm plündert den riesigen Dinkelhaufen, dazu die Ameise, der vor Not im Alter bange ist.

Contemplator item, cum se nux plurima silvis
induet in florem et ramos curvabit olentis:
si superant fetus, pariter frumenta sequentur,
magnaque cum magno veniet tritura calore;
at si luxuria foliorum exuberat umbra,
nequiquam pinguis palea teret area culmos.
Semina vidi equidem multos medicare serentis
et nitro prius et nigra perfundere amurca,
grandior ut fetus siliquis fallacibus esset,
et, quamvis igni exiguo, properata maderent;
vidi lecta diu et multo spectata labore
degenerare tamen, ni vis humana quotannis
maxima quaeque manu legeret. sic omnia fatis
in peius ruere ac retro sublapsa referri,
non aliter quam qui adverso vix flumine lembum
remigiis subigit, si bracchia forte remisit,
atque illum in praeceps prono rapit alveus amni.
Praeterea tam sunt Arcturi sidera nobis
Haedorumque dies servandi et lucidus Anguis,
quam quibus in patriam ventosa per aequora vectis
Pontus et ostriferi fauces temptantur Abydi.
libra die somnique pares ubi fecerit horas,
et medium luci atque umbris iam dividit orbem,
exercete, viri, tauros, serite hordea campis
usque sub extremum brumae intractabilis imbrem;
nec non et lini segetem et Cereale papaver
tempus humo tegere et iamdudum incumbere aratris,
dum sicca tellure licet, dum nubila pendent.
vere fabis satio; tum te quoque, medica, putres
accipiunt sulci et milio venit annua cura,
candidus auratis aperit cum cornibus annum
Taurus et adverso cedens Canis occidit astro.

Beachte mit gleicher Sorgfalt, wenn sich die Mandelbäume der Pflanzung tausendfach in Blüten hüllen und die Zweige düfteschwer biegen: Bleiben die Fruchtansätze, folgt ebenso reich das Getreide, und bei großer Hitze kommt ein großer Dreschertrag. Wuchern hingegen die Blätter und gibt es zuviel Schatten, wird die Tenne vergeblich die Ähren dreschen und nur Spreu in Fülle daliegen.
Ich sah schon viele, die beim Säen das Saatgut beizten und zuvor mit Natron und schwarzem Ölschaum begossen, damit die trügerischen Schoten größeren Ertrag brächten und bei noch so kleiner Flamme rascher gar würden. Sah ich doch auch, daß Saatgut, das lange verlesen und mühsam geprüft war, dennoch verkam, wenn nicht menschliche Mühe Jahr um Jahr immer die größten Samen auslas. So stürzt alles durch das Schicksal ins Schlimmere, verkommt und geht zurück, nicht anders als einer, der seinen Kahn rudernd mit knapper Not gegen die Strömung vorantreibt, den aber, sinken ihm einmal die Arme, der Nachen jäh flußabwärts reißt.
Weiter müssen wir die Sterne des Arcturus, die Tage des Ziegengestirns und die leuchtende Schlange so sorgsam beachten wie Schiffer, die auf der Heimfahrt über die windreiche See die Fahrt ins Schwarze Meer und den Schlund des muschelreichen Abydus wagen. Gleicht dann die Waage die Stunden von Tag und Schlummer aus und teilt sie die Erde schon halb zwischen Licht und Schatten auf, dann, Männer, tummelt die Stiere, sät Gerste auf den Feldern bis zum ersten Regen des Winters, in dem keine Arbeit mehr möglich ist. Dann ist es auch Zeit, die Leinsaat und den Mohn der Ceres mit Erdreich zu decken und sich jetzt schon auf den Pflug zu stemmen, solang es der trockene Boden erlaubt und die Wolken noch hängen. Im Frühjahr steckt man Bohnen; auch dich, Luzerne, nehmen da die mürben Furchen auf, und die Hirse erfährt, wie alle Jahre, sorgsamen Anbau, sobald der glänzende Stier mit goldenen Hörnern das Jahr eröffnet und der Hundsstern dem Gegengestirn weicht und hinabschleicht. Pflügst

at si triticeam in messem robustaque farra
exercebis humum solisque instabis aristis,
ante tibi Eoae Atlantides abscondantur
Gnosiaque ardentis decedat stella coronae,
debita quam sulcis committas semina quamque
invitae properes anni spem credere terrae.
multi ante occasum Maiae coepere; sed illos
exspectata seges vanis elusit avenis.
si vero viciamque seres vilemque phaselum
nec Pelusiacae curam aspernabere lentis,
haud obscura cadens mittet tibi signa Bootes:
incipe et ad medias sementem extende pruinas.

Idcirco certis dimensum partibus orbem
per duodena regit mundi sol aureus astra.
quinque tenent caelum zonae: quarum una corusco
semper sole rubens et torrida semper ab igni;
quam circum extremae dextra laevaque trahuntur
caeruleae, glacie concretae atque imbribus atris;
has inter mediamque duae mortalibus aegris
munere concessae divum, et via secta per ambas,
obliquus qua se signorum verteret ordo.
mundus, ut ad Scythiam Riphaeasque arduus arces
consurgit, premitur Libyae devexus in austros.
hic vertex nobis semper sublimis; at illum
sub pedibus Styx atra videt manesque profundi.
maxumus hic flexu sinuoso elabitur Anguis
circum perque duas in morem fluminis Arctos,
Arctos Oceani metuentes aequore tingui.
illic, ut perhibent, aut intempesta silet nox
semper et obtenta densantur nocte tenebrae,
aut redit a nobis Aurora diemque reducit;
nosque ubi primus equis Oriens adflavit anhelis,
illic sera rubens accendit lumina Vesper.

du aber den Boden, um Korn zu ernten und derben Spelt und trachtest allein nach Ähren, dann laß die Töchter des Atlas im Frührot schwinden und die glühende Gnosische Krone entweichen, ehe du den Furchen geschuldeten Samen übergibst und eilig der sich sträubenden Erde die Hoffnung des Jahres anvertraust. Mancher begann schon vor dem Untergang der Maia, doch trog ihn die Hoffnung, und das Saatfeld trug nur Wildhafer. Säst du aber Wikken, gewöhnliche Bohnen und scheust die Sorge um die Pelusische Linse nicht, dann wird dir der sinkende Bootes ein unverkennbares Zeichen senden: Nun ans Werk! Und ziehe die Aussaat hin bis zur Mitte der Frostzeit!

Darum lenkt die goldene Sonne ihre in feste Abschnitte geteilte Kreisbahn jeweils durch zwölf Sternbilder am Himmel. Fünf Zonen umgürten den Himmel; eine von ihnen glüht stets rot von der blitzenden Sonne und ist immer gedörrt vom Feuer; diesen Gürtel umziehen rechts und links ganz außen bläuliche Zonen, starrend von Eis und finsterem Regen. Zwischen diesen und der mittleren Zone sind zwei der kummervollen Menschheit als Geschenk der Götter belassen, und beide durchschneidet ein Pfad, wo sich die schiefe Reihe der Tierkreisbilder wenden soll. So wie die Welt steil nach Scythien und zum Riphaeischen Gebirge ansteigt, senkt sie sich drüben hinab zum Libyschen Süden. Der eine Pol ragt stets über uns; den anderen aber, uns zu Füßen, sehen der schwarze Styx und die Schatten im Abgrund. Vom Nordpol aus gleitet die riesige Schlange in bauchiger Krümmung ähnlich einem Strom um und durch die beiden Bärengestirne, die Bärinnen, die fürchten, in die Flut des Oceanus zu tauchen. Am Südpol herrscht, wie man sagt, ewig tiefe, nächtliche Stille und dichte Finsternis im Schleier der Nacht, oder Aurora kehrt von uns dorthin zurück und führt den Tag heim, und wenn bei uns die Morgensonne mit keuchenden Rossen heranschnaubt, entflammt dort der rote Abendstern sein spätes Licht.

Hinc tempestates dubio praediscere caelo
possumus, hinc messisque diem tempusque serendi,
et quando infidum remis impellere marmor
conveniat, quando armatas deducere classis
aut tempestivam silvis evertere pinum,
nec frustra signorum obitus speculamur et ortus
temporibusque parem diversis quattuor annum.

Frigidus agricolam si quando continet imber,
multa, forent quae mox caelo properanda sereno,
maturare datur: durum procudit arator
vomeris obtunsi dentem, cavat arbore lintres,
aut pecori signum aut numeros impressit acervis.
exacuunt alii vallos furcasque bicornis
atque Amerina parant lentae retinacula viti.
nunc facilis rubea texatur fiscina virga,
nunc torrete igni fruges, nunc frangite saxo.
quippe etiam festis quaedam excercere diebus
fas et iura sinunt: rivos deducere nulla
religio vetuit, segeti praetendere saepem,
insidias avibus moliri, incendere vepres,
balantumque gregem fluvio mersare salubri.
saepe oleo tardi costas agitator aselli
vilibus aut onerat pomis, lapidemque revertens
incussum aut atrae massam picis urbe reportat.
Ipsa dies alios alio dedit ordine luna
felicis operum. quinctam fuge: pallidus Orcus
Eumenidesque satae; tum partu Terra nefando
Coeumque Iapetumque creat saevumque Typhoea
et coniuratos caelum rescindere fratres.
ter sunt conati imponere Pelio Ossam
scilicet, atque Ossae frondosum involvere Olympum;
ter pater exstructos disiecit fulmine montis.

Daran können wir bei launischem Himmel das Wetter vorherbestimmen, daran den Tag der Ernte und die Zeit der Aussaat und wann es ratsam ist, den trügerisch glitzernden Meeresspiegel mit dem Ruder zu peitschen, die ausgerüstete Flotte ins Meer zu ziehen [255] oder die schlagreife Fichte im Wald zu fällen, und nicht ohne Nutzen beobachten wir Auf- und Abgang der Sternbilder und den gleichmäßigen Jahreslauf mit seinen vier verschiedenen Zeiten.

Hält den Bauern einmal frostiger Regen im Haus, kann er vieles beizeiten tun, was bald bei heiterem Himmel in Eile geschehen müßte. [260] Der Pflüger dengelt den harten Zahn der stumpfen Pflugschar, höhlt Baumstämme zu Trögen, brennt dem Vieh die Marke auf oder steckt Nummernschildchen in Kornhaufen. Andere spitzen Pfähle an und zweizinkige Gabeln und legen für die biegsame Rebe Bänder aus Amerinischen Weidengerten bereit. [265] Nun flechtet aus Brombeerranken leichte Körbchen, nun dörrt Körner am Feuer, nun mahlt sie mit dem Stein! Natürlich gestatten Götter- und Menschenrecht, manche Arbeit auch an Festtagen auszuführen: Kein frommes Bedenken verbot je, Bäche abzuleiten, ein Gatter um die Saat zu ziehen, [270] Vogelfallen zu stellen, Dornhecken abzubrennen oder die blökende Herde im heilenden Fluß zu schwemmen. Oft belädt auch der Treiber die Flanken des faulen Esels mit Öl oder billigem Obst und bringt bei der Heimkehr den geschärften Mühlstein oder einen schwarzen Pechklumpen aus der Stadt mit. [275]

Selbst Luna macht verschiedene Tage in wechselnder Reihe günstig zur Arbeit. Meide den Fünften: Der bleiche Orcus und die Eumeniden sind an ihm erzeugt; da gebar die Erde in grausigen Wehen den Coeus, den Iapetus, den Unhold Typhoeus und die zum Sturz des Himmels verschworenen Brüder. [280] Dreimal versuchten sie gar, den Ossa auf den Pelion zu türmen und den waldigen Olymp auf den Ossa zu wälzen; dreimal schmetterte der Vater die getürmten Berge mit seinem Blitz auseinander. Am siebten Tag nach

septuma post decumam felix et ponere vitem
et prensos domitare boves et licia telae
addere. nona fugae melior, contraria furtis.
  Multa adeo gelida melius se nocte dedere,
aut cum sole novo terras inrorat Eous.
nocte leves melius stipulae, nocte arida prata
tondentur, noctes lentus non deficit umor.
et quidam seros hiberni ad luminis ignes
pervigilat ferroque faces inspicat acuto;
interea longum cantu solata laborem
arguto coniunx percurrit pectine telas,
aut dulcis musti Vulcano decoquit umorem
et foliis undam trepidi despumat aheni.
  At rubicunda Ceres medio succiditur aestu
et medio tostas aestu terit area fruges.
nudus ara, sere nudus; hiems ignava colono.
frigoribus parto agricolae plerumque fruuntur
mutuaque inter se laeti convivia curant.
invitat genialis hiems curasque resolvit,
ceu pressae cum iam portum tetigere carinae
puppibus et laeti nautae imposuere coronas.
sed tamen et quernas glandes tum stringere tempus
et lauri bacas oleamque cruentaque myrta,
tum gruibus pedicas et retia ponere cervis
auritosque sequi lepores, tum figere dammas
stuppea torquentem Balearis verbera fundae,
cum nix alta iacet, glaciem quom flumina trudunt.

  Quid tempestates autumni et sidera dicam,
atque, ubi iam breviorque dies et mollior aestas,
quae vigilanda viris, vel cum ruit imbriferum ver,
spicea iam campis cum messis inhorruit et cum

dem zehnten bringt es Glück, den Weinstock zu setzen, gefangene Stiere zu zähmen und den Einschlag zum Zettel [285] zu fügen. Der Neunte ist günstig zur Flucht, ungünstig zum Diebstahl.

Vieles gelingt sogar besser bei kühler Nacht oder wenn bei Sonnenaufgang der Morgenstern die Erde betaut. Nachts mäht man besser das leichte Stroh, nachts trockene Wiesen, nachts verdunstet die geschmeidig machende Feuchtigkeit nicht. [290] Und mancher sitzt nachts noch spät beim Schein des winterlichen Feuers und schneidet mit scharfem Messer Kienspäne ab. Inzwischen kürzt sich die Hausfrau mit Gesang die lange Mühe und durchfährt mit rauschendem Kamm ihr Gewebe oder kocht süßen Mostsaft über Vulcans Feuer ein [295] und schöpft mit dem Blätterbesen den Schaum vom zitternden Kessel.

Das rötliche Korn aber wird bei voller Hitze geschnitten, und mitten in der Hitze drischt die Tenne die trockene Frucht. Pflüge nackt, säe nackt! Der Winter vergeht dem Bauern mit Nichtstun. Bei Kälte genießen die Landleute gern das Erworbene [300] und laden einander vergnügt im Wechsel zum Gastmahl. Der Winter lädt ein, sich etwas Gutes zu tun, und zerstreut die Sorgen, wie wenn lastschwere Schiffe endlich im Hafen einlaufen und die Matrosen frohgemut das Heck bekränzen. Doch ist es dann auch Zeit, Eicheln vom Baum zu streifen, [305] dazu Lorbeeren, Oliven und blutrote Myrten; nun stellt man den Kranichen Schlingen und den Hirschen Netze, jagt die langohrigen Hasen und schießt nun das Damwild, indem man die Hanfriemen der Balearischen Schleuder wirbelt, wenn der Schnee schon hoch liegt und die Flüsse Eis führen. [310]

Was soll ich von Stürmen und Sternen des Herbstes sprechen und von allem, was die Männer beachten müssen, wenn der Tag schon kürzer und der Sommer milder wird oder Regen im Frühjahr hereinbricht, auf den Feldern schon die Grannen am Getreide starren und das Korn auf grünem Halm

frumenta in viridi stipula lactentia turgent?
saepe ego, cum flavis messorem induceret arvis
agricola et fragili iam stringeret hordea culmo,
omnia ventorum concurrere proelia vidi,
quae gravidam late segetem ab radicibus imis
sublimem expulsam eruerent, ita turbine nigro
ferret hiems culmumque levem stipulasque volantis.
saepe etiam immensum caelo venit agmen aquarum
et foedam glomerant tempestatem imbribus atris
collectae ex alto nubes; ruit arduus aether
et pluvia ingenti sata laeta boumque labores
diluit; implentur fossae et cava flumina crescunt
cum sonitu fervetque fretis spirantibus aequor.
ipse pater media nimborum in nocte corusca
fulmina molitur dextra; quo maxuma motu
terra tremit; fugere ferae et mortalia corda
per gentes humilis stravit pavor; ille flagranti
aut Athon aut Rhodopen aut alta Ceraunia telo
deicit; ingeminant Austri et densissimus imber,
nunc nemora ingenti vento, nunc litora plangunt.
Hoc metuens caeli menses et sidera serva,
frigida Saturni sese quo stella receptet,
quos ignis caelo Cyllenius erret in orbis.
in primis venerare deos atque annua magnae
sacra refer Cereri, laetis operatus in herbis
extremae sub casum hiemis, iam vere sereno.
tum pingues agni et tum mollissima vina,
tum somni dulces densaeque in montibus umbrae.
cuncta tibi Cererem pubes agrestis adoret;
quoi tu lacte favos et miti dilue Baccho,
terque novas circum felix eat hostia frugis,
omnis quam chorus et socii comitentur ovantes,
et Cererem clamore vocent in tecta; neque ante

strotzend schwillt? Oft schon, wenn der Bauer die Schnitter auf das goldene Feld schickte und Gerstenähren vom schwachen Halm mähen ließ, sah ich, wie alle Winde kämpfend aufeinander einstürmten, weithin die ernteschwere Saat mitsamt der Wurzel ausrissen und hochschleuderten, als ob der Wintersturm mit schwarzem Wirbel leichte Halme und fliegende Stoppeln mitrisse. Oft auch zieht am Himmel eine riesige Regenfront herauf, und Wolken, oben gesammelt, ballen ein greuliches Unwetter aus schwarzem Gewölk zusammen; der hohe Äther stürzt nieder und schwemmt mit einem Wolkenbruch die prangenden Saaten und die Mühe der Stiere fort; Gräben laufen voll, leere Flüsse schwellen tosend, und das Meer schäumt mit brausenden Wogen. Der Vater selbst schleudert mitten in der Wetternacht Blitze mit zuckender Hand; vom Einschlag bebt die riesige Erde, das Wild flieht, und bei den Völkern wirft demütige Furcht das Herz der Sterblichen nieder. Er aber trifft mit flammendem Strahl den Athos oder das Rhodopegebirge oder die hohen Ceraunischen Berge; Südwind und Wolkenbruch verdoppeln sich, und bald klagen die Wälder vom mächtigen Windstoß, bald die Gestade.

Davor sei auf der Hut und beachte den Lauf der Himmelsmonate und die Gestirne, sieh, wohin sich der kalte Saturnstern zurückzieht und in welchen Himmelsbahnen das Cyllenische Feuer dahinirrt. Ehre vor allem die Götter, bringe der großen Ceres das jährliche Opfer und feiere ihr Fest im üppigen Gras am Ende des sinkenden Winters und schon im heiteren Frühling. Da sind die Lämmer fett und die Weine am lieblichsten, da ist der Schlummer süß und tief die Schatten in den Bergen. Laß die ganze Dorfjugend Ceres anbeten, und du, tränke ihr die Kuchen mit Milch und lieblichem Wein, und dreimal umschreite das glückbringende Opfertier die junge Feldfrucht; die ganze Schar der jubelnden Freunde soll es geleiten und Ceres mit Geschrei in die Häuser bitten; und keiner lege die Sichel an die reifen Ähren, bevor er, die Stirn mit Eichen-

falcem maturis quisquam supponat aristis,
quam Cereri torta redimitus tempora quercu
det motus incompositos et carmina dicat.
Atque haec ut certis possemus discere signis,
aestusque pluviasque et agentis frigora ventos,
ipse pater statuit, quid menstrua luna moneret,
quo signo caderent Austri, quid saepe videntes
agricolae propius stabulis armenta tenerent.
continuo ventis surgentibus aut freta ponti
incipiunt agitata tumescere et aridus altis
montibus audiri fragor aut resonantia longe
litora misceri et nemorum increbrescere murmur.
iam sibi tum curvis male temperat unda carinis,
quom medio celeres revolant ex aequore mergi
clamoremque ferunt ad litora, cumque marinae
in sicco ludunt fulicae notasque paludis
deserit atque altam supra volat ardea nubem.
saepe etiam stellas vento impendente videbis
praecipites caelo labi noctisque per umbram
flammarum longos a tergo albescere tractus;
saepe levem paleam et frondes volitare caducas
aut summa nantis in aqua colludere plumas.
At Boreae de parte trucis cum fulminat et cum
Eurique Zephyrique tonat domus, omnia plenis
rura natant fossis atque omnis navita ponto
umida vela legit. numquam imprudentibus imber
obfuit: aut illum surgentem vallibus imis
aëriae fugere grues, aut bucula caelum
suspiciens patulis captavit naribus auras,
aut arguta lacus circumvolitavit hirundo
et veterem in limo ranae cecinere querellam.
saepius et tectis penetralibus extulit ova
angustum formica terens iter et bibit ingens
arcus et e pastu decedens agmine magno
corvorum increpuit densis exercitus alis.

laub bekränzt, für Ceres den kunstlosen Reigen tanzt und Gebete aufsagt.

Und damit wir alles an sicheren Zeichen erkennen, Hitze, Regen und Kälte bringende Winde, setzte der Vater selbst fest, was die monatliche Wandlung des Mondes bedeutet, bei welchem Gestirn sich der Südwind legt, bei welcher wiederholten Erscheinung die Bauern ihr Vieh nah beim Stall halten sollen. Gleich nämlich, wenn Stürme aufsteigen, wühlt es die Meereswogen auf, sie schwellen allmählich an, und man hört trockenes Krachen im hohen Gebirge, oder die Gestade kommen in Aufruhr und brausen weithin, und die Wälder rauschen immer lauter; kaum noch schont nun die Woge die gewölbten Schiffe, während die hurtigen Taucher von der hohen See heimwärts fliegen und kreischend zur Küste eilen, wenn die Wasserhühner auf dem Trockenen spielen und der Reiher die vertrauten Sümpfe meidet und hoch über die Wolke emporsteigt. Oft siehst du auch bei drohendem Sturm Sternschnuppen jäh vom Himmel stürzen und im nächtlichen Dunkel lange Flammenspuren hinter ihnen aufleuchten, oft auch leichte Spreu und fallende Blätter umherflattern oder Federchen auf der Wasseroberfläche schwimmen und zusammen tanzen.

Blitzt es jedoch vom grimmigen Nordwind her und erdröhnt die Burg des Eurus und Zephyrus, dann werden die Wassergräben voll, die ganze Flur schwimmt, und auf See refft jeder Schiffer die triefenden Segel. Nie noch hat Regen ohne Warnung geschadet; entweder nämlich flohen, wenn er aufzog, vor ihm die hoch fliegenden Kraniche ins tiefste Tal, oder die junge Kuh sah zum Himmel hinauf und zog mit geblähten Nüstern Luft, oder die Schwalbe umflog schrillend ihren Teich, und die Frösche erhoben im Schlamm ihr altes Klagelied. Öfter schon trug auch die Ameise ihre Eier aus dem innersten Haufen und kletterte den engen Pfad hinauf, zog auch ein mächtiger Regenbogen Wasser und rauschte ein Heer von Raben, das in mächtigem Schwarm seine Weide Flügel an Flügel verließ.

iam variae pelagi volucres et quae Asia circum
dulcibus in stagnis rimantur prata Caystri,
certatim largos umeris infundere rores,
nunc caput obiectare fretis, nunc currere in undas
et studio incassum videas gestire lavandi.
tum cornix plena pluviam vocat improba voce
et sola in sicca secum spatiatur harena.
[et caput obiectat querulum venientibus undis.]
ne nocturna quidem carpentes pensa puellae
nescivere hiemem, testa cum ardente viderent
scintillare oleum et putris concrescere fungos.
  Nec minus ex imbri soles et aperta serena
prospicere et certis poteris cognoscere signis.
nam neque tum stellis acies obtunsa videtur
nec fratris radiis obnoxia surgere Luna,
tenuia nec lanae per caelum vellera ferri;
non tepidum ad solem pinnas in litore pandunt
dilectae Thetidi alcyones, non ore solutos
immundi meminere sues iactare maniplos.
at nebulae magis ima petunt campoque recumbunt,
solis et occasum servans de culmine summo
nequiquam seros exercet noctua cantus.
apparet liquido sublimis in aëre Nisus
et pro purpureo poenas dat Scylla capillo:
quacumque illa levem fugiens secat aethera pinnis,
ecce inimicus atrox magno stridore per auras
insequitur Nisus; qua se fert Nisus ad auras,
illa levem fugiens raptim secat aethera pinnis.
tum liquidas corvi presso ter gutture voces
aut quater ingeminant, et saepe cubilibus altis
nescio qua praeter solitum dulcedine laeti
inter se in foliis strepitant; iuvat imbribus actis
progeniem parvam dulcisque revisere nidos;

Und schon siehst du mancherlei Meervögel und solche, die bei den Asischen Matten die Wiesensümpfe am Caystrus durchstöbern, sich um die Wette reichlich Wasser über die Schultern sprühen, jetzt den Kopf ins Wasser tauchen, jetzt in die Wellen rennen und sich mit vergeblichem Eifer zu baden suchen. Da krächzt die böse Krähe aus vollem Halse Regen herbei und stelzt ungesellig für sich allein im trockenen Sand [und steckt nörgelnd ihren Kopf den anrollenden Wogen entgegen]. Sogar die Mädchen, die nachts ihr Wollpensum zupfen, spüren den Sturm voraus, sehen sie doch in der brennenden Tonlampe das Öl in Funken sprühen und mürbe Dochtschnuppen wachsen.

Nicht minder magst du noch bei Regen sonniges Wetter und offenen, heiteren Himmel voraussehen und aus sicheren Zeichen erschließen. Dann nämlich erscheint weder der Glanz der Sterne matt, noch steigt Luna so auf, als borge sie ihr Licht von ihrem Bruder, der Sonne, noch ziehen flockige Schäfchenwolken am Himmel. Auch breiten die Eisvögel, Lieblinge der Thetis, nicht ihr Gefieder am Strand in der lauwarmen Sonne, und den schmutzigen Schweinen fällt es nicht ein, mit dem Rüssel Strohbündel zu zerwühlen und hochzuschleudern. Der Nebel aber streicht schon tiefer und legt sich aufs Feld, und das Käuzchen, das oben am First das Sinken der Sonne erwartet, übt umsonst sein spätes Lied. Nisus erscheint hoch in der klaren Luft, und Scylla büßt für seine Purpurlocke. Denn sieh doch, wo sie nur den leichten Äther mit ihren Schwingen flüchtig durchschneidet, da verfolgt sie laut kreischend ihr schrecklicher Gegner Nisus durch die Lüfte, und wo Nisus sich in die Lüfte schwingt, da durchschneidet jene eilig flüchtend mit ihren Schwingen den leichten Äther. Dann wiederholen die Raben drei- oder viermal ihren hellen Ruf aus gepreßter Kehle, in ihren hohen Nestern lärmen sie miteinander voll seltsam-unbekannten Entzückens im Blattwerk. Welche Lust, wenn der Regen vertrieben ist, die kleine Brut und die heimischen Nester wiederzusehen,

haud, equidem credo, quia sit divinitus illis
ingenium aut rerum fato prudentia maior;
verum ubi tempestas et caeli mobilis umor
mutavere vias et Iuppiter uvidus Austris
denset, erant quae rara modo, et quae densa relaxat,
vertuntur species animorum, et pectora motus
nunc alios, alios dum nubila ventus agebat,
concipiunt: hinc ille avium concentus in agris
et laetae pecudes et ovantes gutture corvi.
  Si vero solem ad rapidum lunasque sequentis
ordine respicies, numquam te crastina fallet
hora nec insidiis noctis capiere serenae.
luna revertentes quom primum colligit ignis,
si nigrum obscuro comprenderit aëra cornu,
maxumus agricolis pelagoque parabitur imber;
at si virgineum suffuderit ore ruborem,
ventus erit; vento semper rubet aurea Phoebe.
sin ortu quarto (namque is certissimus auctor)
pura neque obtusis per caelum cornibus ibit,
totus et ille dies et qui nascentur ab illo
exactum ad mensem pluvia ventisque carebunt
votaque servati solvent in litore nautae
Glauco et Panopeae et Inoo Melicertae.
  Sol quoque et exoriens et cum se condet in undas,
signa dabit; solem certissima signa sequuntur,
et quae mane refert et quae surgentibus astris.
ille ubi nascentem maculis variaverit ortum
conditus in nubem medioque refugerit orbe,
suspecti tibi sint imbres, namque urget ab alto
arboribusque satisque Notus pecorique sinister.
aut ubi sub lucem densa inter nubila sese
diversi rumpent radii aut ubi pallida surget

nicht etwa, glaube ich, weil ihnen die Gottheit [415] eine besondere Anlage oder das Schicksal tieferes Wissen um die Zukunft verlieh, doch wenn der Sturm und der wandernde Dunst am Himmel ihre Bahn verändern und Iuppiter, vom Südwind triefend, verdichtet, was eben noch zerstreut war, und das Geballte lockert, dann wandelt sich ihr Sinn in der Brust, [420] das Herz empfängt andere Regungen als eben, da der Wind die Wolken herantrieb. Davon kommt jener Gesang der Vögel auf den Fluren, die Lust beim Vieh, das frohe Krächzen der Raben.

Achtest du aber auf die reißende Sonne und die Folge der Mondphasen, wird dich die Morgenstunde nie trügen, [425] und nie wird die klare Nacht dich tückisch umgarnen. Sobald der Mond das wiederkehrende Licht sammelt und mit trüber Sichel düsteren Dunst umschließt, ballt sich für Bauern und Meer ein gewaltiger Regen zusammen; übergießt aber mädchenhafte Röte das Antlitz des Mondes, [430] kommt Wind auf; bei Wind errötet stets die goldene Phoebe. Zieht aber der Mond zur vierten Nacht (denn dies ist das sicherste Zeichen) rein und mit unverstümmelten Hörnern am Himmel dahin, dann wird der ganze folgende Tag wie auch alle, die nach ihm kommen, bis zum Ende des Monats von Regen und Sturm verschont bleiben, [435] und die geretteten Seeleute werden am Strand das gelobte Opfer darbringen, dem Glaucus, der Panopaea und Melicertes, dem Sohn der Ino.

Auch die Sonne gibt Zeichen, wenn sie aufgeht und wenn sie sich in den Wogen birgt; der Sonne folgen verläßliche Zeichen, die sie sowohl morgens gibt wie auch, wenn die Sterne aufgehen. [440] Ist sie nämlich gleich beim Aufgang mit Flekken gesprenkelt, weil sie hinter einer Wolke steckt und ihre Mitte deinem Blick verhüllt, dann fürchte Regen, denn von der Höhe naht stürmend der Südwind, der für Bäume, Saaten und Vieh verderblich ist. Brechen sich aber beim ersten Licht die Strahlen in dichtem Gewölk [445] nach hier- und dorthin, oder scheidet Aurora beim Aufgang bleich vom

Tithoni croceum linquens Aurora cubile,
heu male tum mitis defendet pampinus uvas:
tam multa in tectis crepitans salit horrida grando.
hoc etiam emenso cum iam decedit Olympo
profuerit meminisse magis, nam saepe videmus
ipsius in vultu varios errare colores:
caeruleus pluviam denuntiat, igneus Euros;
sin maculae incipiunt rutilo inmiscerier igni,
omnia tum pariter vento nimbisque videbis
fervere; non illa quisquam me nocte per altum
ire neque a terra moneat convellere funem.
at si, cum referetque diem condetque relatum,
lucidus orbis erit, frustra terrebere nimbis
et claro silvas cernes Aquilone moveri.

Denique quid vesper serus vehat, unde serenas
ventus agat nubes, quid cogitet umidus Auster,
sol tibi signa dabit. Solem quis dicere falsum
audeat? ille etiam caecos instare tumultus
saepe monet fraudemque et operta tumescere bella.
ille etiam extincto miseratus Caesare Romam,
cum caput obscura nitidum ferrugine texit
impiaque aeternam timuerunt saecula noctem.
tempore quamquam illo tellus quoque et aequora ponti
obscenaeque canes importunaeque volucres
signa dabant. quotiens Cyclopum effervere in agros
vidimus undantem ruptis fornacibus Aetnam
flammarumque globus liquefactaque volvere saxa.
armorum sonitum toto Germania caelo
audiit, insolitis tremuerunt motibus Alpes;
vox quoque per lucos volgo exaudita silentes
ingens, et simulacra modis pallentia miris
visa sub obscurum noctis, pecudesque locutae,
infandum; sistunt amnes terraeque dehiscunt;

safrangelben Gemach des Tithonus, dann, o weh, wird das Laub die reifen Trauben nur schlecht beschützen, so dicht trommelt wilder Hagel prasselnd auf die Dächer. An dieses Zeichen denkt man auch mit größerem Nutzen, wenn die Sonne den Olympus durchmessen hat und schon herabsteigt, [450] sehen wir da doch oft bunte Farben über ihr Antlitz spielen. Blau deutet auf Regen, Rot auf Ostwind, und mischen sich allmählich Flecken ins rötliche Feuer, dann siehst du gleich, wie alles auf einmal von Wind und Wolken braust. [455] In solcher Nacht soll keiner mich bereden, übers Meer zu fahren oder nur das Schiffstau vom festen Land zu lösen. Strahlt jedoch die Sonnenscheibe hell, wenn sie den Tag heraufführt und dann wieder birgt, mußt du nicht grundlos vor Wolken erschrecken und wirst sehen, wie die Wälder im aufklarenden Nordwind schwanken. [460]

Schließlich zeigt dir die Sonne auch an, was der späte Abend bringt, von wo der Wind heiteres Gewölk hertreibt und was der nasse Südwind im Schilde führt. Wer wollte es wagen, die Sonne trügerisch zu schelten? Warnt sie doch oft vor heimlich drohendem Aufruhr, vor Arglist und verborgen gährendem Krieg. [465] Sie sah ja bei Caesars Tod mit Jammer auf Rom, hüllte ihr strahlendes Haupt in tiefes Dunkel, und das verruchte Geschlecht fürchtete ewige Nacht. Doch gaben damals auch Erde und Meerflut Zeichen, auch Unheil kündende Hunde und leidbringende Vögel. [470] Wie oft sahen wir, daß der Aetna seine Essen sprengte, in glühendem Strom auf die Flur der Cyclopen wallte und Feuerklumpen und flüssiges Gestein hervorwälzte! Germanien vernahm rings am Himmel Waffengeklirr, von ungewohntem Beben zitterten die Alpen. [475] Auch erscholl in schweigenden Hainen eine gewaltige Stimme, man sah im Dunkel der Nacht bleiche Gespenster in seltsam fremder Gestalt, und – unsagbares Grauen! – es redeten Schafe. Flüsse stocken, die Erde klafft gähnend auf, kläglich weinen Elfenbeinstatuen in den Tempeln, und Erz-

et maestum inlacrimat templis ebur aeraque sudant.
proluit insano contorquens vertice silvas
fluviorum rex Eridanus camposque per omnes
cum stabulis armenta tulit; nec tempore eodem
tristibus aut extis fibrae apparere minaces
aut puteis manare cruor cessavit et altae
per noctem resonare lupis ululantibus urbes;
non alias caelo ceciderunt plura sereno
fulgura nec diri totiens arsere cometae.
ergo inter sese paribus concurrere telis
Romanas acies iterum videre Philippi,
nec fuit indignum superis bis sanguine nostro
Emathiam et latos Haemi pinguescere campos.
scilicet et tempus veniet, cum finibus illis
agricola incurvo terram molitus aratro
exesa inveniet scabra robigine pila
aut gravibus rastris galeas pulsabit inanis,
grandiaque effossis mirabitur ossa sepulcris.
Di patrii, indigetes et Romule Vestaque mater,
quae Tuscum Tiberim et Romana Palatia servas,
hunc saltem everso iuvenem succurrere saeclo
ne prohibete. satis iam pridem sanguine nostro
Laomedonteae luimus periuria Troiae;
iam pridem nobis caeli te regia, Caesar,
invidet atque hominum queritur curare triumphos.
quippe ubi fas versum atque nefas, tot bella per orbem,
tam multae scelerum facies, non ullus aratro
dignus honos, squalent abductis arva colonis
et curvae rigidum falces conflantur in ensem.
hinc movet Euphrates, illinc Germania bellum;
vicinae ruptis inter se legibus urbes
arma ferunt; saevit toto Mars impius orbe,
ut cum carceribus sese effudere quadrigae,
addunt in spatia et frustra retinacula tendens
fertur equis auriga neque audit currus habenas.

bilder schwitzen. [480] Eridanus, König der Ströme, riß in rasendem Wirbel ganze Wälder mit, schwemmte sie fort und trug das Vieh samt den Ställen über alle Felder davon. Zur selben Zeit erschienen unaufhörlich auf glücklosen Eingeweiden drohende Fibern, quoll Blut aus Brunnen, [485] und ragende Städte hallten nächtelang vom Geheul der Wölfe. Nie zuvor schossen mehr Blitze aus heiterem Himmel, nie erglühten so oft grausige Kometen. So sah Philippi abermals römische Heere mit gleichen Waffen aufeinander einstürmen, [490] und die Himmlischen fanden es nicht schmachvoll, daß unser Blut zweimal Emathien und die weiten Felder des Haemus düngte. So wird wohl auch die Zeit kommen, da auf jenen Fluren der Landmann, der die Erde mit dem krummen Pflug aufwirft, auf Speere stößt, zernagt vom fressenden Rost, [495] oder mit seinem wuchtigen Karst an hohlklingende Helme schlägt und Riesengebeine in aufgehackten Gräbern anstaunt.
Heimische Vatergötter, vergötterte Vorfahren, auch du, Romulus, und du, Mutter Vesta, die du den tuscischen Tiber und den römischen Palatin schirmst, verwehrt wenigstens diesem Jüngling nicht, der zerrütteten Welt zu Hilfe zu eilen! [500] Längst und genug schon büßten wir mit unserem Blut den Meineid des Laomedontischen Troia, lange schon neidet uns dich, Caesar, die Burg der Himmlischen und beklagt, daß du nach irdischen Triumphen strebst. Hat sich hier doch Recht in Unrecht verkehrt; so viele Kriege toben in der Welt, [505] Frevel in so vieler Gestalt, und nicht genießt der Pflug die verdiente Ehre. Die Ackerbauer sind verjagt, die Felder liegen verödet, und aus krummen Sicheln schmiedet man harte Schwerter. Hier droht der Euphrat mit Krieg, dort Germanien; Nachbarstädte zerreißen die beiderseitigen Verträge [510] und gehen in Waffen; rings auf der Welt wütet der frevelnde Mars, wie wenn Viergespanne aus den Schranken hervorbrachen, immer rascher an Raum gewinnen, der Lenker vergeblich am Zaum reißt und von den Pferden entführt wird, deren Gespann dem Zügel nicht mehr gehorcht.

Liber secundus

Hactenus arvorum cultus et sidera caeli.
nunc te, Bacche, canam, nec non silvestria tecum
virgulta et prolem tarde crescentis olivae.
huc, pater o Lenaee (tuis hic omnia plena
muneribus, tibi pampineo gravidus autumno
floret ager, spumat plenis vindemia labris),
huc, pater o Lenaee, veni, nudataque musto
tingue novo mecum dereptis crura cothurnis.

Principio arboribus varia est natura creandis.
namque aliae nullis hominum cogentibus ipsae
sponte sua veniunt camposque et flumina late
curva tenent, ut molle siler lentaeque genistae,
populus et glauca canentia fronde salicta;
pars autem posito surgunt de semine, ut altae
castaneae nemorumque Iovi quae maxima frondet
aesculus atque habitae Grais oracula quercus.
pullulat ab radice aliis densissima silva,
ut cerasis ulmisque; etiam Parnasia laurus
parva sub ingenti matris se subicit umbra.
hos natura modos primum dedit, his genus omne
silvarum fruticumque viret nemorumque sacrorum.
Sunt alii, quos ipse via sibi repperit usus.
hic plantas tenero abscindens de corpore matrum
deposuit sulcis, hic stirpes obruit arvo
quadrifidasque sudes et acuto robore vallos.
silvarumque aliae pressos propaginis arcus
expectant et viva sua plantaria terra;
nil radicis egent aliae summumque putator

Zweites Buch

Soviel von der Pflege der Flur und von den Himmelsgestirnen. Nun besinge ich dich, Bacchus, und mit dir die Setzlinge der Waldbäume und das Reis der langsam wachsenden Olive. Hierher, Vater Lenaeus (hier ist alles voll deiner Gaben, dir prangt im Herbst der Weingarten belaubt und trächtig, und die Lese schäumt dir in vollen Kufen), komm hierher, Vater Lenaeus, streife die hohen Schuhe ab und färbe mit mir die nackten Füße im jungen Most!

Erstens nun gibt es bei Bäumen verschiedene Arten der Entstehung. Einige nämlich kommen ohne Zwang von seiten der Menschen freiwillig hervor und bedecken weithin Felder und gewundene Flußufer, die biegsame Sumpfweide etwa und der zähe Ginster, auch Pappeln und die Salweide mit ihrem grau schimmernden Laub. Andere aber gehen nur aus gefallenem Samen auf, so die hohen Kastanien, die riesige Speiseeiche, die in Hainen für Iuppiter ihre Laubkrone entfaltet, und Eichen, die den Griechen als Orakel dienten. Bei noch anderen sproßt ganz dichtes Strauchwerk aus der Wurzel, wie bei Kirschen und Ulmen; selbst der Parnassische Lorbeer wächst als winziges Reis im mächtigen Schatten der Mutter. Diese Wege der Vermehrung schenkte Natur am Anfang; so grünen alle Arten von Baumpflanzungen, Sträuchern und heiligen Hainen.

Doch gibt es noch andere Wege der Vermehrung, die sich Erfahrung fortschreitend selbst erschloß. Einer trennt Wurzelschößlinge vom zarten Leib der Mutter und steckt sie in Furchen, ein anderer bedeckt Stämmchen, kreuzweis gespaltene Setzlinge und Stöcke aus spitzigem Kernholz mit Erdreich. Andere Bäume erwarten zur Erde gebogene Senker, die lebendige Triebe in ihrer eigenen Erde bilden. Noch andere brauchen keine Wurzel, und beim Baumstut-

haud dubitat terrae referens mandare cacumen.
quin et caudicibus sectis (mirabile dictu)
truditur e sicco radix oleagina ligno.
et saepe alterius ramos impune videmus
vertere in alterius mutatamque insita mala
ferre pirum et prunis lapidosa rubescere corna.

Quare agite o proprios generatim discite cultus,
agricolae, fructusque feros mollite colendo,
neu segnes iaceant terrae. iuvat Ismara Baccho
conserere atque olea magnum vestire Taburnum.
tuque ades inceptumque una decurre laborem,
o decus, o famae merito pars maxima nostrae,
Maecenas, pelagoque volans da vela patenti;
non ego cuncta meis amplecti versibus opto,
non mihi si linguae centum sint oraque centum,
ferrea vox; ades et primi lege litoris oram;
in manibus terrae: non hic te carmine ficto
atque per ambages et longa exorsa tenebo.

Sponte sua quae se tollunt in luminis oras,
infecunda quidem, sed laeta et fortia surgunt;
quippe solo natura subest. tamen haec quoque, si quis
inserat aut scrobibus mandet mutata subactis,
exuerint silvestrem animum cultuque frequenti
in quascumque voces artes haud tarda sequentur.
nec non et sterilis quae stirpibus exit ab imis,
hoc faciat, vacuos si sit digesta per agros;
nunc altae frondes et rami matris opacant
crescentique adimunt fetus uruntque ferentem.
iam quae seminibus iactis se sustulit arbos,
tarda venit seris factura nepotibus umbram,
pomaque degenerant sucos oblita priores

zen vertraut man die Wipfelschößlinge ohne weiteres der Erde an. Sogar vom zersägten Baumstumpf (es klingt wie ein Wunder) treibt der Ölbaum Wurzeln aus trockenem Holz. Oft auch sehen wir, wie Zweige eines Baumes ohne Schaden in die eines anderen übergehen, daß ein verwandelter Birnbaum aufgepfropfte Äpfel trägt und steinige Cornellen sich von Pflaumen röten.

Auf also! Lernt für jede Art die richtige Pflege, ihr Bauern, veredelt die wilden Früchte durch Kultur, und laßt das Land nicht träge liegen! Es ist eine Lust, den Ismarus mit Wein zu bepflanzen und den großen Taburnusberg mit Ölbäumen zu bekleiden. Steh auch du mir zur Seite und durchmiß mit mir die begonnene Bahn, meine Zier, meines Ruhmes wahrlich größter Teil, Maecenas, und setze, auf offenem Meer hinfliegend, die Segel! Ich will nicht alles mit meinen Versen umfassen, und hätte ich hundert Zungen, hundert Lippen und eine Stimme aus Erz. Hilf mir, nah an der Küste zu steuern! Das Land liegt in unseren Händen, und ich will dich hier nicht mit ersonnenem Lied, mit Umschweifen und langer Vorrede aufhalten.

Pflanzen, die sich von selbst zu den Küsten des Lichts erheben, wachsen zwar ohne Früchte, doch üppig und kraftvoll heran, wirkt doch die zeugende Kraft in der Erde. Veredelt aber einer auch diese Gewächse und vertraut sie nach solcher Wandlung lockeren Gruben an, dann legen sie wohl ihre Wildheit ab und nehmen durch stetige Pflege ungesäumt jede künstliche Form an, die du befiehlst. Aber auch Schößlinge, die unfruchtbar unten am Stamm sprießen, tun dies, wenn man sie auf freiem Feld verteilt. Sonst nämlich nehmen ihnen Laub und Äste des hohen Mutterbaumes das Licht, rauben die Kraft zum Wuchs und lassen ihre Früchte verdorren. Der Baum endlich, der aus gestreutem Samen wächst, kommt nur langsam auf und spendet erst späten Enkeln Schatten; sein Obst entartet, vergißt frühere

et turpis avibus praedam fert uva racemos.
scilicet omnibus est labor inpendendus et omnes
cogendae in sulcum ac multa mercede domandae.
sed truncis oleae melius, propagine vites
respondent, solido Paphiae de robore myrtus;
plantis edurae coryli nascuntur et ingens
fraxinus Herculeaeque arbos umbrosa coronae
Chaoniique patris glandes, etiam ardua palma
nascitur et casus abies visura marinos.
inseritur vero et fetu nucis arbutus horrida
et sterilis platani malos gessere valentis;
castaneae fagus ornusque incanuit albo
flore piri glandemque sues fregere sub ulmis.

Nec modus inserere atque oculos imponere simplex.
nam qua se medio trudunt de cortice gemmae
et tenuis rumpunt tunicas, angustus in ipso
fit nodo sinus; huc aliena ex arbore germen
includunt udoque docent inolescere libro.
aut rursum enodes trunci resecantur et alte
finditur in solidum cuneis via, deinde feraces
plantae immittuntur: nec longum tempus, et ingens
exiit ad caelum ramis felicibus arbos
miratastque novas frondes et non sua poma.
Praeterea genus haud unum nec fortibus ulmis
nec salici lotoque neque Idaeis cyparissis,
nec pingues unam in faciem nascuntur olivae,
orchades et radii et amara pausia baca,
pomaque et Alcinoi silvae, nec surculus idem
Crustumiis Syriisque piris gravibusque Volemis.
non eadem arboribus pendet vindemia nostris,
quam Methymnaeo carpit de palmite Lesbos;

Süße, und die Traube trägt den Vögeln verkommene Beeren als Beute. An alle freilich muß man Arbeit wenden, muß alle in die Furche zwingen und mit vieler Mühe zähmen. Doch wachsen Ölbäume besser vom Stammschnitt, Reben aus Ablegern, und die Myrte von Paphus aus festem Wurzelstock. Aus Setzlingen entstehen die harten Haselstauden, die mächtige Esche, die schattige Pappel, von der Hercules seinen Kranz nahm, und die Eichenbäume des Chaonischen Vaters; so entstehen auch die ragende Palme und die Tanne, welche die Wechselfälle der Seefahrt erleben wird. Gepfropft aber wird der rauhe Erdbeerbaum mit dem Fruchtreis der Walnuß, und unfruchtbare Platanen trugen schon kräftige Apfelbäume; weiß von Kastanienblüten wurde die Buche, die Esche von der Birnblüte, und unter Ulmen zermalmten Schweine schon Eicheln.

Auch die Art des Pfropfens und Okulierens ist nicht immer gleich. Wo sich nämlich mitten aus der Rinde Augen hervordrängen und den zarten Bast durchbrechen, wird gerade im Knoten ein Spältchen gekerbt; dort birgt man das Reis des fremden Baums und lehrt es, im klebrigen Bast einzuwachsen. Oder man schneidet andererseits Stämme ohne Augen zurück, treibt mit Keilchen einen Spalt tief ins Kernholz und steckt dann die ertragreichen Pfropfreiser hinein; und nicht lang, so steigt ein mächtiger Baum mit fruchtbaren Ästen zum Himmel und staunt über sein neues Laub und Früchte, die nicht die seinen sind.

Auch gibt es nicht nur eine Art bei stattlichen Ulmen, bei der Weide, dem Lotusbaum und den Zypressen vom Ida, und auch fette Oliven wachsen nicht in nur einerlei Form heran, die eirunden, die länglichen und die fleischigen mit ihrer herben Beere; ebenso verschieden ist das Obst des Alcinous, und nicht vom gleichen Reis kommen die Crustumischen und Syrischen Birnen und die schwere »beste Sorte«. Nicht hängt an unseren Bäumen dieselbe Traubenernte, wie sie Lesbos von der Methymnäischen Rebe

sunt Thasiae vites, sunt et Mareotides albae,
pinguibus hae terris habiles, levioribus illae,
et passo psithia utilior tenuisque lageos
temptatura pedes olim vincturaque linguam,
purpureae preciaeque, et quo te carmine dicam
Rhaetica? nec cellis ideo contende Falernis.
sunt et Aminneae vites, firmissima vina,
Tmolius adsurgit quibus et rex ipse Phanaeus
Argitisque minor, cui non certaverit ulla
aut tantum fluere aut totidem durare per annos.
non ego te, dis et mensis accepta secundis,
transierim, Rhodia, et tumidis, Bumaste, racemis.
sed neque quam multae species nec nomina quae sint
est numerus; neque enim numero comprendere refert;
quem qui scire velit, Libyci velit aequoris idem
discere, quam multae Zephyro turbentur arenae,
aut ubi navigiis violentior incidit Eurus,
nosse quot Ionii veniant ad litora fluctus.
Nec vero terrae ferre omnes omnia possunt.
fluminibus salices crassisque paludibus alni
nascuntur, steriles saxosis montibus orni;
litora myrtetis laetissima, denique apertos
Bacchus amat colles, Aquilonem et frigora taxi.
aspice et extremis domitum cultoribus orbem
Eoasque domos Arabum pictosque Gelonos:
divisae arboribus patriae. sola India nigrum
fert hebenum, solis est turea virga Sabaeis.
quid tibi odorato referam sudantia ligno
balsamaque et bacas semper frondentis acanthi?
quid nemora Aethiopum molli canentia lana,
velleraque ut foliis depectant tenuia Seres,
aut quos Oceano propior gerit India lucos,

pflückt; es gibt Thasische Reben, auch weiße Mareotische, diese geeignet für fette Böden, jene für leichtere; und zum Süßwein ist die Psythia-Rotweinrebe gut und der Hasenwein, der so rasch ins Blut dringt, beim Trinken in die Füße geht und die Zunge lähmt, der Purpurwein und der Precische. Und mit welchem Lied soll ich dich preisen, Raeticer? Doch wetteifere deshalb noch nicht mit Falernerkellern! Es gibt auch Aminneische Reben, höchst dauerhafte Weine, denen sogar der Tmoluswein Respekt bezeugt und selbst der herrliche Phanaeische, auch der kleinere Argoswein, mit dem es keiner an Ertrag oder langjähriger Haltbarkeit aufnimmt. Auch dich, Rhodischer Wein, zu Trankopfer und Nachtisch willkommen, will ich nicht übergehen und dich, Kuheuterwein, mit deinen schwellenden Beeren. Doch läßt sich für die vielen Arten und Namen keine Zahl angeben, lohnt es doch nicht, sie in einer Zahl zu fassen. Wer sie zu wissen begehrt, mag ebenso zählen, wie viele Sandkörner der Zephyr in der Libyschen Wüste aufwirbelt, oder wissen wollen, wie viele Wogen vom Ionischen Meer ans Gestade rollen, wenn der heftige Ostwind auf die Schiffe einstürmt.

Doch können auch nicht alle Länder alles erzeugen. Weiden gedeihen an Flüssen, an schlammigen Sümpfen Erlen, fruchtlose Eschen wachsen auf steinigem Bergland, und Strände sagen Myrtenbüschen ausnehmend zu; endlich liebt Bacchus sonnige Hügel, die Eibe dagegen Nordwind und Frost. Sieh aber auch den Erdkreis, den die fernsten Bebauer sich untertan machen, die Hütten der Araber im Osten, die tätowierten Geloner; so hat jeder Baum sein Heimatland. Nur Indien trägt dunkles Ebenholz, allein die Sabaeer haben die Weihrauchstaude. Soll ich dir vom Balsam sprechen, dessen Holz Duft ausschwitzt, von den Beeren des immergrünen Acanthus? Von den Hainen der Aethiopen, schimmernd von flockiger Baumwolle, und wie die Serer zarten Flaum vom Laub kämmen? Oder von den Wäldern, die Indien nahe dem Ozean trägt, auf Land-

extremi sinus orbis, ubi aëra vincere summum
arboris haud ullae iactu potuere sagittae?
et gens illa quidem sumptis non tarda pharetris.
Media fert tristis sucos tardumque saporem
felicis mali, quo non praesentius ullum,
pocula si quando saevae infecere novercae
miscueruntque herbas et non innoxia verba,
auxilium venit ac membris agit atra venena.
ipsa ingens arbos faciemque simillima lauro;
et si non alium late iactaret odorem,
laurus erat: folia haud ullis labentia ventis;
flos ad prima tenax; animas et olentia Medi
ora fovent illo et senibus medicantur anhelis.

Sed neque Medorum silvae ditissima terra
nec pulcher Ganges atque auro turbidus Hermus
laudibus Italiae certent, non Bactra neque Indi
totaque turiferis Panchaia pinguis harenis.
haec loca non tauri spirantes naribus ignem
invertere satis immanis dentibus hydri
nec galeis densisque virum seges horruit hastis;
sed gravidae fruges et Bacchi Massicus umor
implevere; tenent oleae armentaque laeta.
hinc bellator equus campo sese arduus infert;
hinc albi, Clitumne, greges et maxima taurus
victima saepe tuo perfusi flumine sacro
Romanos ad templa deum duxere triumphos.
hic ver adsiduum atque alienis mensibus aestas;
bis gravidae pecudes, bis pomis utilis arbos.
at rabidae tigres absunt et saeva leonum
semina nec miseros fallunt aconita legentes
nec rapit immensos orbes per humum neque tanto
squameus in spiram tractu se colligit anguis.

zungen am Ende der Welt, wo nie ein Pfeilschuß die luftigen Baumwipfel zu übersteigen vermochte? Und doch ist jenes Volk nicht faul mit Köcher und Bogen. Medien bringt den sauern Saft und langen Nachgeschmack seiner gesegneten Zitrone, und wenn einmal böse Stiefmütter einen Gifttrank gebraut und Kräuter und Unheilsworte beigemischt haben, kommt kein Gegenmittel wirksamer zu Hilfe und treibt das schwarze Gift aus den Gliedern. Der Baum selbst ragt hoch, ist dem Lorbeer sehr ähnlich, und verströmte er nicht weithin anderen Duft, wäre er der Lorbeer. Nie fallen seine Blätter vom Wind; die Blüte haftet ausnehmend fest; die Meder lindern damit übelriechenden Atem und Mundgeruch und heilen Atemnot bei Greisen.

Doch weder das so waldreiche Land der Meder noch der herrliche Ganges, noch der goldwirbelnde Hermus können an Ruhm mit Italien streiten, nicht Bactra noch Indien und Panchaia, das überall träuft von weihrauchtragendem Sand. Dieses Land haben weder feuerschnaubende Stiere zur Aussaat grausiger Drachenzähne gepflügt, noch starrte die Saat der Männer von Helmen und gedrängten Speeren; nein, reiche Feldfrüchte und der Massicerwein des Bacchus erfüllen es; Ölbäume und üppig gedeihende Herden haben es inne. Von hier stürmt das Streitroß mit erhobenem Nacken zum Schlachtfeld, von hier, Clitumnus, führten oft schneeweiße Herden und das größte Opfer, der Stier, benetzt mit deinem heiligen Wasser, römische Triumphe zu Tempeln der Götter. Hier herrscht dauernder Lenz und Sommer auch außerhalb seiner Zeit; zweimal trägt das Kleinvieh, zweimal bringt der Baum das nützliche Obst. Reißende Tiger aber sind fern und die schreckliche Löwenbrut, nicht täuscht der Eisenhut beklagenswerte Sammler, und nicht zuckt die schuppige Schlange in riesigen Bogen auf der Erde oder ringelt sich in ihrer mächtigen Länge zum Kreis.

Adde tot egregias urbes operumque laborem,
tot congesta manu praeruptis oppida saxis
fluminaque antiquos subterlabentia muros.
an mare quod supra memorem, quodque adluit infra?
anne lacus tantos? te, Lari maxime, teque,
fluctibus et fremitu adsurgens Benace marino?
an memorem portus Lucrinoque addita claustra
atque indignatum magnis stridoribus aequor,
Iulia qua ponto longe sonat unda refuso
Tyrrhenusque fretis immittitur aestus Avernis?
haec eadem argenti rivos aerisque metalla
ostendit venis atque auro plurima fluxit.
haec genus acre virum Marsos pubemque Sabellam
adsuetumque malo Ligurem Volscosque verutos
extulit, haec Decios Marios magnosque Camillos,
Scipiadas duros bello et te, maxime Caesar,
qui nunc extremis Asiae iam victor in oris
inbellem avertis Romanis arcibus Indum.
salve, magna parens frugum, Saturnia tellus,
magna virum; tibi res antiquae laudis et artis
ingredior, sanctos ausus recludere fontes,
Ascraeumque cano Romana per oppida carmen.

Nunc locus arvorum ingeniis, quae robora cuique,
quis color et quae sit rebus natura ferendis.
difficiles primum terrae collesque maligni,
tenuis ubi argilla et dumosis calculus arvis,
Palladia gaudent silva vivacis olivae.
indicio est tractu surgens oleaster eodem
plurimus et strati bacis silvestribus agri.
at quae pinguis humus dulcique uligine laeta,
quique frequens herbis et fertilis ubere campus
(qualem saepe cava montis convalle solemus

Füge die vielen herrlichen Städte hinzu, die mühevoll errichteten Bauten, die Menge der auf schroffen Felsen getürmten Orte und die Ströme, die am Fuß alter Mauern dahingleiten. Oder nenne ich lieber das Meer, das oben und unten anspült? Oder die mächtigen Seen? Dich, riesiger Larius, und dich, Benacus, der mit Branden und Tosen anschwillt wie das Meer? Nenne ich die Häfen, die Mole am Lucrinersee und das Meer, das mit gewaltigem Tosen immer wieder zürnend anbrandet, wo das Wasser des Iulischen Hafens weithin rauscht, weil das Meer anströmt und die Tyrrhenische Brandung in den Avernersee dringt? Dasselbe Land zeigt Bäche von Silber und Erze in seinen Adern und strömt über von reichlichem Gold. Es brachte ein Geschlecht tapferer Männer hervor, die Marser, die Sabellische Jugend, notgestählte Ligurer und speerschwingende Volscer. Es trug auch die Decier, einen Marius und den großen Camillus, die kriegsharten Scipionen und dich, herrlicher Caesar, der du nun schon als Sieger am äußersten Rand Asiens die feigen Inder von Roms Hügeln abwehrst. Sei gegrüßt, große Mutter der Feldfrüchte, Saturnische Erde, groß an Männern. Dir zu Ehren stelle ich Werke alter Würde und Kunst dar, erschließe kühn die heiligen Quellen und singe ein Ascraeisches Lied in römischen Städten.

Nun ist es Zeit, von der Eignung der Fluren zu sprechen, von der Kraft, die jede besitzt, ihrer Farbe und der Fähigkeit zum Ertrag. Zuerst nun lieben schwierige Böden und karge Halden, wo nur magerer Lehm und Kies auf der dornigen Flur liegt, den Hain der Pallas mit seinen lebenskräftigen Ölbäumen. Merkmal ist der Oleaster, der auf solchem Landstrich in Menge wächst, und Felder, die mit wilden Beeren übersät sind. Ist das Erdreich aber fett und fruchtbar durch süße Feuchtigkeit, steht ein Feld voll von Kräutern und trägt üppig-fruchtbaren Bewuchs (wie wir ihn oft im tiefen Bergtal von der Höhe sehen; dort-

despicere; huc summis liquuntur rupibus amnes
felicemque trahunt limum) quique editus austro
et filicem curvis invisam pascit aratris,
hic tibi praevalidas olim multoque fluentis
sufficiet Baccho vitis, hic fertilis uvae,
hic laticis, qualem pateris libamus et auro,
inflavit cum pinguis ebur Tyrrhenus ad aras,
lancibus et pandis fumantia reddimus exta.
sin armenta magis studium vitulosque tueri
aut ovium fetum aut urentes culta capellas,
saltus et saturi petito longinqua Tarenti
et qualem infelix amisit Mantua campum
pascentem niveos herboso flumine cycnos:
non liquidi gregibus fontes, non gramina derunt;
et quantum longis carpent armenta diebus,
exigua tantum gelidus ros nocte reponet.
nigra fere et presso pinguis sub vomere terra,
et cui putre solum (namque hoc imitamur arando)
optima frumentis: non ullo ex aequore cernes
plura domum tardis decedere plaustra iuvencis;
aut unde iratus silvam devexit arator
et nemora evertit multos ignava per annos
antiquasque domos avium cum stirpibus imis
eruit; illae altum nidis petiere relictis,
at rudis enituit inpulso vomere campus.
nam ieiuna quidem clivosi glarea ruris
vix humilis apibus casias roremque ministrat;
et tofus scaber et nigris exesa chelydris
creta negant alios aeque serpentibus agros
dulcem ferre cibum et curvas praebere latebras.
quae tenuem exhalat nebulam fumosque volucres
et bibit umorem et, cum vult, ex se ipsa remittit,
quaeque suo semper viridi se gramine vestit
nec scabie et salsa laedit robigine ferrum,
illa tibi laetis intexet vitibus ulmos,
illa ferax oleo est, illam experiere colendo

hin fließen die Gießbäche von felsigen Höhen und führen fruchtbaren Schlamm mit), liegt auch nach Süden offen und bringt Farn hervor, der dem krummen Pflug so verhaßt ist, dieses Feld wird dir einst starkwüchsige, an Wein höchst ergiebige Reben liefern, [190] dieses trägt Trauben und den Wein, den wir in goldenen Schalen spenden, wenn der feiste Etrusker am Altar die Elfenbeinflöte bläst und wir in breiten Schüsseln rauchende Eingeweide opfern. Willst du jedoch lieber Großvieh und Kälber ziehen [195] oder Lämmchen oder Ziegen, die die Saaten versehren, dann suche die Triften und fernen Felder des fruchtbaren Tarent und eine Flur, wie sie das unselige Mantua verlor, die schneeweiße Schwäne am wiesengesäumten Fluß nährt; da fehlt es den Herden nicht am klaren Quell, nicht an Gras, [200] und was die Rinder am langen Tag abrupfen, ersetzt in kurzer Nacht der kühle Tau. Schwärzliche Erde, die fett glänzt vom eingedrückten Pflug und eine lockere Krume hat (diese bilden wir ja durch Pflügen nach), [205] diese taugt am besten für Korn; von keinem Feld siehst du mehr Wagen hinter trägen Stieren heimziehen; ähnlich die Flur, von der der Pflüger den Wald voller Zorn wegschlug und Gehölze rodete, die lange Jahre nutzlos dastanden, und wo er die alten Schlupfe der Vögel mit Stumpf und Stiel ausriß; jene verließen die Nester und stiegen hoch, [210] doch das jungfräuliche Feld glänzte vom eingedrückten Pflug. Der magere Kiessand nämlich einer abschüssigen Halde trägt für die Bienen kaum niedrigen Seidelbast oder Rosmarin, und schartiger Tuff und Kreide, von schwarzen Schildkrötnattern zernagt, rühmen sich, daß kein anderes Feld so gut den Schlangen [215] leckeren Fraß und krumme, hohle Verstecke bietet. Land, das dünnen Nebel und schwebende Dünste aushaucht, Nässe einsaugt und nach Belieben wieder abgibt und sich ohne Pflege mit seinem immergrünen Gras schmückt, auch das Eisen nicht durch Rauheit und salzigen Rost annagt, [220] dieses wird dir die Ulmen mit prangenden Reben umschlingen, ist ergiebig an Öl, und du wirst beim Anbau er-

et facilem pecori et patientem vomeris unci.
talem dives arat Capua et vicina Vesaevo
ora iugo et vacuis Clanius non aequus Acerris.
  Nunc quo quamque modo possis cognoscere dicam.
rara sit an supra morem si densa requires
(altera frumentis quoniam favet, altera Baccho,
densa magis Cereri, rarissima quaeque Lyaeo),
ante locum capies oculis alteque iubebis
in solido puteum demitti omnemque repones
rursus humum et pedibus summas aequabis harenas.
si derunt, rarum pecorique et vitibus almis
aptius uber erit; sin in sua posse negabunt
ire loca et scrobibus superabit terra repletis,
spissus ager: glaebas cunctantes crassaque terga
expecta et validis terram proscinde iuvencis.
salsa autem tellus et quae perhibetur amara
(frugibus infelix ea nec mansuescit arando
nec Baccho genus aut pomis sua nomina servat),
tale dabit specimen: tu spisso vimine qualos
colaque prelorum fumosis deripe tectis;
huc ager ille malus dulcesque a fontibus undae
ad plenum calcentur: aqua eluctabitur omnis
scilicet et grandes ibunt per vimina guttae;
at sapor indicium faciet manifestus et ora
tristia temptantum sensu torquebit amaror.
pinguis item quae sit tellus, hoc denique pacto
discimus: haud umquam manibus iactata fatiscit,
sed picis in morem ad digitos lentescit habendo.
umida maiores herbas alit, ipsaque iusto
laetior. a, nimium ne sit mihi fertilis illa
nec se praevalidam primis ostendat aristis.
quae gravis est, ipso tacitam se pondere prodit,

proben, daß es gut ist für Kleinvieh, aber auch den krummen Pflug duldet. Solchen Boden pflügt das reiche Capua, die Küste in der Nähe des Vesuvs und das Land am Claniusfluß, der der verödeten Stadt Acerrae feind ist. Nun will ich dich lehren, wie du jegliches Erdreich erkennen kannst. Willst du wissen, ob es locker ist oder dichter als schicklich (das eine nämlich nützt dem Kornbau, das andere dem Wein, das dichtere der Ceres, das lockerste dem Bacchus), fasse zuvor den Platz ins Auge, und laß eine tiefe Grube im festen Boden ausheben, dann aber wieder alles Erdreich zurückschaufeln und den Sand oben mit den Füßen eben treten. Fehlt dann Erde, eignet sich der lockere, fruchtbare Boden besser für Vieh und üppige Weinstöcke; will jedoch das Erdreich nicht an seinen Platz zurück und bleibt, wenn die Grube gefüllt ist, immer noch Boden über, dann ist das Erdreich dicht, dann erwarte zähe Klumpen und grobe Buckel und brich den Grund mit kräftigen Stieren auf. Salziger Boden indes, der bitter heißt (dieser ist dem Getreide unzuträglich, läßt sich auch durch Pflügen nicht zähmen und wahrt weder der Rebe die Art noch Früchten die Namen), wird seine Art so verraten: Nimm einen dicht geflochtenen Korb und ein Keltersieb von der rußigen Zimmerdecke; dahinein stopfe den schlechten Boden bis zum Rand und gieße süßes Quellwasser darauf; dann wird nämlich das Wasser ganz durchsickern und in großen Tropfen aus dem Geflecht träufeln; ihr Geschmack aber gibt ein fühlbares Zeichen, und die Bitterkeit wird dem Kostenden das Gesicht verzerren. Schließlich lernen wir auch durch folgende Probe, welche Erde fett ist: Sie krümelt nicht, wenn man sie zwischen den Händen rollt, sondern haftet beim Kneten wie Pech an den Fingern. Feuchte Erde läßt das Gras höher wachsen und ist ohne Zutun fetter als recht ist. Doch soll sie nicht allzu fruchtbar sein und die Ähren nicht gar zu geil aufschießen lassen. Erde, die schwer oder leicht ist, verrät sich ohne eigenes Zeichen allein durch ihr Gewicht. Schwarze oder

quaeque levis. promptum est oculis praediscere nigram,
et quis cui color. at sceleratum exquirere frigus
difficile est: piceae tantum taxique nocentes
interdum aut hederae pandunt vestigia nigrae.
His animadversis terram multo ante memento
excoquere et magnos scrobibus concidere montes,
ante supinatas aquiloni ostendere glaebas,
quam laetum infodias vitis genus. optima putri
arva solo: id venti curant gelidaeque pruinae
et labefacta movens robustus iugera fossor.
at si quos haud ulla viros vigilantia fugit,
ante locum similem exquirunt, ubi prima paretur
arboribus seges et quo mox digesta feratur,
mutatam ignorent subito ne semina matrem.
quin etiam caeli regionem in cortice signant,
ut quo quaeque modo steterit, qua parte calores
Austrinos tulerit, quae terga obverterit axi,
restituant: adeo in teneris consuescere multum est.
Collibus an plano melius sit ponere vitem,
quaere prius. si pinguis agros metabere campi,
densa sere: in denso non segnior ubere Bacchus;
sin tumulis acclive solum collisque supinos,
indulge ordinibus; nec setius omnis in unguem
arboribus positis secto via limite quadret.
ut saepe ingenti bello cum longa cohortes
explicuit legio et campo stetit agmen aperto,
derectaeque acies, ac late fluctuat omnis
aere renidenti tellus (necdum horrida miscent
proelia, sed dubius mediis Mars errat in armis),
omnia sint paribus numeris dimensa viarum;
non animum modo uti pascat prospectus inanem,

sonstwie gefärbte Erde zeigt der erste Blick. [255] Die verfluchte Kälte aber zu merken, fällt schwer; nur Pechföhren, giftiger Taxus oder schwarzer Efeu verraten manchmal ihre Spur.

Ist dies alles beachtet, gehe daran, das Erdreich lange vorher auszuwittern, über die großen Hügel Furchen zu ziehen [260] und die aufgeworfenen Schollen dem Nordwind auszusetzen, ehe du eine üppige Rebensorte eingräbst. Die besten sind Felder mit lockerem Boden; dafür sorgen die Winde, der eisige Reif und der starke Gräber, der den Boden im Weingut umwendet und lockert. Wollen die Männer aber besonders wachsam sein und nichts versäumen, [265] sehen sie vorher darauf, daß der Boden für die Anzucht der Stecklinge dem ähnlich ist, wo man sie dann in Reihen setzt, damit die jungen Weinstöcke gar nicht merken, daß ihr Mutterboden plötzlich verändert ist. Manche bezeichnen sogar die Himmelsgegend im Bast, um jedem Bäumchen die alte Stellung wiederzugeben, die gleichen Seiten, wo es die Südhitze ertrug [270] und dem Norden den Rücken zukehrte; so wichtig ist bei zarten Bäumchen der gewohnte Zustand.

Prüfe zuvor, ob man den Weinstock besser auf Hügeln pflanzt oder in ebenem Gelände. Hast du die Gärten auf fettem Boden vermessen, pflanze die Stöcke dicht; Wein ist in dichten Reihen nicht weniger ertragreich; [275] neigt sich der Boden hügelig und fällt er ab, mache die Reihen weiter. Doch richte die Bäume so aus, daß jeder Gang den kreuzenden Querweg genau rechtwinklig schneidet. So wie oft in einem gewaltigen Krieg, wenn die Legion ihre Cohorten langhin entfaltet und die Schlachtordnung auf freiem Feld steht, [280] die Glieder ausgerichtet sind und das ganze Gelände weithin von blitzendem Erz wogt, das schreckliche Schlachtgewühl aber noch nicht begann und Mars noch unentschieden zwischen den Fronten irrt, so seien alle Wege in gleichem Abstand ausgemessen, nicht etwa, damit der Anblick die eitle Lust befriedigt, [285] sondern weil nur so der

sed quia non aliter viris dabit omnibus aequas
terra neque in vacuum poterunt se extendere rami.
  Forsitan et scrobibus quae sint fastigia quaeras.
ausim vel tenui vitem committere sulco.
altior ac penitus terrae defigitur arbos,
aesculus in primis, quae quantum vertice ad auras
aetherias, tantum radice in Tartara tendit.
ergo non hiemes illam, non flabra neque imbres
convellunt, immota manet multosque nepotes,
multa virum volvens durando saecula vincit.
tum fortis late ramos et bracchia tendens
huc illuc media ipsa ingentem sustinet umbram.
  Neve tibi ad solem vergant vineta cadentem,
neve inter vites corylum sere, neve flagella
summa pete aut summa defringe ex arbore plantas
(tantus amor terrae), neu ferro laede retunso
semina, neve oleae silvestris insere truncos:
nam saepe incautis pastoribus excidit ignis,
qui furtim pingui primum sub cortice tectus
robora comprendit frondesque elapsus in altas
ingentem caelo sonitum dedit; inde secutus
per ramos victor perque alta cacumina regnat,
et totum involvit flammis nemus et ruit atram
ad caelum picea crassus caligine nubem,
praesertim si tempestas a vertice silvis
incubuit glomeratque ferens incendia ventus.
hoc ubi, non a stirpe valent caesaeque reverti
possunt atque ima similes revirescere terra;
infelix superat foliis oleaster amaris.
  Nec tibi tam prudens quisquam persuadeat auctor
tellurem Borea rigidam spirante movere.
rura gelu tunc claudit hiems nec semine iacto
concretam patitur radicem adfigere terrae.

Boden jedem Stock die gleiche Kraft verleiht und die Zweige in den freien Raum ausstreben können.

Vielleicht fragst du auch, welche Tiefe die Gruben erfordern. Ich möchte wagen, einen Weinstock auch einer flachen Furche anzuvertrauen. Tiefer und weiter ins Erdreich senkt man einen Baum, zumal die Wintereiche, die ihre Wurzel ebenso tief zum Tartarus treibt wie die Krone in himmlische Lüfte. Daher entwurzeln sie nicht die Winterstürme, nicht Sturmwinde oder Wolkenbruch; unverrückt bleibt sie stehen und überdauert viele Enkel und Menschenalter. Dann breitet sie starke Äste und Arme hier- und dorthin weit aus, und der Stamm in der Mitte trägt ein mächtiges Schattendach.

Laß den Weinberg sich nicht zur sinkenden Sonne neigen, pflanze auch nicht Haselstauden zwischen Reben, nimm keine Schößlinge von ganz oben, brich auch Setzlinge nicht vom Baumwipfel (so sehr hängen sie an der Erde), verletze auch nicht Pflanzreiser mit stumpfem Eisen und pflanze nicht Stämme der wilden Olive zwischen Wein. Oft schon ließen nämlich unachtsame Hirten Feuer fallen, das erst unter dicker Borke verstohlen glimmt, dann den Stamm ergreift, hoch ins Laub hinaufschlägt und ein ungeheures Prasseln zum Himmel sendet; dann kriecht es machtvoll über die Äste, beherrscht siegreich die Wipfel, hüllt das ganze Gehölz in Flammen und wälzt, dick und fett qualmend, eine schwarze Wolke zum Himmel, zumal wenn sich ein Sturm von oben auf Wein- und Ölbaumhaine wirft und der Wind die Lohe fortträgt und auftürmt. Wenn dies geschah, hat der Stamm keine Kraft mehr und kann, selbst wenn man ihn abhaut, nicht neu ergrünen und ganz vom Boden wieder ähnlich aufwachsen; nur der fruchtlose Oleaster mit seinem bitteren Laub bleibt übrig.

Auch verleite dich kein Ratgeber, so klug er auch sein mag, die starre Erde zu lockern, solange noch Nordwind weht. Dann verschließt der Winter den Boden mit Frost und läßt nach der Pflanzung die erstarrte Wurzel nicht im

optima vinetis satio, cum vere rubenti
candida venit avis longis invisa colubris,
prima vel autumni sub frigora, cum rapidus Sol
nondum hiemem contingit equis, iam praeterit aestas.
Ver adeo frondi nemorum, ver utile silvis;
vere tument terrae et genitalia semina poscunt.
tum pater omnipotens fecundis imbribus Aether
coniugis in gremium laetae descendit et omnes
magnus alit magno commixtus corpore fetus.
avia tum resonant avibus virgulta canoris
et Venerem certis repetunt armenta diebus;
parturit almus ager Zephyrique tepentibus auris
laxant arva sinus; superat tener omnibus umor;
inque novos soles audent se germina tuto
credere, nec metuit surgentes pampinus Austros
aut actum caelo magnis Aquilonibus imbrem,
sed trudit gemmas et frondes explicat omnes.
non alios prima crescentis origine mundi
inluxisse dies aliumve habuisse tenorem
crediderim: ver illud erat, ver magnus agebat
orbis et hibernis parcebant flatibus Euri,
cum primae lucem pecudes hausere virumque
terrea progenies duris caput extulit arvis,
immissaeque ferae silvis et sidera caelo.
nec res hunc tenerae possent perferre laborem,
si non tanta quies iret frigusque caloremque
inter et exciperet caeli indulgentia terras.

Quod superest, quaecumque premes virgulta per agros,
sparge fimo pingui et multa memor occule terra,
aut lapidem bibulum aut squalentis infode conchas;
inter enim labentur aquae tenuisque subibit

Erdreich haften. Die beste Pflanzzeit ist für den Weinberg, wenn im rosigen Frühling der weiße Storch wiederkommt, den die langen Nattern hassen, oder gleich vor der Herbstkälte, wenn die reißend schnelle Sonne mit ihren Rossen den Winterkreis noch nicht berührt hat, der Sommer jedoch schon endet.

Besonders gedeihlich ist der Frühling dem Laub der Baumgärten und den Wäldern; im Lenz strotzt der Boden und lechzt nach zeugendem Samen. Nun senkt sich der allmächtige Vater Äther mit fruchtbaren Schauern in den Schoß der beglückten Gattin, und er, der Gewaltige, beseelt, mit dem mächtigen Körper vermischt, jedweden Trieb. Nun erschallt das einsame Dickicht von Vogelstimmen, und das Vieh wird brünstig zu bestimmter Zeit; das nährende Feld schwillt trächtig, und Zephyr löst mit lauen Lüften den Schoß der Flur; alles strotzt von zarter Lebensfeuchte, und ohne Gefahr wagen sich die Knospen ins neue Sonnenlicht; die Rebe fürchtet nicht dräuende Südstürme oder Regen, den mächtige Nordwinde am Himmel heranjagen, sondern treibt Knospen und entfaltet all ihr Laub. Nicht anders leuchteten, so will ich glauben, die Tage am Ursprung der werdenden Welt und waren nicht anders geartet. Frühling war damals, der mächtige Erdkreis feierte den Lenz, und die Ostwinde verhielten ihren Winterhauch, als die ersten Schafe und Ziegen das Licht tranken und das Erdengeschlecht der Menschen das Haupt aus den harten Fluren erhob, als der Wald sich mit Tieren bevölkerte, der Himmel mit Sternen. Auch könnten die zarten Gewächse die heute herrschende Mühsal nicht ertragen, träte nicht solche Ruhe ein und umfinge nicht diese Himmelsmilde die Erde.

Weiter noch: Alle Reiser, die du in die Weingärten senkst, bestreue mit fettem Dung und häufe sorgsam reichlich Erde darüber. Grabe auch einen wassersaugenden Bimsstein oder löcherige Muscheln mit ein, denn das Wasser wird in sie einsickern, der feine Lufthauch dringt hinab, und die

halitus atque animos tollent sata. iamque reperti,
qui saxo super atque ingentis pondere testae
urgerent; hoc effusos munimen ad imbres,
hoc, ubi hiulca siti findit Canis aestifer arva.
seminibus positis superest diducere terram
saepius ad capita et duros iactare bidentis,
aut presso exercere solum sub vomere et ipsa
flectere luctantes inter vineta iuvencos;
tum levis calamos et rasae hastilia virgae
fraxineasque aptare sudes furcasque valentis,
viribus eniti quarum et contemnere ventos
adsuescant summasque sequi tabulata per ulmos.
ac dum prima novis adolescit frondibus aetas,
parcendum teneris, et dum se laetus ad auras
palmes agit laxis per purum immissus habenis,
ipsa acie nondum falcis temptanda, sed uncis
carpendae manibus frondes interque legendae.
inde ubi iam validis amplexae stirpibus ulmos
exierint, tum stringe comas, tum bracchia tonde
(ante reformidant ferrum), tum denique dura
exerce imperia et ramos compesce fluentes.
  Texendae saepes etiam et pecus omne tenendum,
praecipue dum frons tenera imprudensque laborum;
cui super indignas hiemes solemque potentem
silvestres uri adsidue capraeque sequaces
inludunt, pascuntur oves avidaeque iuvencae.
frigora nec tantum cana concreta pruina
aut gravis incumbens scopulis arentibus aestas,
quantum illi nocuere greges durique venenum
dentis et admorso signata in stirpe cicatrix.
non aliam ob culpam Baccho caper omnibus aris
caeditur et veteres ineunt proscaenia ludi
praemiaque ingeniis pagos et compita circum
Thesidae posuere atque inter pocula laeti

Pflänzchen werden Mut fassen. Manche belasteten auch schon die Erde oben mit einem großen Stein oder einer gewaltig schweren Tonscherbe, und zwar zur Abwehr gegen schwemmenden Regen und als Schutz, wenn der sommerbringende Hundsstern die Fluren durstig aufklaffen läßt. Sind die Reiser gesteckt, heißt es noch den Boden um die Wurzel häufig zu lockern, den harten Karst zu schwingen oder die Erde mit dem eingedrückten Pflug zu bearbeiten und die mühsam ziehenden Stiere zwischen den Rebzeilen zu lenken. Dann mußt du glatte Rohrstäbe, geschälte Stecken, Eschenpfähle und starke Gabeln anbringen, damit sie an der kräftigen Stütze aufzustreben und den Winden zu trotzen lernen und von Stufe zu Stufe die Ulmen emporklimmen. Und während die Rebe in früher Jugend frisch belaubt heranwächst, schone die zarten Pflänzchen, und wenn der Rebschoß freudig in die Lüfte rankt, man die Zügel schießen und ihn zur reinen Luft streben läßt, darf man ihn noch nicht mit der scharfen Hippe angehen, sondern muß das Laub mit gekrümmten Fingern abzwicken und auspflücken. Haben sie dann starke Äste, umklammern bereits die Ulmen und sind hochgeschossen, dann schere ihnen das Haar, dann stutze die Arme (vorher erschreckt sie der Stahl), und nun endlich übe strenge Disziplin und zähme wuchernde Ranken.

Flicht auch Zäune und halte jegliches Vieh fern, besonders, wenn das Laub noch zart ist und nichts aushält. Spielen ihm doch neben grausamen Wintern und mächtiger Sonnenglut fortwährend die Wildrinder übel mit, dazu die hartnäckigen Ziegen, und Schafe und gieriges Jungvieh weiden es ab. Und nicht so sehr schaden dem Laub Kälte, starrend mit weißem Reif, oder Hitze, schwer lastend auf trockenen Felsen, als Herden, das Gift des harten Zahnes und die Narbe, die im verbissenen Stock sitzt. Wegen keiner anderen Schuld wird der Bock für Bacchus an allen Altären geschlachtet, kommen alte Spiele auf die Bühne und setzt das Volk des Theseus rings im Land und an Scheidewegen Siegesprei-

mollibus in pratis unctos saluere per utres.
nec non Ausonii, Troia gens missa, coloni
versibus incomptis ludunt risuque soluto
oraque corticibus sumunt horrenda cavatis
et te, Bacche, vocant per carmina laeta tibique
oscilla ex alta suspendunt mollia pinu.
hinc omnis largo pubescit vinea fetu,
complentur vallesque cavae saltusque profundi
et quocumque deus circum caput egit honestum.
ergo rite suum Baccho dicemus honorem
carminibus patriis lancesque et liba feremus,
et ductus cornu stabit sacer hircus ad aram,
pinguiaque in veribus torrebimus exta colurnis.
Est etiam ille labor curandis vitibus alter,
cui numquam exhausti satis est: namque omne quotannis
terque quaterque solum scindendum glaebaque versis
aeternum frangenda bidentibus, omne levandum
fronde nemus. redit agricolis labor actus in orbem
atque in se sua per vestigia volvitur annus.
ac iam olim, seras posuit cum vinea frondes
frigidus et silvis Aquilo decussit honorem,
iam tum acer curas venientem extendit in annum
rusticus et curvo Saturni dente relictam
persequitur vitem attondens fingitque putando.
primus humum fodito, primus devecta cremato
sarmenta et vallos primus sub tecta referto;
postremus metito. bis vitibus ingruit umbra,
bis segetem densis obducunt sentibus herbae;
durus uterque labor: laudato ingentia rura,
exiguum colito. nec non etiam aspera rusci
vimina per silvam et ripis fluvialis harundo
caeditur, incultique exercet cura salicti.

se für begabte Köpfe aus und sprangen sie bei vollen Bechern fröhlich in weicher Au auf geölte Schläuche. Doch auch Ausonische Siedler, ein Volk, von Troia gesandt, scherzen mit kunstlosem Lied und ausgelassenem Gelächter, setzen gräuliche Masken aus hohler Rinde auf und rufen dich, Bacchus, in frohen Liedern und hängen dir biegsame, schaukelnde Bildchen in eine hohe Fichte. Darum schwillt das ganze Weinland von reichem Ertrag, in Fülle grünen Talsenken und tiefe Täler und wohin sonst der Gott sein schönes Antlitz wendet. Laßt uns also Bacchus nach Gebühr sein Lob singen mit den Liedern der Väter und ihm Opferschüsseln und Kuchen darbringen; ein geweihter Bock, an den Hörnern geführt, soll am Altar stehen, und wir wollen seine fetten Eingeweide an Haselspießen rösten.

Es gibt noch eine weitere Arbeit zur Pflege der Weinstöcke, die sich nie erschöpft, muß doch der ganze Grund drei- und viermal im Jahr aufgerissen, die Scholle immer und ewig mit dem gedrehten Karst zerschlagen, die ganze Weinkultur vom Laub befreit werden. So erneuert sich den Bauern die vollbrachte Arbeit im Kreislauf, und stets wiederholt sich das Jahr auf der eigenen Bahn. Und wenn der Weinstock spät erst sein Laub fallen ließ und der kalte Nordwind den Schmuck der Wälder herabwehte, dann richtet der eifrige Winzer seine Sorge längst schon aufs künftige Jahr, geht mit dem gekrümmten Zahn der Saturnischen Hippe dem kahlen Weinstock nach, stutzt ihn und formt ihn beim Schneiden. Grabe als erster den Boden um, fahre als erster die abgeschnittenen Reiser weg, verbrenne sie und bringe als erster die Stützpfähle unter Dach; bei der Lese dagegen sei der letzte. Zweimal droht Schatten den Reben, zweimal überzieht Unkraut die Pflanzung mit dichten Dornen. Beidemal kostet es saure Mühe. Lobe immer riesige Güter, bestelle aber nur ein kleines! Du mußt auch die scharfen Ruten des Mausdorns im Wald und das Schilf an den Flußufern abhauen, und die Sorge um das wild wachsende Weidicht treibt einen um. Und sind schon die Reben gebunden, brau-

iam vinctae vites, iam falcem arbusta reponunt,
iam canit effectos extremus vinitor antes,
sollicitanda tamen tellus pulvisque movendus,
et iam maturis metuendus Iuppiter uvis.
  Contra non ulla est oleis cultura; neque illae
procurvam expectant falcem rastrosque tenacis,
cum semel haeserunt arvis aurasque tulerunt;
ipsa satis tellus, cum dente recluditur unco,
sufficit umorem et gravidas, cum vomere, fruges.
hoc pinguem et placitam Paci nutritor olivam.
poma quoque, ut primum truncos sensere valentes
et vires habuere suas, ad sidera raptim
vi propria nituntur opisque haud indiga nostrae.
nec minus interea fetu nemus omne gravescit,
sanguineisque inculta rubent aviaria bacis.
tondentur cytisi, taedas silva alta ministrat,
pascunturque ignes nocturni et lumina fundunt.
et dubitant homines serere atque impendere curam?
  Quid maiora sequar? salices humilesque genistae
aut illae pecori frondem aut pastoribus umbram
sufficiunt saepemque satis et pabula melli.
et iuvat undantem buxo spectare Cytorum
Naryciaeque picis lucos, iuvat arva videre
non rastris, hominum non ulli obnoxia curae.
ipsae Caucasio steriles in vertice silvae,
quas animosi Euri adsidue franguntque feruntque,
dant alios aliae fetus, dant utile lignum
navigiis pinos, domibus cedrumque cupressosque.
hinc radios trivere rotis, hinc tympana plaustris
agricolae et pandas ratibus posuere carinas.
viminibus salices fecundae, frondibus ulmi,
at myrtus validis hastilibus et bona bello

chen Gehölze nicht mehr die Sichel, besingt der Winzer am Ende des Weinbergs schon die besorgten Reihen, muß er gleichwohl die Erde lockern und Staub aufwirbeln, und selbst noch reife Trauben müssen Iuppiters Hagel fürchten.

Oliven hingegen bedürfen keiner Pflege und erwarten auch nicht die gebogene Hippe und den unnachgiebigen Karst, wenn sie einmal Wurzel gefaßt haben und die Winde ertragen. Die Erde reicht von selbst, wird sie mit krummer Hacke erschlossen, den Olivenpflanzen Nahrungssäfte, und pflügt man sie, trägt sie Früchte in Fülle. Hege also die fette Olive, den Liebling des Friedens! Auch Obstbäume streben, sobald sie spüren, daß ihr Stamm erstarkt, und sie gehörige Kraft besitzen, stürmisch aus eigener Macht zu den Sternen und brauchen nicht unsere Hilfe. Auch schwillt indessen der ganze Hain von Frucht, und die verwilderten Nistplätze der Vögel erglühen von blutroten Beeren. Klee wird gemäht, der Hochwald liefert Kienspäne, die nächtliche Flamme erhält Nahrung und spendet Licht. Und da säumen die Menschen noch, Pflanzungen anzulegen und sorgsam zu pflegen?

Was soll ich erst von größeren Bäumen reden? Schon Weiden und niedriger Ginster schenken entweder dem Kleinvieh Laub oder den Hirten Schatten, dazu einen Zaun für Pflanzungen und Bienenfutter für Honig. Welche Freude, den Cytorus-Berg anzusehen, der von Buchs wogt, die Haine mit Narycischer Kiefer, und gerne sieht man Fluren, die nicht auf den Karst und menschliche Sorge warten. Selbst die fruchtlosen Wälder auf dem Scheitel des Caucasus, vom wilden Ostwind ständig gezerrt und gebrochen, spenden jeweils verschiedenen Ertrag, Fichten als Nutzholz zum Schiffbau und für Häuser Zeder und Zypressen. Aus solchem Holz drehen die Bauern Radspeichen, auch Scheibenräder für Karren, und man macht davon bauchige Spanten für Schiffe. Ruten tragen üppig die Weidenbäume, Ulmen spenden Laub, die Myrte aber taugt zu starken Speerschäften; zum Krieg brauchbar ist auch die

cornus, Ituraeos taxi torquentur in arcus.
nec tiliae leves aut torno rasile buxum
non formam accipiunt ferroque cavantur acuto.
nec non et torrentem undam levis innatat alnus
missa Pado; nec non et apes examina condunt
corticibusque cavis vitiosaeque ilicis alvo.
quid memorandum aeque Baccheia dona tulerunt?
Bacchus et ad culpam causas dedit: ille furentis
Centauros leto domuit, Rhoecumque Pholumque
et magno Hylaeum Lapithis cratere minantem.

O fortunatos nimium, sua si bona norint,
agricolas! quibus ipsa procul discordibus armis
fundit humo facilem victum iustissima tellus.
si non ingentem foribus domus alta superbis
mane salutantum totis vomit aedibus undam,
nec varios inhiant pulchra testudine postes
inclusasque auro vestes Ephyreiaque aera,
alba neque Assyrio fucatur lana veneno
nec casia liquidi corrumpitur usus olivi,
at secura quies et nescia fallere vita
dives opum variarum, at latis otia fundis,
speluncae vivique lacus et frigida Tempe
mugitusque boum mollesque sub arbore somni
non absunt; illic saltus ac lustra ferarum
et patiens operum exiguoque adsueta iuventus,
sacra deum sanctique patres; extrema per illos
Iustitia excedens terris vestigia fecit.

Me vero primum dulces ante omnia Musae,
quarum sacra fero ingenti percussus amore,
accipiant, caelique vias et sidera monstrent,

Cornelkirsche, und Taxusäste krümmt man zu Ituraeischen Bogen. Weiter nehmen glattstämmige Linden und der Buchsbaum, mit dem Dreheisen bearbeitet, Form an und lassen sich vom scharfen Eisen höhlen. [450] Leicht auch schwimmt die Erle auf rascher Woge, läßt man sie in den Padus gleiten; auch bergen Bienen ihre Schwärme in hohler Rinde und im Bauch einer modernden Steineiche. Was, das ähnlich zu rühmen wäre, brachte das Geschenk des Bacchus hervor? Bacchus verführte auch zu Freveln; [455] er bändigte die rasenden Centauren im Tod, den Rhoecus, Pholus und Hylaeus, der die Lapithen mit dem mächtigen Mischkrug bedrohte.

Überglücklich wären Bauern, wollten sie nur die eigenen Güter erkennen! Aufs gerechteste läßt ihnen die Erde von selbst, fern von Zwist und Krieg, leicht erworbenen Unterhalt aus dem Boden quellen. [460] Zwar speit ihnen kein stolzer Palast mit prächtigem Portal morgens den mächtigen Schwall aufwartender Clienten aus allen Räumen, niemand gafft staunend die mit herrlichem Schildpatt bunt eingelegten Türpfosten, golddurchwirkte Teppiche und Corinthische Bronzen an; auch wird nicht schneeige Wolle mit Phönizischem Purpur für sie gefärbt, [465] noch wird mit Zimt das sonst gebrauchte Olivenöl verfälscht. Dafür aber genießt man Ruhe und Frieden und ein Leben ohne Trug, das reich ist an mancherlei Gut, und lebt auf weiten Feldern in Muße. Auch fehlen nicht Grotten, natürliche Seen, nicht ein kühles Tempetal, das Muhen der Rinder und wohliger Schlummer unter Bäumen. [470] Bergweiden sind da, Wildschlupfe, eine Jugend, an ausdauernde Arbeit und karges Leben gewöhnt, Heiligtümer der Götter und Väter, in Ehren gehalten. Als die Gerechtigkeit von der Erde schied, hinterließ sie bei den Bauern ihre letzte Spur.
Mich aber sollen – dies ist mein sehnlichster Wunsch – die vor allem geliebten Musen [475] aufnehmen, deren Heiligtümer ich trage, von übermächtiger Liebe durchdrungen, sollen mich über die Bahnen des Himmels und die Gestirne beleh-

defectus solis varios lunaeque labores,
unde tremor terris, qua vi maria alta tumescant
obicibus ruptis rursusque in se ipsa residant,
quid tantum Oceano properent se tinguere soles
hiberni, vel quae tardis mora noctibus obstet.
sin, has ne possim naturae accedere partes,
frigidus obstiterit circum praecordia sanguis,
rura mihi et rigui placeant in vallibus amnes,
flumina amem silvasque inglorius. o ubi campi
Spercheosque et virginibus bacchata Lacaenis
Taygeta? o qui me gelidis convallibus Haemi
sistat et ingenti ramorum protegat umbra.
  Felix, qui potuit rerum cognoscere causas
atque metus omnis et inexorabile fatum
subiecit pedibus strepitumque Acherontis avari.
fortunatus et ille, deos qui novit agrestes,
Panaque Silvanumque senem nymphasque sorores.
illum non populi fasces, non purpura regum
flexit et infidos agitans discordia fratres
aut coniurato descendens Dacus ab Histro,
non res Romanae perituraque regna, neque ille
aut doluit miserans inopem aut invidit habenti.
quos rami fructus, quos ipsa volentia rura
sponte tulere sua, carpsit, nec ferrea iura
insanumque forum aut populi tabularia vidit.
  Sollicitant alii remis freta caeca ruuntque
in ferrum, penetrant aulas et limina regum;
hic petit excidiis urbem miserosque penates,
ut gemma bibat et Sarrano dormiat ostro;
condit opes alius defossoque incubat auro;
hic stupet attonitus rostris; hunc plausus hiantem
per cuneos (geminatus enim plebisque patrumque)

ren, das zeitweise Schwinden der Sonne und die Mühen des wechselnden Mondes, auch, weshalb die Erde bebt, durch welche Macht die tiefen Meere anschwellen, Dämme brechen und wiederum in sich zurücksinken, weshalb die Wintersonne so rasch zum Oceanus niedertaucht, oder welches Hemmnis die zaudernden Nächte zurückhält. Hindert mich aber allzu frostiges Blut um das Herz, dieses Reich der Natur zu betreten, dann sollen mich die Fluren erfreuen und rieselnde Bäche in Tälern, dann will ich ohne Ruhm Flüsse und Wälder lieben. Oh, wo seid ihr, Auen am Spercheusfluß, und Taygetus, den Spartanische Jungfrauen durchschwärmen? Wer versetzt mich in die kühlen Täler des Haemus und wölbt über mir den Schatten riesiger Äste?
Glücklich, wer den Urgrund allen Geschehens zu ergründen vermochte und sich alle Ängste, ja selbst das unerbittliche Schicksal und das Tosen des gierigen Acheron unterwarf. Beglückt aber auch er, dem die ländlichen Götter vertraut sind, Pan, der alte Silvanus und die schwesterlichen Nymphen. Ihn beugen weder die Rutenbündel des Volkes noch der Könige Purpur, noch Zwietracht, die treulose Brüder aufreizt, noch der Dacer, der von der mitverschworenen Donau herabstürmt, auch nicht Roms Geschick und der Sturz vergänglicher Reiche. Ihn quält nicht Jammer um den Armen oder Mißgunst auf die Reichen. Früchte, die ihm Äste, ja die Fluren selbst willig eintragen, pflückt er, sieht nicht das eiserne Recht, das heillose Forum oder das Archiv des Volkes.

Andere wühlen mit Rudern unbekannte Meere auf und stürzen ins Eisen, drängen zu Höfen und Toren der Tyrannen; dieser droht seine Stadt und arme Penaten zu vernichten, um aus Edelstein zu trinken und auf Tyrischem Purpur zu ruhen; jener verbirgt Schätze und brütet auf dem verscharrten Gold; wieder einer bestaunt wie verzückt die Rednerbühne, noch einen faßt Gier nach dem Beifall der Sitzreihen im Theater (der zweifach aufrauscht, vom Volk nämlich und von den Vätern); manche frohlocken, bespritzt

corripuit; gaudent perfusi sanguine fratrum,
exilioque domos et dulcia limina mutant
atque alio patriam quaerunt sub sole iacentem.
agricola incurvo terram dimovit aratro:
hinc anni labor, hinc patriam parvosque penates
sustinet, hinc armenta boum meritosque iuvencos.
nec requies, quin aut pomis exuberet annus
aut fetu pecorum aut Cerealis mergite culmi
proventuque oneret sulcos atque horrea vincat.
venit hiems: teritur Sicyonia bacca trapetis,
glande sues laeti redeunt, dant arbuta silvae;
et varios ponit fetus autumnus, et alte
mitis in apricis coquitur vindemia saxis.
interea dulces pendent circum oscula nati,
casta pudicitiam servat domus, ubera vaccae
lactea demittunt pinguesque in gramine laeto
inter se adversis luctantur cornibus haedi.
ipse dies agitat festos fususque per herbam,
ignis ubi in medio et socii cratera coronant,
te libans, Lenaee, vocat pecorisque magistris
velocis iaculi certamina ponit in ulmo,
corporaque agresti nudant praedura palaestrae.
hanc olim veteres vitam coluere Sabini,
hanc Remus et frater; sic fortis Etruria crevit
scilicet et rerum facta est pulcherrima Roma
septemque una sibi muro circumdedit arces.
ante etiam sceptrum Dictaei regis et ante
impia quam caesis gens est epulata iuvencis,
aureus hanc vitam in terris Saturnus agebat;
necdum etiam audierant inflari classica, necdum
inpositos duris crepitare incudibus enses.

Sed nos inmensum spatiis confecimus aequor,
et iam tempus equum fumantia solvere colla.

mit Bruderblut, tauschen ihr Haus und die liebgewordene Schwelle um die Fremde und suchen eine Heimat unter fremder Sonne. Der Bauer hingegen furcht die Erde mit dem krummen Pflug; von ihr kommt seine Jahresarbeit, von ihr erhält er seine Heimat und das kleine Haus, von ihr die Viehherden und die Pflugochsen, seine verdienten Helfer. Auch säumt das Jahr nie ganz, trägt Obst in Fülle, bringt Nachwuchs in der Herde, oder es belastet die Furchen mit dem Ertrag der Getreideähren in den Garben und sprengt die Scheuern. Naht der Winter, quetscht man Sicyons Ölfrucht in der Presse, die Schweine kommen, fett von der Eichelmast, nach Hause, und die Wälder spenden Erdbeerfrüchte. Mancherlei Obst häuft auch der Herbst, und hoch am sonnigen Felshang reift die Weinernte. Indes hängen süße Kinder küssend am Hals, im Haus herrschen Zucht und Sittenreinheit, milchschwer hängen die Euter der Kühe, und fette Böcke stoßen einander mit den Hörnern im üppigen Gras. Der Bauer selbst begeht festliche Tage, und auf Rasen gelagert, wo Feuer in der Mitte brennt und die Gefährten den Mischkrug kränzen, ruft er dich, Lenaeus, Trank spendend an und stellt den Viehhirten eine Wettkampfscheibe für ihre raschen Spieße an die Ulme, und die Männer entblößen ihre gestählten Leiber zum ländlichen Ringkampf. So lebten vor Zeiten die alten Sabiner, so Remus und sein Bruder; so wuchs das tapfere Etrurien und so, wahrhaftig, wurde Rom zur Krone der Welt und umschloß sieben Burgen für sich allein mit einer Mauer. Noch vor der Herrschaft des Dictaeischen Königs und ehe das frevelnde Geschlecht Pflugstiere schlachtete und zum Schmaus verzehrte, führte der goldene Saturnus solch ein Leben auf Erden. Noch nicht hatte man das Schmettern der Kriegstrompeten vernommen, noch nicht das Klirren der Schwerter, die auf hartem Amboß lagen.

Wir aber haben eine unermeßliche Weite durchlaufen, und schon ist es Zeit, den dampfenden Hals der Rosse vom Geschirr zu lösen.

Liber tertius

Te quoque, magna Pales, et te memorande canemus,
pastor ab Amphryso, vos, silvae amnesque Lycaei.
cetera, quae vacuas tenuissent carmine mentes,
omnia iam vulgata: quis aut Eurysthea durum
aut inlaudati nescit Busiridis aras?
cui non dictus Hylas puer et Latonia Delos
Hippodameque umeroque Pelops insignis eburno,
acer equis? temptanda via est, qua me quoque possim
tollere humo victorque virum volitare per ora.

Primus ego in patriam mecum, modo vita supersit,
Aonio rediens deducam vertice Musas;
primus Idumaeas referam tibi, Mantua, palmas
et viridi in campo templum de marmore ponam
propter aquam, tardis ingens ubi flexibus errat
Mincius et tenera praetexit harundine ripas.
in medio mihi Caesar erit templumque tenebit.
illi victor ego et Tyrio conspectus in ostro
centum quadriiugos agitabo ad flumina currus.
cuncta mihi Alpheum linquens lucosque Molorchi
cursibus et crudo decernet Graecia caestu.
ipse caput tonsae foliis ornatus olivae
dona feram. iam nunc sollemnis ducere pompas
ad delubra iuvat caesosque videre iuvencos
vel scaena ut versis discedat frontibus utque
purpurea intexti tollant aulaea Britanni.
In foribus pugnam ex auro solidoque elephanto
Gangaridum faciam victorisque arma Quirini,
atque hic undantem bello magnumque fluentem

Drittes Buch

Auch dich wollen wir besingen, erhabene Pales, dich, gepriesener Hirt vom Amphrysusstrom, und euch, ihr Lycaeischen Wälder und Bäche. Alles nämlich, was sonst den Sinn in Mußestunden mit einem Lied fesseln könnte, ist schon gesagt und wieder gesagt; wer kennt nicht den harten Eurystheus oder den Altar des übel berufenen Busiris? Wer hat nicht vom Knaben Hylas gedichtet, von Delos, Latonas Insel, von Hippodame und von Pelops, dem kühnen Rosselenker mit seiner elfenbeinglänzenden Schulter? So muß ich eine Bahn suchen, auf der auch ich mich vom Staub erheben und als Sieger von Mund zu Mund fliegen kann.

Ich will als erster, wenn mein Leben zureicht, die Musen, vom Aonischen Gipfel heimkehrend, in mein Heimatland führen, will als erster dir, Mantua, Idumaeische Palmen reichen und auf grüner Au nahe am Fluß einen Tempel von Marmor errichten, wo der gewaltige Mincius in trägen Windungen irrt und seine Ufer mit zartem Schilf säumt. Caesar throne mitten darin und sei der Herr meines Tempels. Ihm zu Ehren will ich siegreich und prangend in Tyrischem Purpur mit hundert vierspännigen Wagen am Fluß ein Kampfspiel veranstalten. Ganz Hellas soll mir den Alpheus und den Hain des Molorchus verlassen und im Lauf und mit blutigen Schlagriemen den Wettkampf austragen. Ich selbst will, das Haupt mit dem Laub ausgeschnittener Ölzweige geschmückt, Gaben darbringen. Jetzt schon führe ich freudig festliche Züge zum Tempel, sehe gefällte Jungstiere oder wie sich die Bühne beim Drehen der Kulissen wandelt und eingewebte Britannier den Purpurvorhang heben. Am Portal bilde ich aus Gold und gediegenem Elfenbein den Kampf des Volkes am Ganges und die Waffentaten des Siegers Quirinus ab, dort auch den Nil, der kriegerisch

Nilum ac navali surgentis aere columnas.
addam urbes Asiae domitas pulsumque Niphaten
fidentemque fuga Parthum versisque sagittis
et duo rapta manu diverso ex hoste tropaea
bisque triumphatas utroque ab litore gentes.
stabunt et Parii lapides, spirantia signa,
Assaraci proles demissaeque ab Iove gentis
nomina Trosque parens et Troiae Cynthius auctor.
Invidia infelix Furias amnemque severum
Cocyti metuet tortosque Ixionis anguis
immanemque rotam et non exuperabile saxum.
  Interea Dryadum silvas saltusque sequamur
intactos, tua, Maecenas, haud mollia iussa.
te sine nil altum mens incohat: en age segnis
rumpe moras; vocat ingenti clamore Cithaeron
Taygetique canes domitrixque Epidaurus equorum
et vox adsensu nemorum ingeminata remugit.
mox tamen ardentes accingar dicere pugnas
Caesaris et nomen fama tot ferre per annos,
Tithoni prima quot abest ab origine Caesar.

  Seu quis Olympiacae miratus praemia palmae
pascit equos seu quis fortes ad aratra iuvencos,
corpora praecipue matrum legat. optima torvae
forma bovis, cui turpe caput, cui plurima cervix,
et crurum tenus a mento palearia pendent;
tum longo nullus lateri modus; omnia magna,
pes etiam; et camuris hirtae sub cornibus aures.
nec mihi displiceat maculis insignis et albo,
aut iuga detrectans interdumque aspera cornu

wogt und mächtig dahinströmt, und Säulen, die, aus dem Erz von Schiffsschnäbeln gegossen, aufstreben. Ich will auch Asiens besiegte Stadtgöttinnen beifügen, den gestürzten Niphates und den Parther, der auf Flucht baut und auf den Pfeilschuß aus der Drehung. Weiter die doppelten Trophäen, Feinden in verschiedenen Erdteilen entrissen, und Völker, über die zweimal an beiden Küsten triumphiert wurde. Auch atmende Bildsäulen aus Parischem Marmor sollen dastehen, die Enkel des Assaracus, die berühmten Helden des dem Iuppiter entsprossenen Geschlechts, der Ahnherr Tros und Troias Gründer, der Cynthische Apollo. Der unselige Zwist wird die Furien fürchten, den strengen Strom Cocytus, die gewundenen Schlangen, die Ixion fesseln, das schreckliche Rad und den nie bezwingbaren Felsblock.

Noch aber laß uns die Wälder der Dryaden und unberührte Waldflur aufsuchen, wie, Maecenas, dein schweres Geheiß es gebietet. Nichts Hohes wagt mein Geist ohne dich. Auf also, banne mein träges Säumen! Mit gewaltigem Schrei rufen der Cithaeron, die Hunde vom Taygetus und das Rosse zähmende Epidaurus, und ihr Ruf hallt, vom Beifall der Haine verdoppelt, wider. Bald aber will ich mich gürten, tobende Kämpfe zu besingen und Caesars Ruhm im Lied durch ebenso viele Jahre zu tragen, wie Caesar vom ersten Ursprung des Tithonus entfernt ist.

Ob einer sehnsüchtig die Olympische Siegespalme bewundert und Pferde hält oder starke Stiere zum Pflügen zieht, er merke vor allem auf den Körperbau der Mutter. Die beste Form hat ein trotziges Rind mit häßlichem Kopf und massigem Nacken, dem die Wamme vom Kinn bis zu den Schenkeln herabhängt; auch ist die Flanke unmäßig gestreckt, alles ist gewaltig, selbst der Fuß, und unter den gekrümmten Hörnern stehen zottige Ohren hervor. Mir mißfalle auch nicht eine Kuh, die weiß gesprenkelt ist oder sich gegen das Joch sträubt, manchmal auch mit dem Horn

et faciem tauro propior, quaeque ardua tota
et gradiens ima verrit vestigia cauda.
  Aetas Lucinam iustosque pati hymenaeos
desinit ante decem, post quattuor incipit annos;
cetera nec feturae habilis nec fortis aratris.
interea, superat gregibus dum laeta iuventas,
solve mares: mitte in Venerem pecuaria primus
atque aliam ex alia generando suffice prolem.
optima quaeque dies miseris mortalibus aevi
prima fugit; subeunt morbi tristisque senectus
et labor, et durae rapit inclementia mortis.
semper erunt, quarum mutari corpora malis:
semper enim refice ac, ne post amissa requiras,
ante veni et subolem armento sortire quotannis.
  Nec non et pecori est idem dilectus equino;
tu modo, quos in spem statues summittere gentis,
praecipuum iam inde a teneris inpende laborem.
continuo pecoris generosi pullus in arvis
altius ingreditur et mollia crura reponit;
primus et ire viam et fluvios temptare minaces
audet et ignoto sese committere ponti
nec vanos horret strepitus; illi ardua cervix
argutumque caput, brevis alvus obesaque terga,
luxuriatque toris animosum pectus. honesti
spadices glaucique, color deterrimus albis
et gilvo. tum, si qua sonum procul arma dedere,
stare loco nescit, micat auribus et tremit artus
collectumque premens volvit sub naribus ignem.
densa iuba et dextro iactata recumbit in armo;
at duplex agitur per lumbos spina, cavatque
tellurem et solido graviter sonat ungula cornu.

stößt, eher wie ein Stier aussieht, auch im ganzen hochgebaut dasteht und beim Gehen die Spur mit dem Schwanzende verwischt.

Das Alter, um Lucinas Wehen und zeitige Paarung zu dulden, [60] endet vor dem zehnten Jahr und beginnt nach dem vierten; sonst ist das Tier weder zur Zucht geeignet noch tauglich zum Pflügen. Dazwischen aber, wenn die Herdentiere von Jugendkraft strotzen, binde die Stiere los; laß als erster die Rinder zur Paarung und schaffe aus einem Geschlecht Nachwuchs für das andere. [65] Flieht doch der beste Lebenstag den armen Erdengeschöpfen so bald! Krankheiten schleichen sich ein und das grämliche Alter und seine Mühsal, und gnadenlos rafft sie der harte Tod hinweg. Immer werden sich Tiere finden, deren Körper du anders wünschst; ersetze daher immer den Abgang und beuge vor, damit dir nicht Tiere fehlen, [70] wenn welche eingingen, und wähle jährlich Nachwuchs für dein Zuchtvieh.

Zur Aufzucht von Pferden bedarf es gleicher Auswahl. Wende nur schon von klein an besondere Mühe an die Tiere, die du als Hoffnung der Herde heranziehen willst. Gleich nämlich nach der Geburt schreitet das Füllen eines edlen Tieres stolzer im Feld [75] und setzt zierlich die Beine; als erstes wagt es, einen Weg zu rennen, traut sich in dräuende Flüsse und beschreitet mutig eine fremde Brücke, scheut auch nicht bei leerem Geräusch. Hoch trägt es den Nacken, hat einen ausdrucksvollen Kopf, gedrungenen Bauch und eine fleischige Kruppe, [80] und die mutige Brust strotzt von Muskelpolstern. Als schön gelten Fuchs und Apfelschimmel, während Gelbschimmel am schlimmsten gefärbt sind. Wenn dann fernher Waffen klirren, ist das Tier nicht mehr zu halten, spielt mit den Ohren, die Glieder zittern, und schnaubend stößt es das gesammelte Feuer aus den Nüstern. [85] Dicht ist die Mähne und fällt, geschüttelt, rechts auf die Schulter; doppelt gefurcht aber zieht sich das Rückgrat über die Lenden, der Hufschlag höhlt die Erde, und das feste Horn klappert laut. So war der Cyllarus, den

talis Amyclaei domitus Pollucis habenis
Cyllarus et, quorum Grai meminere poetae,
Martis equi biiuges et magni currus Achilli.
talis et ipse iubam cervice effundit equina
coniugis adventu pernix Saturnus et altum
Pelion hinnitu fugiens implevit acuto.
Hunc quoque, ubi aut morbo gravis aut iam segnior annis
deficit, abde domo nec turpi ignosce senectae.
frigidus in Venerem senior frustraque laborem
ingratum trahit et, si quando ad proelia ventum est,
ut quondam in stipulis magnus sine viribus ignis,
incassum furit. ergo animos aevumque notabis
praecipue; hinc alias artes prolemque parentum,
et quis cuique dolor victo, quae gloria palmae.
Nonne vides, cum praecipiti certamine campum
corripuere ruuntque effusi carcere currus,
cum spes arrectae iuvenum, exultantiaque haurit
corda pavor pulsans? illi instant verbere torto
et proni dant lora, volat vi fervidus axis;
iamque humiles, iamque elati sublime videntur
aëra per vacuum ferri atque adsurgere in auras;
nec mora nec requies; at fulvae nimbus harenae
tollitur, umescunt spumis flatuque sequentum:
tantus amor laudum, tantae est victoria curae.
primus Erichthonius currus et quattuor ausus
iungere equos rapidusque rotis insistere victor;
frena Pelethronii Lapithae gyrosque dedere
impositi dorso atque equitem docuere sub armis
insultare solo et gressus glomerare superbos.

Pollux von Amyclae mit dem Zaum bändigte, so auch das Zweigespann des Mars, das Hellas' Dichter besangen, so die Wagenpferde des großen Achilles. Solcher Gestalt ließ auch Saturnus, überrascht von der Gattin, als schnelles Roß die Mähne vom Nacken flattern und erfüllte fliehend den hohen Pelion mit hellem Gewieher.

Verbirg aber selbst ein solches Pferd, wenn es von Krankheit beschwert oder durch die Jahre schon matter ist und nachläßt, im Stall, ohne Nachsicht für sein häßliches Alter. Ein altes Pferd wird kalt zur Liebe, zieht die unwillkommene Mühe fruchtlos hin, und wenn es je zum Gefecht kommt, tobt es umsonst, wie oft in Strohstoppeln ein mächtiges Feuer loht, dem aber Kraft fehlt. Darum achte vor allem auf Mut und Alter, doch auch auf andere Vorzüge, Geschwister und Herkunft, und ob ein Pferd Schmerz fühlt, wenn es unterlag, oder Stolz, wenn es die Palme erringt.

Siehst du nicht, wie sie in raschem Wettlauf die Bahn durchfliegen und die Wagen, den Schranken entstürzend, dahinstürmen, die Hoffnung der Jünglinge sich spannt und zitterndes Bangen das pochende Herz erschöpft? Sie wirbeln, über den schießenden Zügel gebückt, die Peitsche, und die Achse glüht vom rasenden Schwung. Bald scheinen sie niedrig am Boden, doch dann wieder hoch empor durch die leere Luft zu eilen und in die Lüfte zu streben; es gibt nicht Rast noch Ruhe; doch steigt eine Wolke gelben Sandes empor, und sie triefen von Schaum und Schnauben der Verfolger. So brennend ist ihr Ehrgeiz, so groß die Begierde nach Sieg. Als erster wagte Erichthonius, vier Pferde vor den Wagen zu spannen und dahinfliegend als Sieger über den Rädern zu stehen. Zügel und Traben im Kreis erfanden die Lapithen von Pelethronium, die sich aufs Pferd schwangen und die Reiter lehrten, in Waffen das Pferd auf dem Reitplatz tänzeln und den Schritt stolz versammeln zu lassen. Gleich ist bei beidem die Mühe, und die Pferdemeister suchen stets ein junges Tier, das feurigen Mut hat und

aequus uterque labor, aeque iuvenemque magistri
exquirunt calidumque animis et cursibus acrem,
quamvis saepe fuga versos ille egerit hostes
et patriam Epirum referat fortisque Mycenas
Neptunique ipsa deducat origine gentem.

His animadversis instant sub tempus et omnes
impendunt curas denso distendere pingui,
quem legere ducem et pecori dixere maritum;
florentisque secant herbas fluviosque ministrant
farraque, ne blando nequeat superesse labori
invalidique patrum referant ieiunia nati.
ipsa autem macie tenuant armenta volentes
atque, ubi concubitus primos iam nota voluptas
sollicitat, frondesque negant et fontibus arcent.
saepe etiam cursu quatiunt et sole fatigant,
cum graviter tunsis gemit area frugibus et cum
surgentem ad Zephyrum paleae iactantur inanes.
hoc faciunt, nimio ne luxu obtunsior usus
sit genitali arvo et sulcos oblimet inertis,
sed rapiat sitiens venerem interiusque recondat.

Rursus cura patrum cadere et succedere matrum
incipit. exactis gravidae cum mensibus errant,
non illas gravibus quisquam iuga ducere plaustris,
non saltu superare viam sit passus et acri
carpere prata fuga fluviosque innare rapacis.
saltibus in vacuis pascunt et plena secundum
flumina, muscus ubi et viridissima gramine ripa
speluncaeque tegant et saxea procubet umbra.
est lucos Silari circa ilicibusque virentem
plurimus Alburnum volitans, cui nomen asilo
Romanum est, oestrum Grai vertere vocantes,
asper, acerba sonans, quo tota exterrita silvis
diffugiunt armenta; furit mugitibus aether

im Lauf dahinstürmt, mag auch das ältere den Gegner noch so oft zur Flucht gezwungen haben, sich der Heimat Epirus und des tapferen Mycene rühmen und seine Abkunft von Neptunus selbst herleiten.

Ist dies alles bedacht, wendet man beizeiten Eifer und strengste Sorge auf, um das Tier fett und prall zu mästen, das sie zum Führer erwählt und als Zuchthengst der Herde erkoren haben. Sie mähen ihm prangende Kräuter, reichen fließendes Wasser und Korn, damit er der süßen Mühe gewachsen ist und nicht schwächliche Füllen das Darben der Väter verraten. Die Stuten selbst aber hält man mit Absicht mager und dünn, und sobald sie schon empfundene Lust zur ersten Begattung lockt, versagen sie ihnen Laubfutter und verwehren den Zugang zur Quelle. Sie tummeln sie oft auch im Lauf und ermüden sie in der Sonne, wenn die Tenne vom Korndreschen schwer dröhnt und leere Spreu in den wehenden Westwind geworfelt wird. Dies tun sie, damit nicht die zeugende Flur durch zu üppige Mast an Kraft der Empfängnis verliert und die Furche nicht träge verschlämmt ist, sondern den Samen gierig aufrafft und tief im Inneren birgt.

Nun wieder läßt die Pflege der Väter nach und die für die Mütter tritt an ihre Stelle. Wenn sie in ihrer bestimmten Zeit trächtig umhergehen, lasse sie niemand den schweren Wagen am Joch ziehen oder im Sprung über Wege setzen oder in hitzigem Lauf die Wiesen hinabjagen und in reißenden Flüssen schwimmen. Sie weiden in offenen Tälern und an vollen Bächen, wo Moos wächst und Rasen das Ufer umgrünt; Grotten sollen sie schützen und Felsen ihren Schatten ausstrecken. Es gibt ein Tier, das in Schwärmen um die Haine am Silarus und den grünen Eichenwald auf dem Alburnus schwirrt und das die Römer Asilus, die Griechen aber in ihrer Sprache Oestrus nennen, zornig, mit bösem Gesumm, vor dem sich ganze Herden angstvoll in den Wäldern zerstreuen; da tobt die Luft, von Brüllen

concussus silvaeque et sicci ripa Tanagri.
hoc quondam monstro horribilis exercuit iras
Inachiae Iuno pestem meditata iuvencae.
hunc quoque (nam mediis fervoribus acrior instat)
arcebis gravido pecori, armentaque pasces
sole recens orto aut noctem ducentibus astris.
  Post partum cura in vitulos traducitur omnis,
continuoque notas et nomina gentis inurunt
et quos aut pecori malint submittere habendo
aut aris servare sacros aut scindere terram
et campum horrentem fractis invertere glaebis.
cetera pascuntur viridis armenta per herbas.
tu quos ad studium atque usum formabis agrestem,
iam vitulos hortare viamque insiste domandi,
dum faciles animi iuvenum, dum mobilis aetas.
ac primum laxos tenui de vimine circlos
cervici subnecte; dehinc, ubi libera colla
servitio adsuerint, ipsis e torquibus aptos
iunge pares et coge gradum conferre iuvencos;
atque illis iam saepe rotae ducantur inanes
per terram et summo vestigia pulvere signent;
post valido nitens sub pondere faginus axis
instrepat et iunctos temo trahat aereus orbes.
interea pubi indomitae non gramina tantum
nec vescas salicum frondes ulvamque palustrem,
sed frumenta manu carpes sata; nec tibi fetae
more patrum nivea implebunt mulctraria vaccae,
sed tota in dulces consument ubera natos.
  Sin ad bella magis studium turmasque ferocis,
aut Alphea rotis praelabi flumina Pisae
et Iovis in luco currus agitare volantis,
primus equi labor est animos atque arma videre
bellantum lituosque pati tractuque gementem
ferre rotam et stabulo frenos audire sonantis;

durchbebt, dazu die Wälder und das Ufer des trockenen Tanager. Mit diesem Scheusal tobte einst Iuno ihre schreckliche Rache aus und ersann Unheil für die Kuh des Inachus. Auch dieses Tier, das in der Mittagshitze wütender angreift, halte vom trächtigen Vieh fern und weide die Tiere nur, wenn die Sonne eben erst aufging oder Sterne die Nacht heraufführen.

Nach dem Kalben gilt jegliche Sorge den Kälbern; sogleich brennt man ihnen Verwendungs- und Herdenzeichen ein, bestimmt auch, ob man sie zur Nachzucht der Herde verwenden will oder als geweihte Tiere den Altären vorbehalten, oder ob sie die Erde aufreißen und die starrende Flur in Schollen brechen und pflügen sollen. Das übrige Vieh weidet auf grünem Anger. Die Tiere, die du zu Landarbeit und Feldbau abrichten willst, nimm schon als Kälber in Zucht, und beginne sie planvoll zu zähmen, wenn das Herz der Jungtiere noch fügsam und ihr Alter lenkbar ist. Zuerst nun knüpfe ihnen lose Reifen aus dünner Weide um den Hals; hat sich dann der freie Nacken ans Dienen gewöhnt, schirre zwei gleichstarke Jungstiere an das Kummet selbst und zwinge sie, im gleichen Schritt zu gehen; auch sollen sie oft schon leere Wagen über Land ziehen und nur schwache Spur oben im Staub zeichnen. Endlich knarre die buchene Achse unter schwerer Last, und die Deichsel aus Erz ziehe verbundene Räder. Inzwischen rupfe den ungezähmten Kälbern nicht nur Gras oder mageres Weidenlaub und Sumpfschilf mit der Hand, sondern auch grünende Saat; auch sollen die Kalbinnen nicht nach Väterbrauch die Melkeimer weiß mit Milch füllen, sondern ihr ganzes Euter den süßen Kälbchen zuwenden.

Steht dir der Sinn aber mehr nach Krieg und kühnem Reiterkampf oder willst du mit dem Rennwagen am Alpheusfluß bei Pisa fahren und im Iuppiterhain den fliegenden Wagen lenken, lerne das Füllen als erstes, Wut und Waffen der Kämpfer zu sehen, den Hörnerschrei zu ertragen, das Ächzen gezogener Räder und im Stall das Geklirr

tum magis atque magis blandis gaudere magistri
laudibus et plausae sonitum cervicis amare.
atque haec iam primo depulsus ab ubere matris
audeat, inque vicem det mollibus ora capistris
invalidus etiamque tremens, etiam inscius aevi.
at tribus exactis ubi quarta accesserit aestas,
carpere mox gyrum incipiat gradibusque sonare
compositis sinuetque alterna volumina crurum
sitque laboranti similis; tum cursibus auras,
tum vocet, ac per aperta volans ceu liber habenis
aequora vix summa vestigia ponat harena;
qualis Hyperboreis Aquilo cum densus ab oris
incubuit, Scythiaeque hiemes atque arida differt
nubila: tum segetes altae campique natantes
lenibus horrescunt flabris summaeque sonorem
dant silvae longique urgent ad litora fluctus;
ille volat simul arva fuga, simul aequora verrens.
hinc vel ad Elei metas et maxima campi
sudabit spatia et spumas aget ore cruentas,
Belgica vel molli melius feret esseda collo.
tum demum crassa magnum farragine corpus
crescere iam domitis sinito: namque ante domandum
ingentis tollent animos prensique negabunt
verbera lenta pati et duris parere lupatis.

Sed non ulla magis vires industria firmat,
quam Venerem et caeci stimulos avertere amoris,
sive boum sive est cui gratior usus equorum.
atque ideo tauros procul atque in sola relegant
pascua post montem oppositum et trans flumina lata,
aut intus clausos satura ad praesaepia servant.

der Zügel zu hören. Auch soll es immer mehr Freude am schmeichelnden Lob des Meisters empfinden [185] und anerkennendes Klatschen am Halse lieben. Und dies wage es gleich, wenn es vom Muttereuter vertrieben ist, reiche auch immer einmal dem weichen Halfter das Maul, wenn es noch schwach ist, sogar zittert und seine Jugendkraft noch nicht kennt. Sind aber drei Sommer vorbei und kommt das Tier in den vierten, [190] soll es bald beginnen, im Kreis zu gehen und die Schritte tönend im Takt zu setzen, soll im Wechsel die Schenkel heben, als ob es schon wirklich Dienst täte; nun soll es im Lauf mit den Lüften wirklich um die Wette rennen, wie frei vom Zügel durch freies Feld fliegen und im Sand nur winzige Spuren zeichnen, [195] wie wenn der Nordwind von den Hyperboreischen Gestaden mit aller Kraft hereinbricht und Scythische Stürme und regenloses Gewölk zerstreut; dann erschauern die ragenden Saaten und wogenden Felder vom sanften Hauch, die Wipfel der Wälder rauschen, und die lange Dünung drängt zum Gestade, [200] während der Wind rasch dahinfegt und zugleich über Felder und Wogen streicht. Dann soll das Tier an der Wendesäule und auf der riesigen Rennbahn von Elis schwitzen und blutigen Schaum aus dem Maul triefen lassen oder mit folgsamem Hals den belgischen Wagen ziehen. Nun endlich, wenn sie schon gezähmt sind, laß ihren Körper durch nahrhaftes Futtergemisch [205] mächtig heranwachsen; denn vor der Zähmung wird sich ihr Mut gewaltig erheben, und fängt man sie ein, sträuben sie sich, leichte Schläge der biegsamen Rute zu dulden oder dem harten Wolfszaum zu gehorchen.

Kein Bemühen indes stärkt die Kräfte mehr, als die Liebe und den Stachel der blinden Brunst von ihnen fernzuhalten, [210] mag einer nun lieber Rinder züchten oder Pferde. Und darum verweist man die Stiere weit fort auf einsame Weiden hinter einem trennenden Berg und jenseits breiter Ströme, oder man hält sie drinnen an vollen Krippen eingeschlossen.

carpit enim vires paulatim uritque videndo
femina nec nemorum patitur meminisse nec herbae
dulcibus illa quidem inlecebris, et saepe superbos
cornibus inter se subigit decernere amantis.
pascitur in magna Sila formosa iuvenca:
illi alternantes multa vi proelia miscent
vulneribus crebris, lavit ater corpora sanguis,
versaque in obnixos urgentur cornua vasto
cum gemitu, reboant silvaeque et longus Olympus.
nec mos bellantis una stabulare, sed alter
victus abit longeque ignotis exulat oris,
multa gemens ignominiam plagasque superbi
victoris, tum, quos amisit inultus, amores;
et stabula aspectans regnis excessit avitis.
ergo omni cura viris exercet et inter
dura iacet pernix instrato saxa cubili
frondibus hirsutis et carice pastus acuta.
et temptat sese atque irasci in cornua discit
arboris obnixus trunco ventosque lacessit
ictibus et sparsa ad pugnam proludit harena.
post ubi collectum robur viresque refectae,
signa movet praecepsque oblitum fertur in hostem;
fluctus uti, medio coepit cum albescere ponto,
longius ex altoque sinum trahit, utque volutus
ad terras immane sonat per saxa neque ipso
monte minor procumbit, at ima exaestuat unda
vorticibus nigramque alte subiectat harenam.

Omne adeo genus in terris hominumque ferarumque
et genus aequoreum, pecudes pictaeque volucres,
in furias ignemque ruunt: amor omnibus idem.
tempore non alio catulorum oblita leaena
saevior erravit campis, nec funera vulgo
tam multa informes ursi stragemque dedere
per silvas; tum saevus aper, tum pessima tigris:

Schwächt doch das weibliche Tier durch seinen Reiz allmählich die Kräfte, verzehrt sie durch seinen Anblick, läßt durch süße Lockung Haine und Kräuter vergessen und zwingt die stolzen Liebhaber oft, sich mit den Hörnern zu messen. Die schöne Kuh grast im weiten Silawald; sie aber geraten mit mächtigem Ungestüm wechselnd aneinander und verwunden sich vielfach. Blut überströmt dunkel die Körper, Horn drängt unter wüstem Brüllen gegen Horn, und es hallen die Wälder und der weite Olympus. Es ist auch nicht Sitte, daß Kämpfer im gleichen Gehege bleiben, sondern der eine, besiegte, geht fort und lebt verbannt fern in der Fremde. Vielfach stöhnend über die Schmach und die Stöße des übermütigen Siegers, auch über die geliebte Kuh, die er, ohne sich rächen zu können, verlor, schied er mit einem letzten Blick auf sein Gehege vom angestammten Reich. Also stählt er unermüdlich seine Kräfte, liegt nächtelang beharrlich zwischen harten Felsen auf ungestreutem Lager, frißt stacheliges Laub und schneidendes Riedgras; er versucht seine Kräfte und lernt es, gegen einen Baumstumpf gestemmt, alle Wut in den Hornstoß zu legen, fordert stoßend auch die Winde heraus und wirft als Vorspiel zum Kampfe Sand hoch. Hat er dann Stärke gesammelt und seine Kräfte erneuert, zieht er ins Feld und stürmt jäh auf den unbesorgten Feind los, gleich der Woge, die mitten im Meer weiß emporschäumt und sich fern auf hoher See aufwölbt, zum Land hinwälzt, wild an den Uferklippen braust und, nicht kleiner als die Klippe, niederstürzt; ihr Fuß aber schäumt wirbelnd aus und schleudert schwarzen Sand in die Höhe.

So stürzt jedes Erdengeschöpf, Mensch oder Tier, die Bewohner des Meeres, das Vieh und die bunten Vögel in Wut und Glut; gleich ist bei allen die Liebe. Nie sonst vergißt die Löwin ihre Jungen und streift grimmiger im Feld, und nie sonst richten die plumpen Bären solchen Mord und solches Blutvergießen in den Wäldern an; jetzt wütet der Eber, jetzt ist der Tiger mordgierig, und wehe dem, der nun auf

heu male tum Libyae solis erratur in agris.
nonne vides, ut tota tremor pertemptet equorum
corpora, si tantum notas odor attulit auras?
ac neque eos iam frena virum neque verbera saeva,
non scopuli rupesque cavae atque obiecta retardant
flumina correptosque unda torquentia montes.
ipse ruit dentesque Sabellicus exacuit sus
et pede prosubigit terram, fricat arbore costas
atque hinc atque illinc umeros ad vulnera durat.
quid iuvenis, magnum cui versat in ossibus ignem
durus amor? nempe abruptis turbata procellis
nocte natat caeca serus freta; quem super ingens
porta tonat caeli et scopulis inlisa reclamant
aequora; nec miseri possunt revocare parentes
nec moritura super crudeli funere virgo.
quid lynces Bacchi variae et genus acre luporum
atque canum, quid quae inbelles dant proelia cervi?
  Scilicet ante omnis furor est insignis equarum;
et mentem Venus ipsa dedit, quo tempore Glauci
Potniades malis membra absumpsere quadrigae.
illas ducit amor trans Gargara transque sonantem
Ascanium; superant montes et flumina tranant.
continuoque avidis ubi subdita flamma medullis
(vere magis, quia vere calor redit ossibus), illae
ore omnes versae in Zephyrum stant rupibus altis
exceptantque levis auras et saepe sine ullis
coniugiis vento gravidae (mirabile dictu)
saxa per et scopulos et depressas convalles
diffugiunt, non, Eure, tuos neque solis ad ortus,
in Borean Caurumque, aut unde nigerrimus Auster
nascitur et pluvio contristat frigore caelum.
hic demum, hippomanes vero quod nomine dicunt

Libyens einsamen Fluren schweift! Siehst du nicht, wie ein Schauer den ganzen Leib der Pferde überläuft, sobald nur der Geruch die bekannte Witterung herführt? Und nicht mehr halten sie die Zügel der Männer zurück oder wütende Hiebe, weder Fels noch hohles Geklüft, noch Flüsse, die ihre Bahn kreuzen und Felsen mit ihrer Strömung packen und mitwälzen. Wie wild stürmt selbst der Sabellische Eber daher, wetzt die Hauer und wühlt mit dem Lauf den Boden vor sich auf, reibt seine Flanken am Baum und härtet beide Schultern gegen Wunden ab. Und erst der Jüngling, dem die grausame Liebe das Mark durchglüht? Er schwimmt ja spät noch in finsterer Nacht, die von Windstößen durchtost ist, über den Sund; über ihm dröhnt das gewaltige Himmelstor, und die Brandung bricht sich donnernd an den Klippen; doch können ihn weder die armen Eltern zurückrufen noch die Jungfrau, die über seinem grausam dahingerafften Körper sterben muß. Und erst die gefleckten Luchse des Bacchus und die wilde Brut der Wölfe und Hunde! Welche Kämpfe liefern sich die sonst so friedlichen Hirsche!

Besonders auffällig ist ja das brünstige Rasen der Stuten, und Venus selbst gab ihnen damals die Glut ein, als das Viergespann des Glaucus von Potniae ihm die Glieder mit den Zähnen zerfleischte. Diese treibt die Brunst über den Gargara und den rauschenden Ascaniusfluß; sie erklimmen Höhen und durchschwimmen Ströme. Und sobald die Flamme ins gierige Mark dringt (meist im Frühling, denn im Frühjahr kehrt Wärme in die Glieder zurück), stehen sie alle auf hohen Felsen, die Nüstern zum Zephyr gekehrt, und empfangen die leichten Winde, und oft werden sie (ein Wunder!) ohne Begattung vom Windhauch trächtig und jagen hin durch Felsen, Klippen und tiefe Täler, nicht zu dir, Eurus, und nicht zum Aufgang der Sonne, nein, zu Nord und Nordwest oder dorthin, wo der nachtdunkle Auster aufsteigt und mit Frostregen den Himmel verdüstert. Und dann tropft der klebrige Brunstschleim, von den

pastores, lentum destillat ab inguine virus,
hippomanes, quod saepe malae legere novercae
miscueruntque herbas et non innoxia verba.

Sed fugit interea, fugit inreparabile tempus,
singula dum capti circumvectamur amore.
hoc satis armentis; superat pars altera curae,
lanigeros agitare greges hirtasque capellas.
hic labor, hinc laudem fortes sperate coloni.
nec sum animi dubius, verbis ea vincere magnum
quam sit et angustis hunc addere rebus honorem;
sed me Parnasi deserta per ardua dulcis
raptat amor, iuvat ire iugis, qua nulla priorum
Castaliam molli devertitur orbita clivo.
nunc, veneranda Pales, magno nunc ore sonandum.
Incipiens stabulis edico in mollibus herbam
carpere ovis, dum mox frondosa reducitur aestas,
et multa duram stipula felicumque maniplis
sternere subter humum, glacies ne frigida laedat
molle pecus scabiemque ferat turpisque podagras.
post hinc digressus iubeo frondentia capris
arbuta sufficere et fluvios praebere recentis
et stabula a ventis hiberno opponere soli
ad medium conversa diem, cum frigidus olim
iam cadit extremoque inrorat Aquarius anno.
hae quoque non cura nobis leviore tuendae,
nec minor usus erit, quamvis Milesia magno
vellera mutentur Tyrios incocta rubores;
densior hinc suboles, hinc largi copia lactis;
quam magis exhausto spumaverit ubere mulctra,
laeta magis pressis manabunt flumina mammis.
nec minus interea barbas incanaque menta
Cinyphii tondent hirci saetasque comantes

Hirten treffend Roßwut genannt, von der Scheide, Roßwut, die oft böse Stiefmütter sammeln und Kräuter und schädliche Sprüche beimischen.

Doch flieht indes, es flieht unwiederbringlich die Zeit, während wir selbst, von Liebe bezwungen, sogar einzelnes beschreiben. Genug nun vom Großvieh! Noch ist die andere Hälfte der Sorge da: wollige Schafe zu weiden und zottige Ziegen. Hier braucht's Mühe, hier hofft auf Ruhm, ihr tüchtigen Bauern! Und ich weiß wohl, wie schwierig es ist, hier den Ton zu behaupten und auch kleinem Dienst Wortglanz zu verleihen; doch reißt mich süße Liebe über die einsamen Höhen des Parnaß, froh schreite ich auf den Gipfeln, von denen keines Vorgängers Bahn am sanften Hügel zum Castalischen Quell herabführt. Nun, ehrwürdige Pales, nun gilt es, in hohem Ton zu singen.

Zuerst gebiete ich, den Schafen im traulichen Stall Kräuter zu raufen, bis bald der laubreiche Sommer zurückkehrt, befehle auch, mit reichlich Stroh und Farnbüscheln den harten Boden unter ihnen zu streuen, damit nicht eisige Kälte dem zarten Vieh schadet, ihm Räude bringt und entstellende Geschwüre an der Klaue. Dann ordne ich noch an, den Ziegen genug laubige Erdbeersträucher zu schaffen und frisches Bachwasser zu reichen, auch die Ställe vom Wind abgewandt zur Wintersonne hin zu bauen, genau nach Süden, für die Zeit, bis endlich der kalte Wassermann schon untergeht und das Jahresende betaut. Auch die Ziegen verlangen nicht mindere Sorge und Pflege von uns, und der Nutzen wird nicht geringer sein, wie teuer man auch Milesische Vliese bezahlt, die mit Tyrischem Purpur gefärbt sind. Dann gibt es stärkeren Nachwuchs, dann Milch in strömender Fülle, und je voller der Melkeimer vom ausgemolkenen Euter schäumt, desto üppiger fließt Milch aus gedrückten Zitzen. Doch sollen indes die Hirten mit gleicher Sorgfalt den Bart, das umgraute Kinn und das zottige Fell des Cinyphischen Bockes zu Zelten im

usum in castrorum et miseris velamina nautis.
pascuntur vero silvas et summa Lycaei
horrentisque rubos et amantis ardua dumos,
atque ipsae memores redeunt in tecta suosque
ducunt et gravido superant vix ubere limen.
ergo omni studio glaciem ventosque nivalis,
quo minor est illis curae mortalis egestas,
avertes victumque feres et virgea laetus
pabula nec tota claudes faenilia bruma.
At vero Zephyris cum laeta vocantibus aestas
in saltus utrumque gregem atque in pascua mittet,
Luciferi primo cum sidere frigida rura
carpamus, dum mane novum, dum gramina canent
et ros in tenera pecori gratissimus herba.
inde ubi quarta sitim caeli collegerit hora
et cantu querulae rumpent arbusta cicadae,
ad puteos aut alta greges ad stagna iubebo
currentem ilignis potare canalibus undam;
aestibus at mediis umbrosam exquirere vallem,
sicubi magna Iovis antiquo robore quercus
ingentis tendat ramos, aut sicubi nigrum
ilicibus crebris sacra nemus accubet umbra;
tum tenuis dare rursus aquas et pascere rursus
solis ad occasum, cum frigidus aëra vesper
temperat et saltus reficit iam roscida luna
litoraque alcyonen resonant, acalanthida dumi.
Quid tibi pastores Libyae, quid pascua versu
prosequar et raris habitata mapalia tectis?
saepe diem noctemque et totum ex ordine mensem
pascitur itque pecus longa in deserta sine ullis
hospitiis: tantum campi iacet. omnia secum
armentarius Afer agit, tectumque laremque
armaque Amyclaeumque canem Cressamque pharetram;

Feldlager und Decken für die armen Seeleute scheren. Ziegen beweiden aber Wälder und Höhen des Lycaeus, stachelige Brombeerhecken und Steilhänge liebendes Gestrüpp. Auch kehren sie selbständig und pünktlich zum Stall zurück, führen ihre Zicklein und kommen mit der Bürde ihres strotzenden Euters kaum noch über die Schwelle. Deshalb mußt du, je weniger Pflege von Menschen sie erfordern, sie desto sorglicher vor Eis und Schneewind schützen, ihnen Futter in Fülle bringen, auch Zweige zur Nahrung und nicht den ganzen Winter durch den Heuboden zuschließen.

Schickt jedoch der liebliche Sommer, gerufen vom lockenden Westwind, beiderlei Herden in Weiden und Wälder, laß uns gleich beim ersten Strahl des Morgensterns die kühlen Matten beweiden, wenn der Morgen noch jung ist, das Gras silbern und der Tau auf dem zarten Kraut den Tieren wohlschmeckt. Hat dann die vierte Himmelsstunde den Durst geweckt und durchschrillen die klagenden Zikaden mit ihrem Gesang die Baumpflanzungen, dann laß, so befehle ich, die Herden an Brunnen oder tiefen Teichen fließendes Wasser aus eichenen Rinnen trinken. Am heißen Mittag aber sollen sie ein schattiges Tal aufsuchen, wo Iuppiters mächtige Eiche vom alternden Stamm riesige Äste ausreckt oder ein dunkler Hain von dichten Steineichen in heiligem Schatten ruht. Dann gib wieder rieselndes Wasser und weide sie von neuem bis zum Abschied der Sonne, wenn der kalte Abend die Luft kühlt, Lunas Tau das Tal schon erquickt, der Strand vom Ruf des Eisvogels hallt und das Gestrüpp vom Stieglitz.

Muß ich dir Libyens Hirten und ihre Weiden im Vers schildern und die Hütten mit löcherigem Dach, in denen sie hausen? Oft weidet das Vieh dort Tag und Nacht, ja den ganzen Monat hindurch und zieht in ferne Steppen ohne jegliches Obdach; so weit ist dort alles. Afrikas Rinderhirt führt all das Seine mit, Zelt, Hausgott, Waffen, den Amyclaeischen Hund, den Cretischen Köcher, ganz

non secus ac patriis acer Romanus in armis
iniusto sub fasce viam cum carpit et hosti
ante expectatum positis stat in agmine castris.
At non qua Scythiae gentes Maeotiaque unda
turbidus et torquens flaventis Hister harenas,
quaque redit medium Rhodope porrecta sub axem.
illic clausa tenent stabulis armenta neque ullae
aut herbae campo apparent aut arbore frondes,
sed iacet aggeribus niveis informis et alto
terra gelu late septemque adsurgit in ulnas;
semper hiems, semper spirantes frigora Cauri.
tum Sol pallentes haud umquam discutit umbras,
nec cum invectus equis altum petit aethera, nec cum
praecipitem Oceani rubro lavit aequore currum.
concrescunt subitae currenti in flumine crustae
undaque iam tergo ferratos sustinet orbes,
puppibus illa prius, patulis nunc hospita plaustris;
aeraque dissiliunt vulgo vestesque rigescunt
indutae caeduntque securibus umida vina,
et totae solidam in glaciem vertere lacunae
stiriaque inpexis induruit horrida barbis.
Interea toto non setius aëre ningit:
intereunt pecudes, stant circumfusa pruinis
corpora magna boum, confertoque agmine cervi
torpent mole nova et summis vix cornibus extant.
hos non inmissis canibus, non cassibus ullis
puniceaeve agitant pavidos formidine pennae,
sed frustra oppositum trudentes pectore montem
comminus obtruncant ferro graviterque rudentes
caedunt et magno laeti clamore reportant.
ipsi in defossis specubus secura sub alta
otia agunt terra congestaque robora totasque
advolvere focis ulmos ignique dedere.

wie der streitbare Römer in Waffen der Väter unter der Last des Gepäcks dahinmarschiert und, ehe der Feind es ahnt, das Lager aufschlägt und schon kampfbereit dasteht.

Anders ist es jedoch bei Scythischen Völkern und am Maeotischen See, wo die trübe Donau gelben Sand wirbelt und das Rhodopegebirge sich hinzieht und bis unter den Pol zurückbiegt. Dort hält man das Vieh im Stall verschlossen, und kein Grün erscheint auf dem Feld, kein Laub an den Bäumen, sondern das Land liegt entstellt von Schneewällen und dickem Eis, das sich sieben Ellen hoch türmt. Stets herrscht Winter, immer bläst eiskalt der Nordweststurm. Kaum je zerstreut die Sonne die bleichen Schatten, weder, wenn sie mit ihren Rossen zum hohen Äther emporstrebt, noch, wenn sie herabstürzend ihren Wagen in die rötliche Flut des Oceanus eintaucht. Plötzlich schießen im strömenden Fluß Schollen zusammen, und schon trägt die Woge auf ihrem Rücken eisenbeschlagene Räder und lädt, nachdem sie erst Schiffe trug, nun geräumige Wagen ein. Häufig zerspringen Gefäße von Erz, selbst die Kleider am Leib erstarren, man zerhackt sonst flüssigen Wein mit Äxten, ganze Weiher sind tief hinab in Eis verwandelt, und am zottigen Bart hängt starrend ein Zapfen.

Ebenso fallen indes die Flocken im ganzen Luftraum, das Kleinvieh versinkt, die mächtigen Leiber der Rinder stehen als Schneehügel da, in dichtgedrängtem Rudel frieren die Hirsche starr unter der unerklärlichen Last, und kaum ragen die Enden ihrer Geweihe heraus. Man jagt sie nicht, indem man Hunde auf sie hetzt, erschreckt auch die ängstlichen Flüchter nicht mit Netzen oder roten Federn, die Angst erregen, nein, wenn sie vergeblich die Brust gegen den Schneewall vor sich stemmen, stößt man sie aus der Nähe mit dem Eisen nieder, schlachtet die dumpf brüllenden Tiere ab und trägt sie froh unter lautem Jubel zur Siedlung. Sie selbst genießen in tief in die Erde gegrabenen Höhlen sichere Muße und wälzen gestapelte Klötze, ja ganze Ulmen an ihren Herd und werfen sie ins Feuer. Dort

hic noctem ludo ducunt et pocula laeti
fermento atque acidis imitantur vitea sorbis.
talis Hyperboreo septem subiecta trioni
gens effrena virum Riphaeo tunditur Euro
et pecudum fulvis velatur corpora saetis.
Si tibi lanitium curae, primum aspera silva
lappaeque tribolique absint, fuge pabula laeta.
continuoque greges villis lege mollibus albos;
illum autem, quamvis aries sit candidus ipse,
nigra subest udo tantum cui lingua palato,
reice, ne maculis infuscet vellera pullis
nascentum, plenoque alium circumspice campo.
munere sic niveo lanae, si credere dignum est,
Pan deus Arcadiae captam te, Luna, fefellit
in nemora alta vocans; nec tu aspernata vocantem.
At cui lactis amor, cytisum lotosque frequentis
ipse manu salsasque ferat praesepibus herbas.
hinc et amant fluvios magis et magis ubera tendunt
et salis occultum referunt in lacte saporem.
multi etiam excretos prohibent a matribus haedos
primaque ferratis praefigunt ora capistris.
quod surgente die mulsere horisque diurnis,
nocte premunt; quod iam tenebris et sole cadente,
sub lucem exportant (calathis adit oppida pastor)
aut parco sale contingunt hiemique reponunt.
Nec tibi cura canum fuerit postrema, sed una
velocis Spartae catulos acremque Molossum
pasce sero pingui; numquam custodibus illis
nocturnum stabulis furem incursusque luporum
aut inpacatos a tergo horrebis Hiberos.
saepe etiam cursu timidos agitabis onagros

vergeht ihnen die Nacht beim Spiel, und sie ahmen fröhlich den Weintrank durch Korngärung und saure Elsbeeren nach. Diese unbändige Horde, die unter dem Siebengestirn im Norden wohnt, wird vom Riphaeischen Ostwind gepeitscht und hüllt sich in braunhaarige Rinderfelle.

Liegt dir am Wollertrag, dann halte zuerst Stachelgehölze, Kletten und Dornen fern und fliehe fette Weiden. Suche sogleich Herdentiere mit weißem, weichem Zottelfell aus. Den Widder aber, und sei er sonst schneeweiß, der auch nur eine schwarze Zunge unter dem feuchten Gaumen hat, verwirf ja, damit er nicht den Lämmchen das Vlies durch dunkle Flecken verunziert, und sieh dich auf der vollen Trift nach Ersatz um. Hat doch, wenn die Erzählung wahr ist, Pan, Arcadiens Gott, dich, Luna, mit einem so schneeweißen Wollgeschenk betört und gewonnen und lockte dich in den hohen Hain; du aber verschmähtest den Rufer nicht.

Wer aber Milch begehrt, muß mit eigener Hand Schneckenklee, vielen Honigklee und mit Salzlake besprengte Kräuter zur Krippe bringen; dadurch suchen die Tiere das Bachwasser mehr, bekommen dickere Euter und verleihen ihrer Milch die verborgene Würze des Salzes. Viele halten auch die Böcklein von den Müttern getrennt und binden ihnen ein Halfter mit Eisenstacheln ums Maul. Was sie bei steigender Sonne und den Tag über melken, pressen sie bei Nacht; was schon bei Dunkel und sinkender Sonne gemolken ist, tragen sie in der Morgendämmerung fort (der Hirt geht mit Körben ins Städtchen) oder besprengen es sparsam mit Salz und sparen es für den Winter auf.

Laß auch die Hunde nicht deine letzte Sorge sein, nein, füttere gemeinsam die schnellen Spartarüden und den scharfen Molosser mit fetter Molke. Mit solchen Wächtern wirst du für deinen Pferch weder den Dieb in der Nacht noch einbrechende Wölfe fürchten, noch den heimtückischen Überfall rebellischer Iberer. Oft auch läßt du sie im Lauf den scheuen Wildesel jagen, hetzest auch mit Hunden

et canibus leporem, canibus venabere dammas;
saepe volutabris pulsos silvestribus apros
latratu turbabis agens montisque per altos
ingentem clamore premes ad retia cervum.
Disce et odoratam stabulis accendere cedrum
galbaneoque agitare gravis nidore chelydros.
saepe sub immotis praesepibus aut mala tactu
vipera delituit caelumque exterrita fugit,
aut tecto adsuetus coluber succedere et umbrae,
pestis acerba bovum, pecorique adspergere virus
fovit humum. cape saxa manu, cape robora, pastor,
tollentemque minas et sibila colla tumentem
deice; iamque fuga timidum caput abdidit alte,
cum medii nexus extremaeque agmina caudae
solvuntur tardosque trahit sinus ultimus orbis.
est etiam ille malus Calabris in saltibus anguis
squamea convolvens sublato pectore terga
atque notis longam maculosus grandibus alvum,
qui, dum amnes ulli rumpuntur fontibus et dum
vere madent udo terrae ac pluvialibus austris,
stagna colit ripisque habitans hic piscibus atram
improbus ingluviem ranisque loquacibus explet;
postquam exusta palus terraeque ardore dehiscunt,
exsilit in siccum et flammantia lumina torquens
saevit agris asperque siti atque exterritus aestu.
ne mihi tum molles sub divo carpere somnos
neu dorso nemoris libeat iacuisse per herbas,
cum positis novus exuviis nitidusque iuventa
volvitur aut catulos tectis aut ova relinquens
arduus ad solem et linguis micat ore trisulcis.

Hasen und ebenso mit Hunden das Damwild; oft auch wirst du Keiler aus ihrer Suhle im Wald stöbern und mit Gebell verscheuchen, jagst auch den mächtigen Hirsch durchs hohe Gebirge mit Hundegekläff ins Fangnetz.

Lerne weiter, duftendes Zedernholz im Stall zu entzünden und mit dem Qualm des Galbanharzes die stinkenden Schildkrötschlangen auszuräuchern. Oft schon stak nämlich unter ungesäuberten Krippen eine Viper, die zu berühren gefährlich ist, und floh ängstlich vor dem Tageslicht, oder die Natter, die schreckliche Pest für die Rinder, die gern ins schattige Haus kriecht und das Vieh mit Gift bespritzt, brütet im Boden. Pack rasch einen Stein, Hirte, pack einen Knüppel und schmettere die Schlange, die sich drohend hebt und den Hals zischend aufbläht, zu Boden! Schon hat sie sich fliehend furchtsam mit dem Kopf tief verkrochen, während die Windungen in der Mitte und die Schwanzspitze sterbend erschlaffen und das sich krümmende Ende langsam ausrollt. Es haust auch auf den Calabrischen Triften jene böse Schlange, die ihre Brust hochreckt, den schuppigen Rücken wölbt und am langen Bauch mit mächtigen Flecken gesprenkelt ist; sie bewohnt, solange noch irgendein Bach aus Quellen hervorbricht und die Erde vom feuchten Frühjahr und vom regenbringenden Südwind trieft, Teiche, haust in den Ufern und füllt hier gefräßig den finsteren Schlund mit Fischen und quakenden Fröschen. Trocknet aber der Sumpf aus und spaltet sich der Boden vor Dürre, dann springt sie aufs Trockene, rollt die flammenden Lichter und wütet, wild vor Durst und von Hitze geängstet, auf den Feldern. Da soll es mich nimmer gelüsten, sanft im Freien zu schlummern oder auf waldiger Höhe im Gras zu ruhen, wenn sie die Haut abgestreift hat und sich im Glanz der Verjüngung ringelt, Brut oder Eier im Nest zurückläßt und steilauf mit dreigespaltener Zunge im Maul zur Sonne züngelt.

Morborum quoque te causas et signa docebo.
turpis ovis temptat scabies, ubi frigidus imber
altius ad vivum persedit et horrida cano
bruma gelu, vel cum tonsis inlutus adhaesit
sudor et hirsuti secuerunt corpora vepres.
dulcibus idcirco fluviis pecus omne magistri
perfundunt, udisque aries in gurgite villis
mersatur missusque secundo defluit amni;
aut tonsum tristi contingunt corpus amurca
et spumas miscent argenti et sulpura viva
Idaeasque pices et pinguis unguine ceras
scillamque elleborosque gravis nigrumque bitumen.
non tamen ulla magis praesens fortuna laborum est,
quam si quis ferro potuit rescindere summum
ulceris os; alitur vitium vivitque tegendo,
dum medicas adhibere manus ad vulnera pastor
abnegat et meliora deos sedet omnia poscens.
quin etiam ima dolor balantum lapsus ad ossa
cum furit atque artus depascitur arida febris,
profuit incensos aestus avertere et inter
ima ferire pedis salientem sanguine venam,
Bisaltae quo more solent acerque Gelonus,
cum fugit in Rhodopen atque in deserta Getarum
et lac concretum cum sanguine potat equino.
quam procul aut molli succedere saepius umbrae
videris aut summas carpentem ignavius herbas
extremamque sequi aut medio procumbere campo
pascentem et serae solam decedere nocti,
continuo culpam ferro compesce, priusquam
dira per incautum serpant contagia vulgus.
non tam creber agens hiemem ruit aequore turbo,
quam multae pecudum pestes. nec singula morbi
corpora corripiunt, sed tota aestiva repente,
spemque gregemque simul cunctamque ab origine gentem.

Auch Ursprung und Zeichen von Seuchen will ich dich lehren. Häßliche Räude befällt die Schafe, wenn eiskalter Regen und der schlimme Winter mit seiner eisgrauen Kälte zu tief ins Mark eindringt oder wenn nach der Schur der Schweiß nicht abgewaschen wird, haften blieb und stachlige Dornen die Haut ritzen. Darum schwemmen die Hirten ihr ganzes Vieh in süßem Flußwasser, der Bock wird mit triefenden Zotteln ins wirbelnde Wasser getaucht und treibt, losgelassen, mit der Strömung. Oder man reibt das Tier nach der Schur mit herbem Ölschaum ein und mischt Silberglätte mit Jungfernschwefel bei, Idaeisches Pech und fette Wachssalbe, dazu Meerzwiebeln, stinkende Nießwurz und schwarzes Erdpech. Kein Mittel aber führt bei Leiden so wirksam zum Erfolg, als wenn einer mit dem Eisen ein Geschwür oben zu öffnen vermochte; läßt man es bedeckt, findet das Übel Nahrung und schwärt weiter, während der Schäfer sich sträubt, die heilende Hand an die Wunde zu legen, nur dasitzt und alles Heil von den Göttern verlangt. Sogar, wenn sich der Schmerz den Blökenden ganz tief ins Gebein fraß und wütet und dürres Fieber den Leib abzehrt, hilft es noch, die Glut der Entzündung abzuwehren und am Hufspalt unten die blutpochende Ader anzuschlagen, wie die Bisalten es tun und der ungestüme Geloner, wenn er ins Rhodopegebirge und die Getische Wüste flieht und geronnene Milch mit Roßblut trinkt. Siehst du ein Tier, das sich öfter fern in den lindernden Schatten verkriecht oder lustlos nur die Spitzen der Kräuter abzupft, auch der Herde nur nachschleicht oder beim Weiden mitten auf den Anger sinkt und spät erst und allein der Nacht weicht, da tilge sogleich die Schuld mit dem Eisen, ehe schreckliche Seuche durch die arglose Herde schleicht. Der Wirbelwind mit seinem Unwetter bricht nicht so oft aufs Meer herein wie die vielen Seuchen auf Viehherden, und die Krankheit faßt nicht einzelne Tiere, sondern schlagartig ganze Sommergehege, Hoffnung und Herde zugleich und den ganzen Stamm von Grund auf.

tum sciat, aërias Alpes et Norica si quis
castella in tumulis et Iapydis arva Timavi
nunc quoque post tanto videat desertaque regna
pastorum et longe saltus lateque vacantis.

Hic quondam morbo caeli miseranda coorta est
tempestas totoque autumni incanduit aestu
et genus omne neci pecudum dedit, omne ferarum,
corrupitque lacus, infecit pabula tabo.
nec via mortis erat simplex, sed ubi ignea venis
omnibus acta sitis miseros adduxerat artus,
rursus abundabat fluvidus liquor omniaque in se
ossa minutatim morbo conlapsa trahebat.
saepe in honore deum medio stans hostia ad aram,
lanea dum nivea circumdatur infula vitta,
inter cunctantis cecidit moribunda ministros.
aut si quam ferro mactaverat ante sacerdos,
inde nec impositis ardent altaria fibris
nec responsa potest consultus reddere vates
ac vix suppositi tinguntur sanguine cultri
summaque ieiuna sanie infuscatur harena.
hinc laetis vituli vulgo moriuntur in herbis
et dulces animas plena ad praesepia reddunt;
hinc canibus blandis rabies venit et quatit aegros
tussis anhela sues ac faucibus angit obesis.
labitur infelix studiorum atque immemor herbae
victor equus fontesque avertitur et pede terram
crebra ferit; demissae aures, incertus ibidem
sudor et ille quidem morituris frigidus, aret
pellis et ad tactum tractanti dura resistit.
haec ante exitium primis dant signa diebus.

Dies erkennt noch heute, wer die luftigen Alpen, die Norischen Bergsiedlungen und die Fluren am Iapydischen Timavus sieht, die jetzt noch nach so langer Zeit einsamen Reiche der Hirten und die weit und breit verödeten Täler.

Hier entstand vor Zeiten durch Verpestung der Luft ein jammerbringendes Wetter, entbrannte durch volle Herbsthitze zur Weißglut und raffte alle Arten von Vieh und wilden Tieren dahin, verdarb die Seen und verseuchte das Futter mit Peststoff. Doch führte die Krankheit nicht geradewegs zum Tod, sondern wenn dursterzeugende Hitze durch alle Adern drang und die leidenden Glieder einschrumpfen ließ, nahm dann wieder Eiterfluß überhand und zernagte allmählich alle Knochen, die durch die Seuche bröckelnd in sich zusammenbrachen. Oft stürzte mitten im Götteropfer ein Tier, das beim Altar stand und eben die wollene Opferbinde mit schneeigen Bändern erhielt, zwischen den bestürzten Dienern sterbend nieder. Oder es hatte der Priester ein Tier schon mit dem Eisen geschlachtet, dann flammte davon weder das Altarfeuer mit den gehäuften Eingeweiden, noch vermochte der befragte Seher einen Rat zu erteilen; das Blut benetzte kaum das unten angesetzte Messer und bräunte nur die oberste Sandschicht mit magerem Eiter. Nun sterben überall die Kälber im prangenden Gras oder hauchen ihr süßes Leben vor vollen Krippen aus; nun kommt über die schmeichelnden Hunde Wut, und keuchender Husten schüttelt kranke Schweine und verengt den geschwollenen Rachen. Das siegreiche Roß strauchelt, hat nichts mehr von früheren Rennsiegen, will nichts von Kräutern wissen, wendet sich von der Quelle und stampft immer wieder die Erde mit dem Huf. Die Ohren hängen herab, und eben dort entsteht unsteter Schweiß, der beim Nahen des Todes erkaltet. Das Fell ist dürr und widerstrebt der Hand, die es betastet. Solche Anzeichen geben die Tiere vor ihrem Tod in den ersten Tagen.

Sin in processu coepit crudescere morbus,
tum vero ardentes oculi atque attractus ab alto
spiritus, interdum gemitu gravis, imaque longo
ilia singultu tendunt, it naribus ater
sanguis et obsessas fauces premit aspera lingua.
profuit inserto latices infundere cornu
Lenaeos; ea visa salus morientibus una.
mox erat hoc ipsum exitio, furiisque refecti
ardebant ipsique suos iam morte sub aegra
(di meliora piis erroremque hostibus illum)
discissos nudis laniabant dentibus artus.
ecce autem duro fumans sub vomere taurus
concidit et mixtum spumis vomit ore cruorem
extremosque ciet gemitus. it tristis arator
maerentem abiungens fraterna morte iuvencum
atque opere in medio defixa relinquit aratra.
non umbrae altorum nemorum, non mollia possunt
prata movere animum, non qui per saxa volutus
purior electro campum petit amnis; at ima
solvuntur latera atque oculos stupor urget inertes
ad terramque fluit devexo pondere cervix.
quid labor aut benefacta iuvant? quid vomere terras
invertisse graves? atqui non Massica Bacchi
munera, non illis epulae nocuere repostae:
frondibus et victu pascuntur simplicis herbae,
pocula sunt fontes liquidi atque exercita cursu
flumina, nec somnos abrumpit cura salubres.
Tempore non alio dicunt regionibus illis
quaesitas ad sacra boves Iunonis et uris
imparibus ductos alta ad donaria currus.
ergo aegre rastris terram rimantur et ipsis
unguibus infodiunt fruges montesque per altos
contenta cervice trahunt stridentia plaustra.

Verschlimmert sich aber die Krankheit fortschreitend, brennen die Augen, die Tiere ringen tief aus der Brust, manchmal schwer stöhnend, nach Atem und dehnen unten lange röchelnd die Weichen; aus den Nüstern tropft dunkles Blut, und die pelzige Zunge drosselt den verengten Rachen. Manchmal half es, ihnen den Horntrichter ins Maul zu zwängen und Lenaeischen Heiltrank einzugießen, und dies schien die einzige Rettung der Todgeweihten. Bald jedoch brachte gerade dies Vernichtung, sie erholten sich zu wilder Wut und zerfleischten und zerrissen selbst schon in der Schwäche des Todeskampfes (verleiht, ihr Götter, Frommen ein besseres Los und jenen Irrsinn den Feinden!) mit gefletschten Zähnen die eigenen Glieder. Sieh nur, der Stier, der unter dem drückenden Pflug dampft, stürzt nieder, speit blutigen Schaum und stöhnt ein letztes Mal. Bekümmert schleicht der Pflüger davon, schirrt den anderen Stier aus, den der Tod des Bruders grämt, und läßt den Pflug mitten in der Furche stecken. Nicht der Schatten hoher Haine, nicht weiche Wiesen vermögen das Herz des Tieres zu trösten, nicht der Bach, der heller als Mischgold über Felsen stürzt und der Ebene zueilt; schlaff hängen die Flanken, matt starren die hilflosen Augen, erdwärts sinkt die Last des gebeugten Nackens. Was frommen da Fleiß und Verdienst? Was nützt es, schwere Erde mit dem Pflug gewendet zu haben? Schadet ihnen doch nicht der Massicerwein, die Gabe des Bacchus, auch nicht üppig bereitete Speisen; sie weiden ja nur Laub und einfache Kräuter, ihr Trank sind lautere Quellen und rasch fließende Bäche, und nicht scheucht ihnen Sorge den heilsamen Schlaf.

Niemals sonst, heißt es, vermißte man dort Rinder zum Dienst für Iuno und führte Wagen mit ungleichen Auerochsen zu hohen Tempeln. So hacken sie mühsam die Erde mit Karsten auf, scharren Samenkörner sogar mit den Nägeln ein und ziehen mit angespanntem Nacken ächzende Karren durchs hohe Gebirge. Der Wolf erkundet keinen

non lupus insidias explorat ovilia circum
nec gregibus nocturnus obambulat; acrior illum
cura domat; timidi dammae cervique fugaces
nunc interque canes et circum tecta vagantur.
iam maris immensi prolem et genus omne natantum
litore in extremo ceu naufraga corpora fluctus
proluit; insolitae fugiunt in flumina phocae.
interit et curvis frustra defensa latebris
vipera et attoniti squamis adstantibus hydri.
ipsis est aër avibus non aequus, et illae
praecipites alta vitam sub nube relinquunt.
  Praeterea iam nec mutari pabula refert
quaesitaeque nocent artes; cessere magistri
Phillyrides Chiron Amythaoniusque Melampus.
saevit et in lucem Stygiis emissa tenebris
pallida Tisiphone Morbos agit ante Metumque
inque dies avidum surgens caput altius effert.
balatu pecorum et crebris mugitibus amnes
arentesque sonant ripae collesque supini.
iamque catervatim dat stragem atque aggerat ipsis
in stabulis turpi dilapsa cadavera tabo,
donec humo tegere ac foveis abscondere discunt.
nam neque erat coriis usus nec viscera quisquam
aut undis abolere potest aut vincere flamma;
ne tondere quidem morbo inluvieque peresa
vellera nec telas possunt attingere putres,
verum etiam invisos si quis temptarat amictus,
ardentes papulae atque immundus olentia sudor
membra sequebatur nec longo deinde moranti
tempore contactos artus sacer ignis edebat.

Lauerplatz mehr nahe beim Schafpferch und streicht nicht nachts um die Herden; schlimmere Sorge quält ihn. Scheue Rehe und flüchtige Hirsche streifen bereits mit Hunden und rings um die Häuser. Schon spülen Wogen die Brut des unermeßlichen Meeres und alle schwimmenden Tiere draußen am Strand an wie die Leichen nach einem Schiffbruch; Robben fliehen gegen ihre Art in Ströme. Sterben muß selbst die Natter, die sich erfolglos im hohlen Versteck zu schützen suchte, dazu Wasserschlangen, erstarrt und mit gesträubten Schuppen. Die Luft ist selbst den Vögeln verderblich, sie lassen ihr Leben beim Flug unter hoher Wolke und stürzen jählings ab.

Zudem hilft es auch nicht mehr, das Futter zu wechseln, und Künste, die man zur Heilung sucht, schaden nur; die Meister sind am Ende, Chiron, Philyras Sohn, und Melampus, der Sproß Amythaons. Auch tobt die bleiche Tisiphone, aus Stygischem Dunkel ans Licht gesandt, jagt Seuchen und Angst vor sich her, reckt sich und stellt das Haupt täglich höher. Vom Blöken der Schafe und ständigem Muhen hallen Flüsse, trockene Ufer und ansteigende Hügel. Und schon mäht sie herdenweise Tiere nieder und türmt Kadaver selbst in den Ställen, wo sie in widerlicher Verwesung zerfließen, bis man es lernt, sie mit Erde zu bedecken und in Gruben zu verscharren. Man konnte nämlich weder die Haut brauchen, noch vermochte einer das Gift in den Eingeweiden auszuwässern oder mit Feuer auszukochen; nicht einmal abscheren konnte man die von Krankheit und Schmutz zerfressenen Felle oder mürbe Fäden am Webstuhl anknüpfen; ja, versuchte einer so eklige Hülle zu tragen, brachen ihm gleich brennende Beulen und schmutziger Schweiß auf den stinkenden Gliedern aus, und es währte dann nicht mehr lang, bis ihm das verfluchte Feuer den verpesteten Leib zerfraß.

Liber quartus

Protinus aërii mellis caelestia dona
exequar. hanc etiam, Maecenas, aspice partem.
admiranda tibi levium spectacula rerum
magnanimosque duces totiusque ordine gentis
mores et studia et populos et proelia dicam.
in tenui labor; at tenuis non gloria, si quem
numina laeva sinunt auditque vocatus Apollo.

Principio sedes apibus statioque petenda
quo neque sit ventis aditus (nam pabula venti
ferre domum prohibent) neque oves haedique petulci
floribus insultent aut errans bucula campo
decutiat rorem et surgentis atterat herbas.
absint et picti sqalentia terga lacerti
pinguibus a stabulis meropesque aliaeque volucres
et manibus Procne pectus signata cruentis;
omnia nam late vastant ipsasque volantis
ore ferunt dulcem nidis inmitibus escam.
at liquidi fontes et stagna virentia musco
adsint et tenuis fugiens per gramina rivus,
palmaque vestibulum aut ingens oleaster inumbret,
ut cum prima novi ducent examina reges
vere suo ludetque favis emissa iuventus,
vicina invitet decedere ripa calori
obviaque hospitiis teneat frondentibus arbos.
in medium, seu stabit iners seu profluet umor,
transversas salices et grandia conice saxa,
pontibus ut crebris possint consistere et alas

Viertes Buch

Nun besinge ich die Himmelsgabe des aus der Luft tauenden Honigs; gönne, Maecenas, auch diesem Gebiet freundlich dein Augenmerk. Ich will dir das wunderbare Schauspiel einer leichten Welt schildern, hochherzige Fürsten, der Ordnung nach die Sitten des ganzen Volkes, seine Beschäftigungen, die Völker und ihre Schlachten. Kleinem nur gilt die Mühe, doch klein ist der Ruhm nicht, wenn neidische Götter den Dichter gewähren lassen und Apollo sein Flehen erhört.

Zuerst wähle den Bienen Wohnsitz und Standort, wo weder Winde hinwehen (hindern doch Winde die Bienen, das Futter heimzubringen) noch Schafe und stoßende Böcke die Blüten zertreten oder eine Jungkuh auf dem Feld umherschweift, den Tau abstreift und die sprossenden Kräuter zertritt. Fern seien dem honigreichen Bau auch gefleckte Eidechsen mit schuppigem Rücken, Bienenspechte und andere Vögel samt der Rauchschwalbe Procne, die das Zeichen ihrer blutigen Hände an der Brust trägt. Denn diese veröden alles ringsumher und bringen selbst fliegende Bienen im Schnabel ihrer grausamen Brut als köstliche Beute ins Nest. Da sein soll dagegen ein lauterer Quell, ein Teich, von Moos umgrünt, ein Bach, der durch Wiesen eilt, und eine Palme oder ein mächtiger Oleaster soll den Vorplatz beschatten, damit, wenn die neuen Weisel in ihrem Frühling die ersten Schwärme ausführen und die Jugend, aus den Waben befreit, ihr Spiel treibt, das nahe Ufer sie lockt, der Hitze zu entweichen, und der Baum am Wege sie in seiner belaubten Herberge zum Verweilen lädt. In die Mitte, mag das Wasser nun träge stehen oder fließen, wirf Weidenäste quer und dicke Steine, damit die Bienen auf vielen Stegen Fuß fassen und die Flügel zur Sommersonne breiten

pandere ad aestivum solem, si forte morantis
sparserit aut praeceps Neptuno inmerserit Eurus.
haec circum casiae virides et olentia late
serpulla et graviter spirantis copia thymbrae
floreat inriguumque bibant violaria fontem.

Ipsa autem, seu corticibus tibi suta cavatis
seu lento fuerint alvaria vimine texta,
angustos habeant aditus; nam frigore mella
cogit hiems, eademque calor liquefacta remittit.
utraque vis apibus pariter metuenda, neque illae
nequiquam in tectis certatim tenuia cera
spiramenta linunt fucoque et floribus oras
explent collectumque haec ipsa ad munera gluten
et visco et Phrygiae servant pice lentius Idae.
saepe etiam effossis, si vera est fama, latebris
sub terra fovere larem, penitusque repertae
pumicibusque cavis exesaeque arboris antro.
tu tamen et levi rimosa cubilia limo
ungue fovens circum et raras superinice frondes.
neu propius tectis taxum sine neve rubentis
ure foco cancros, altae neu crede paludi,
aut ubi odor caeni gravis aut ubi concava pulsu
saxa sonant vocisque offensa resultat imago.
Quod superest, ubi pulsam hiemen Sol aureus egit
sub terras caelumque aestiva luce reclusit,
illae continuo saltus silvasque peragrant
purpureosque metunt flores et flumina libant
summa leves. hinc nescio qua dulcedine laetae
progeniem nidosque fovent, hinc arte recentes
excudunt ceras et mella tenacia fingunt.
hinc ubi iam emissum caveis ad sidera caeli

können, wenn einmal der Ostwind die Säumigen bespritzt oder jäh in die Fluten stürzt. Ringsumher soll grüner Seidelbast, weithin riechender Quendel und schwer duftende Saturei in Fülle blühen, und Veilchenbeete sollen bewässerndes Quellwasser trinken.

Ihre Körbe selbst aber, die du aus hohler Rinde fügen oder aus biegsamer Weide flechten magst, sollen enge Fluglöcher haben; läßt doch der Winter den Honig durch Kälte verhärten, und Hitze wieder läßt ihn schmelzen und fließen. Beide Gewalten müssen die Bienen in gleicher Weise fürchten, und nicht ohne Grund verkleben sie in ihrem Bau auch feine Ritzen ihrer Wohnung um die Wette mit Wachs, verengen die Fluglöcher mit Bienenharz und Blütenstaub und bewahren für eben diese Aufgaben gesammeltes Harz auf, das zäher ist als Vogelleim und Pech vom Phrygischen Ida. Oft auch gruben sie sich, wenn die Kunde zutrifft, versteckt im Erdreich ihr warmes Haus, und man fand sie schon tief in hohlen Tuffsteinen und im Hohlraum eines zerfressenen Baumes. Doch auch du verstreiche die Ritzen ihrer Schlafstätte ringsum schützend mit schlüpfrigem Lehm und wirf schüttere Laubstreu darüber. Dulde auch keinen Taxus zu nah beim Bienenstock, siede auch nicht sich rötende Krebse am Herd, traue keinem tiefen Morast oder einem Platz, wo Unflat widerlich stinkt oder wo hohle Felsen tönen, wenn ein Laut sie trifft und das Echo hallend zurückprallt.

Sobald ferner die goldene Sonne den Winter verjagt, unter die Erde scheucht und den Himmel im Sommerlicht erschließt, durchwandern die Bienen sogleich Flur und Hain, ernten von purpurnen Blüten und nippen schwebend oben am Bach. Damit laben sie voll seltsamer Wonne ihre Brut im Nest, bilden auch kunstreich frisches Wachs und formen klebrigen Honig. Siehst du dann von unten, wie ein Schwarm, aus dem Stock schon entlassen, durch die klare Sommerluft zu den Gestirnen am Himmel empor-

nare per aestatem liquidam suspexeris agmen
obscuramque trahi vento mirabere nubem,
contemplator: aquas dulces et frondea semper
tecta petunt. huc tu iussos asperge sapores,
trita melisphylla et cerinthae ignobile gramen,
tinnitusque cie et Matris quate cymbala circum:
ipsae consident medicatis sedibus, ipsae
intima more suo sese in cunabula condent.
Sin autem ad pugnam exierint (nam saepe duobus
regibus incessit magno discordia motu
continuoque animos vulgi et trepidantia bello
corda licet longe praesciscere; namque morantis
Martius ille aeris rauci canor increpat et vox
auditur fractos sonitus imitata tubarum;
tum trepidae inter se coeunt pinnisque coruscant
spiculaque exacuunt rostris aptantque lacertos,
et circa regem atque ipsa ad praetoria densae
miscentur magnisque vocant clamoribus hostem),
ergo ubi ver nactae sudum camposque patentis
erumpunt portis, concurritur, aethere in alto
fit sonitus, magnum mixtae glomerantur in orbem
praecipitesque cadunt; non densior aëre grando,
nec de concussa tantum pluit ilice glandis.
ipsi per medias acies insignibus alis
ingentis animos angusto in pectore versant,
usque adeo obnixi non cedere, dum gravis aut hos
aut hos versa fuga victor dare terga subegit.
hi motus animorum atque haec certamina tanta
pulveris exigui iactu compressa quiescunt.
Verum ubi ductores acie revocaveris ambo,
deterior qui visus, eum, ne prodigus obsit,

schwimmt, und betrachtest staunend, wie die dunkle Wolke im Winde treibt, dann merke: Stets suchen sie gutes Süßwasser und Laubdächer. Dorthin sprenge nach Vorschrift Gewürze, zerriebene Melissen und das gemeine Cerinthengras, läute fest mit der Glocke und schlage ringsum die Cymbel der Großen Mutter. Dann lassen sie sich von selbst auf dem mit Kräutern bestreuten Platz nieder und bergen sich nach ihrer Art von selbst im tiefsten Winkel des Stockes.

Ziehen sie aber zur Schlacht (denn oft ergreift zwei Könige Hader bei mächtigem Aufruhr, und gleich läßt sich das Grollen der Menge und das Beben der Herzen in Kampfgier lange zuvor wahrnehmen. Säumige nämlich muntert der bekannte rauhe Erzklang des Kriegsgottes auf, und man vernimmt einen Laut, der den gebrochenen Stoß von Trompeten nachahmt; dann drängen sie sich kampflustig zusammen, schillern mit ihren Flügeln, schärfen die Stacheln am Rüssel und lassen die Muskeln spielen, scharen sich in dichtem Getümmel um König und Herrscherzelt und fordern den Feind mit mächtigem Geschrei heraus), und finden sie dann einen heiteren Frühlingstag und freie Flur, stürzen sie zum Tor heraus. Das Treffen hebt an, im hohen Äther entsteht ein Brausen, sie geraten aneinander, ballen sich zu einem gewaltigen Knäuel und stürzen jählings herab; dichter nicht fallen Schlossen aus der Luft, so viele Eicheln regnen nicht vom geschüttelten Eichbaum. Die Könige selbst inmitten der Schwärme sind mit blitzenden Flügeln geschmückt, hegen gewaltigen Mut in ihrer kleinen Brust und sind fest entschlossen, nicht eher zu weichen, als der drängende Sieger die einen oder die anderen zwingt, den Rücken zu wenden und Fersengeld zu geben. Doch bringt ein einziger Wurf mit ein wenig Staub die ganze Aufregung und den großen Kampf zu Ruhe und Frieden.

Hast du aber beide Führer aus ihrem Heer herausgeholt, dann weihe den dem Tod, der dir als schlechter erscheint,

dede neci; melior vacua, sine, regnet in aula.
alter erit maculis auro squalentibus ardens
(nam duo sunt genera); hic melior insignis et ore
et rutilis clarus squamis; ille horridus alter
desidia latamque trahens inglorius alvum.
ut binae regum facies, ita corpora plebis.
namque aliae turpes horrent, ceu pulvere ab alto
cum venit et sicco terram spuit ore viator
aridus; elucent aliae et fulgore coruscant
ardentes auro et paribus lita corpora guttis.
haec potior suboles, hinc caeli tempore certo
dulcia mella premes, nec tantum dulcia quantum
et liquida et durum Bacchi domitura saporem.
  At cum incerta volant caeloque examina ludunt
contemnuntque favos et frigida tecta relinquunt,
instabilis animos ludo prohibebis inani.
nec magnus prohibere labor: tu regibus alas
eripe; non illis quisquam cunctantibus altum
ire iter aut castris audebit vellere signa.
invitent croceis halantes floribus horti
et custos furum atque avium cum falce saligna
Hellespontiaci servet tutela Priapi.
ipse thymum pinosque ferens de montibus altis
tecta serat late circum, cui talia curae;
ipse labore manum duro terat, ipse feracis
figat humo plantas et amicos inriget imbris.

  Atque equidem, extremo ni iam sub fine laborum
vela traham et terris festinem advertere proram,
forsitan et pinguis hortos quae cura colendi
ornaret canerem biferique rosaria Paesti,

damit dir der Prasser nicht schade; der Stärkere herrsche im leeren Palast. Am einen werden goldstrotzende Tupfen glühen (es gibt ja zwei Arten), und dieser stärkere ragt durch Aussehen und Zangen hervor und funkelt von rötlichen Schuppen; der andere, durch Faulheit struppige, schleppt ruhmlos den breiten Wanst nach. Und wie die Könige verschieden aussehen, so ist es auch bei den Völkern. Die einen nämlich starren garstig, ähnlich einem Wanderer, der aus tiefem Staub herkommt und lechzend aus trockenem Munde Sand spuckt; die anderen leuchten hell und schimmern blitzend im Glanz ihres Goldes, und ihr Leib ist gleichmäßig mit Goldtropfen besprüht. Diese Art ist edler, von ihr wirst du zur bestimmten Jahreszeit süßen Honig pressen, der nicht nur lieblich schmeckt, sondern auch klar ist und Weinen den herben Geschmack benimmt.

Fliegen aber die Schwärme unstet umher und spielen nur am Himmel, verschmähen sie die Waben und meiden den kalten Stock, mußt du den unruhigen Geistern das eitle Spiel wehren. Die Mühe ist nicht groß: Reiße den Weiseln die Flügel aus; sitzen nämlich die Könige still, wagt es keiner, hochzusteigen oder im Lager die Feldzeichen zu erheben. Gärten sollen sie locken, die von bunten Blumen duften, und als Hüter gegen Diebe und Vögel wird der schützende Hellespontische Priapus mit seiner Sichel aus Weidenholz Wache halten. Ein Bauer, dem die Bienenhaltung am Herzen liegt, soll mit eigener Hand Thymian und Fichten vom hohen Gebirge holen und ringsum, weit um sein Gehöft, pflanzen, soll die Hand in harter Arbeit abmühen, selbst fruchtbare Reiser in den Boden drücken und ihnen willkommenes Wasser zuleiten.

Reffte ich aber nicht schon, nahe am Ziel meiner Mühen, die Segel und wendete den Bug nicht schon eilig dem Land zu, sänge ich wohl noch, welche Sorge und Pflege üppige Gärten schmückt, besänge die zweimal blühenden Rosengärten

quoque modo potis gauderent intiba rivis
et virides apio ripae, tortusque per herbam
cresceret in ventrem cucumis nec sera comantem
narcissum aut flexi tacuissem vimen acanthi
pallentisque hederas et amantis litora myrtos.
  Namque sub Oebaliae memini me turribus arcis,
qua niger umectat flaventia culta Galaesus,
Corycium vidisse senem, cui pauca relicti
iugera ruris erant, nec fertilis illa iuvencis
nec pecori opportuna seges nec commoda Baccho.
hic rarum tamen in dumis holus albaque circum
lilia verbenasque premens vescumque papaver
regum aequabat opes animis seraque revertens
nocte domum dapibus mensas onerabat inemptis.
primus vere rosam atque autumno carpere poma,
et cum tristis hiems etiamnum frigore saxa
rumperet et glacie cursus frenaret aquarum,
ille comam mollis iam tondebat hyacinthi
aestatem increpitans seram. Zephyrosque morantes.
ergo apibus fetis idem atque examine multo
primus abundare et spumantia cogere pressis
mella favis; illi tiliae atque uberrima pinus,
quotque in flore novo pomis se fertilis arbos
induerat, totidem autumno matura tenebat.
ille etiam seras in versum distulit ulmos
eduramque pirum et spinos iam pruna ferentis
iamque ministrantem platanum potantibus umbras.
verum haec ipse equidem spatiis exclusus iniquis
praetereo atque aliis post me memoranda relinquo.

  Nunc age, naturas apibus quas Iuppiter ipse
addidit, expediam, pro qua mercede canoros

von Paestum, auch das fröhliche Gedeihen von Endivien und eppichumgrünten Ufern vom Wassertrunk und die Gurke, die sich durchs Gras schlängelt und bauchig heranwächst, schwiege auch nicht von der spät noch so üppig blühenden Narzisse oder der Ranke des gewundenen Acanthus, vom blassen Efeu und den strandliebenden Myrten.

Ich sah ja, noch weiß ich es gut, am Fuß der Burgtürme von Oebalia, wo der dunkle Galaesus gelbe Saaten bewässert, einen Corycischen Greis, der wenige Joch herrenlosen Feldes besaß, weder geeignet als Trift für Stiere noch tauglich zur Schafhaltung, noch günstig zum Weinbau. Und doch dünkte sich dieser Mann, der nur spärlichen Kohl zwischen Dornhecken und rings umher dünnkörnigen Mohn um weiße Lilien und Verbenen setzte, im Herzen reich wie die Könige, und kam er spät erst in der Nacht heim, belud er den Tisch mit Speisen, die er nicht zu kaufen brauchte. Als erster pflückte er im Frühjahr Rosen und Äpfel im Herbst, und wenn der düstere Winter noch durch Kälte Steine sprengte und mit Eis den Lauf der Flüsse hemmte, schnitt er schon das Haar der weichen Hyazinthe und schalt den Sommer träg und die Westwinde säumig. So hatte er auch als erster Überfluß an jungen Bienen und Schwärmen und gewann schäumenden Honig aus gepreßten Waben; er besaß Linden und futterreiche Fichten, und wieviel Früchte der trächtige Baum in der jungen Blüte verhieß, ebenso viele trug er reif im Herbst. Er verpflanzte sogar Ulmen spät noch in Reihen, abgehärtete Birnbäume und veredelte Schlehdorne, die schon Pflaumen trugen, und Platanen, die den Zechern schon Schatten spendeten. Doch an all dem eile ich vorüber, weil mich die Enge des Raumes beschränkt, und überlasse es anderen, dies nach mir zu besingen.

Nun aber künde ich, welches Wesen Iuppiter selbst den Bienen zum Lohn verlieh, weil sie dem wohlklingenden Lärm der Cureten und ihren schallenden Erzbecken folgten

Curetum sonitus crepitantiaque aera secutae
Dictaeo caeli regem pavere sub antro.
solae communes natos, consortia tecta
urbis habent magnisque agitant sub legibus aevum
et patriam solae et certos novere penates;
venturaeque hiemis memores aestate laborem
experiuntur et in medium quaesita reponunt.
  Namque aliae victu invigilant et foedere pacto
exercentur agris; pars intra saepta domorum
Narcissi lacrimam et lentum de cortice gluten
prima favis ponunt fundamina, deinde tenaces
suspendunt ceras; aliae spem gentis adultos
educunt fetus; aliae purissima mella
stipant et liquido distendunt nectare cellas.
sunt quibus ad portas cecidit custodia sorti,
inque vicem speculantur aquas et nubila caeli
aut onera accipiunt venientum aut agmine facto
ignavum fucos pecus a praesepibus arcent.
  Fervet opus, redolentque thymo fragrantia mella;
ac veluti lentis Cyclopes fulmina massis
cum properant, alii taurinis follibus auras
accipiunt redduntque, alii stridentia tingunt
aera lacu, gemit inpositis incudibus Aetna;
illi inter sese magna vi bracchia tollunt
in numerum versantque tenaci forcipe ferrum,
non aliter, si parva licet componere magnis,
Cecropias innatus apes amor urget habendi
munere quamque suo. grandaevis oppida curae
et munire favos et daedala fingere tecta.
at fessae multa referunt se nocte minores,
crura thymo plenae, pascuntur et arbuta passim

und den König des Himmels in der Dictaeischen Grotte nährten. Sie allein besitzen gemeinsame Kinder, wohnen gemeinsam in ihrem Stadthaus und führen ihr Leben unter großen Gesetzen, kennen auch allein eine Heimat und bleibende Wohnsitze; [155] sie denken an den künftigen Winter, mühen sich im Sommer und legen das Gewonnene als Gemeingut zurück.

Ein Teil nämlich von ihnen sorgt für die Nahrung und tummelt sich nach festem Gesetz auf der Flur; andere legen innerhalb der Gehege im Haus Narcissustränen und zähes Rindenharz [160] als ersten Grund für die Waben, und dann kleben sie das zähe Wachs an; wieder andere führen die Hoffnung des Schwarmes, die erwachsene Brut, aus; noch andere speichern den lautersten Honig und dehnen die Zellen mit flüssigem Nektar. Manchen fiel das Los des Wächteramtes am Tor zu, [165] und diese spähen abwechselnd nach Regen und Wolken am Himmel oder empfangen von den Ankommenden die Tracht oder stehen in Reih und Glied und verjagen Drohnen, das träge Pack, von den Krippen.

Wimmelnd sind sie am Werk, und der Honig duftet vom Hauch des Thymians. Und gleich wie Cyclopen aus zäher Eisenmasse hurtig Blitze schmieden [170] und die einen mit Bälgen von Stierhaut Wind einholen und zublasen, andere zischendes Erz in Wasser tauchen und der Aetna unter Schlägen auf den Amboß ächzt, jene aber abwechselnd mit Riesenkraft die Arme im Takt heben und mit klammernder Zange das Eisen hin und her wenden, [175] nicht anders (darf man Kleines mit Großem vergleichen) treibt die Cecropischen Bienen der angeborene Trieb nach Besitz, und zwar jede nach ihrer Pflicht. Den Alten obliegt die Sorge um die Heimstätten, der Wabenbau und die Errichtung kunstreicher Häuser; die Jungen aber kommen spät erst am Abend müde heim, [180] die Schenkel voll Thymian; sie weiden auch überall Erdbeerbäume ab, die bläulichen Weiden,

et glaucas salices casiamque crocumque rubentem
et pinguem tiliam et ferrugineos hyacinthos.
Omnibus una quies operum, labor omnibus unus:
mane ruunt portis, nusquam mora; rursus easdem
vesper ubi e pastu tandem decedere campis
admonuit, tum tecta petunt, tunc corpora curant;
fit sonitus mussantque oras et limina circum;
post ubi iam thalamis se composuere, siletur
in noctem fessosque sopor suus occupat artus.
nec vero a stabulis pluvia inpendente recedunt
longius aut credunt caelo adventantibus Euris,
sed circum tutae sub moenibus urbis aquantur
excursusque brevis temptant et saepe lapillos,
ut cumbae instabiles fluctu iactante saburram
tollunt; his sese per inania nubila librant.
Illum adeo placuisse apibus mirabere morem,
quod nec concubitu indulgent nec corpora segnes
in Venerem solvunt aut fetus nixibus edunt;
verum ipsae e foliis natos, e suavibus herbis
ore legunt, ipsae regem parvosque Quirites
sufficiunt aulasque et cerea regna refigunt.
saepe etiam duris errando in cotibus alas
attrivere ultroque animam sub fasce dedere:
tantus amor florum et generandi gloria mellis.
ergo ipsas quamvis angusti terminus aevi
excipiat (neque enim plus septima ducitur aestas)
at genus inmortale manet, multosque per annos
stat fortuna domus et avi numerantur avorum.
Praeterea regem non sic Aegyptos et ingens
Lydia nec populi Parthorum aut Medus Hydaspes
observant. rege incolumi mens omnibus una est;

den Casiazimt und den rötlichen Safran, dazu die nektarreiche Linde und die tiefblauen Hyazinthen.

Sie ruhen gemeinsam von der Mühe aus, alle eilen zugleich zur Arbeit. Früh stürmen sie aus dem Tor, nirgends gibt es Rast oder Ruhe; und erst wieder, wenn der Abend sie mahnt, endlich von Feld und Weide zu scheiden, dann fliegen sie heim, dann ruhen sie aus; ein Brummen ertönt, und sie summen rings um Pforten und Türen. Bald aber, wenn sie sich schon in ihren Zellen zur Ruhe gelegt haben, tritt für die Nacht Stille ein, und verdienter Schlummer umfängt ihre Glieder. Droht aber Regen, fliegen sie nicht weit vom Gehöft, trauen auch, wenn Ostwind naht, dem Wetter nicht, sondern schöpfen geschirmt unter den Mauern der Stadt Wasser, wagen nur kurzen Flug und nehmen oft Steinchen auf wie wankende Nachen Sand, wenn die Flut sie umherwirft, und mit diesen halten sie sich im leeren Gewölk im Gleichgewicht.

Wundersam auch, daß folgender Brauch den Bienen ausnehmend gefiel: Sie begatten sich nicht und lösen die Körper nicht im Dienst der Venus in Ermattung, gebären auch keine Kinder in Wehen, sondern lesen die Kleinen, die von Laub und lieblichen Kräutern geboren sind, mit dem Mund auf, gewinnen selbst einen König und kleine Quiriten und bilden Hof und Reich aus Wachs nach. Oft auch zerstoßen sie sich umherschweifend die Flügel an hartem Fels und geben willig ihr Leben hin unter ihrer Last. So groß ist ihre Liebe zu Blumen, so groß der Stolz, Honig zu erzeugen. Mag also nur engbegrenztes Leben auf sie warten (es währt ja nicht länger als sieben Sommer), ist doch ihr Geschlecht unsterblich, das Glück des Hauses steht viele Jahre hindurch, und man zählt noch die Ahnen der Ahnherrn.

Übrigens ehren ihren König so wie sie weder Ägypten noch das riesige Lydien, nicht die Parthervölker noch der Meder am Hydaspes. Ist der König nur heil, sind alle eines Sinnes; haben sie ihn verloren, brechen sie die Treue, plün-

amisso rupere fidem constructaque mella
diripuere ipsae et crates solvere favorum.
ille operum custos, illum admirantur et omnes
circumstant fremitu denso stipantque frequentes,
et saepe attollunt umeris et corpora bello
obiectant pulchramque petunt per volnera mortem.
His quidam signis atque haec exempla secuti
esse apibus partem divinae mentis et haustus
aetherios dixere; deum namque ire per omnia,
terrasque tractusque maris caelumque profundum;
hinc pecudes armenta viros genus omne ferarum
quemque sibi tenuis nascentem arcessere vitas;
scilicet huc reddi deinde ac resoluta referri
omnia, nec morti esse locum, sed viva volare
sideris in numerum atque alto succedere caelo.
Si quando sedem augustam servataque mella
thesauri relines, prius haustu sparsus aquarum
ora fove fumosque manu praetende sequacis.
bis gravidos cogunt fetus, duo tempora messis,
Taygete simul os terris ostendit honestum
Plias et Oceani spretos pede reppulit amnis,
aut eadem sidus fugiens ubi Piscis aquosi
tristior hibernas caelo descendit in undas.
illis ira modum supra est, laesaeque venenum
morsibus inspirant et spicula caeca relinquunt
adfixae venis animasque in volnere ponunt.
Sin duram metues hiemem parcesque futuro
contusosque animos et res miserabere fractas,
at suffire thymo cerasque recidere inanis
quis dubitet? nam saepe favos ignotus adedit
stelio et lucifugis congesta cubilia blattis;
inmunisque sedens aliena ad pabula fucus

dern selbst den gespeicherten Honig und zerstören das Flechtwerk der Waben. Er ist Hüter des Werkes, ihn staunen sie alle an, ihn umstehen sie mit anhaltendem Gesumm, umdrängen ihn in Scharen, heben ihn oft auf die Schultern, werfen im Kampf ihre Leiber vor ihn und suchen den glorreichen Tod durch Wunden.

Einige lehrten bei solchen Zeichen und Beweisen, in den Bienen wohne ein Funke des göttlichen Geistes und ein Hauch des Äthers. Durchdringe doch Gott alles, jegliches Land, die Weiten des Meeres und den tiefen Himmel; von ihm erhielten kleines und großes Vieh, die Menschen und das ganze Geschlecht der wilden Tiere, ein jedes bei seiner Geburt den zarten Lebenshauch. Dorthin kehre dann auch alles zurück, löse sich heimkehrend auf, und nirgend sei Platz für den Tod, vielmehr schwinge sich das Lebendige empor wie ein Stern und eile zum hohen Himmel.

Willst du einmal den erhabenen Wohnsitz und den gespeicherten Honigschatz entsiegeln, schütze dein Gesicht zuvor, indem du es mit einem Mundvoll Wasser besprengst, und halte ein Becken mit durchdringendem Rauch vor dich. Zweimal bringt man reichen Ertrag ein, zweimal ist Honigzeit, dann wenn Taygete den Ländern ihr schönes Antlitz zeigt und wenn das Siebengestirn die Fluten des Oceanus verächtlich mit dem Fuß zurückstößt oder wenn es vor dem Gestirn des regenbringenden Fisches flieht und bedrückt vom Himmel in winterliche Wogen hinabsteigt. Bienen werden aber maßlos zornig, und reizt man sie, hauchen sie Gift in den Stich und hinterlassen verborgenen Stachel, hängen fest an den Adern und lassen ihr Leben in der Wunde.

Fürchtest du den harten Winter, willst für die Zukunft sparen und hast du Erbarmen mit ihrer Erschütterung und ihrem gebrochenen Zustand, wie könntest du zögern, sie mit Thymian zu räuchern und die leeren Zellen aufzuschneiden? Oft nagt ja die Eidechse unbemerkt die Waben an, und die Schlafgemächer sind voll von lichtscheuen Asseln; auch sitzen Drohnen schmarotzend an fremdem Mahl,

aut asper crabro inparibus se inmiscuit armis,
aut dirum tiniae genus, aut invisa Minervae
laxos in foribus suspendit aranea cassis.
quo magis exhaustae fuerint, hoc acrius omnes
incumbent generis lapsi sarcire ruinas
complebuntque foros et floribus horrea texent.
Si vero, quoniam casus apibus quoque nostros
vita tulit, tristi languebunt corpora morbo,
quod iam non dubiis poteris cognoscere signis:
continuo est aegris alius color, horrida vultum
deformat macies, tum corpora luce carentum
exportant tectis et tristia funera ducunt,
aut illae pedibus conexae ad limina pendent
aut intus clausis cunctantur in aedibus, omnes
ignavaeque fame et contracto frigore pigrae;
tum sonus auditur gravior tractimque susurrant,
frigidus ut quondam silvis inmurmurat Auster,
ut mare sollicitum stridit refluentibus undis,
aestuat ut clausis rapidus fornacibus ignis:
hic iam galbaneos suadebo incendere odores
mellaque harundineis inferre canalibus ultro
hortantem et fessas ad pabula nota vocantem.
proderit et tusum gallae admiscere saporem
arentisque rosas aut igni pinguia multo
defruta vel psithia passos de vite racemos
Cecropiumque thymum et grave olentia centaurea.
est etiam flos in pratis, cui nomen amello
fecere agricolae, facilis quaerentibus herba;
namque uno ingentem tollit de caespite silvam,
aureus ipse, sed in foliis, quae plurima circum
funduntur, violae sublucet purpura nigrae;
saepe deum nexis ornatae torquibus arae;
asper in ore sapor; tonsis in vallibus illum

oder die grimmige Hornisse mit ungleichen Waffen hat sich eingedrängt [245] oder das gräuliche Volk der Motten, oder Minervas Feindin, die Spinne, hängt ihr lockeres Garn vor das Flugloch. Doch, je erschöpfter sie sind, desto eifriger streben alle danach, den Verlust des gesunkenen Volkes zu ersetzen, werden die Gänge füllen und Speicher aus Blütenstaub bauen. [250]

Sollten aber (denn unser Geschick verhängt das Leben auch über die Bienen) ihre Körper durch unselige Krankheit hinwelken, was du gleich an untrüglichen Zeichen erkennen kannst, dann haben die Kranken sogleich andere Färbung, und starrende Dürre entstellt ihre Gestalt; dann schleppen sie die Leiber Verblichener [255] aus dem Stock und begehen düstere Leichenzüge, oder sie hängen mit den Füßen ineinander verkrallt am Tor oder kauern im Stock eingeschlossen, alle kraftlos von Hunger und lahm von erstarrender Kälte. Dann vernimmt man ein dumpfes Geräusch, und sie summen langgezogen, [260] wie manchmal der kalte Südwind in den Wäldern rauscht, wie das aufgebrachte Meer braust, wenn die Wogen zurückfluten, wie die lodernde Flamme im verschlossenen Ofen faucht. Da nun erteile ich den Rat, gleich mit duftendem Galbanharz zu räuchern, Honig durch Rinnen von Rohr in den Stock zu träufeln, [265] um sie durch die Spende zu ermuntern und die Matten zur gewohnten Speise zu locken. Es nützt auch, den würzigen Saft zerstoßener Galläpfel beizumischen, getrocknete Rosen oder Most, der an starkem Feuer verdickt ist, oder an der Rebe gedörrte Rosinen, auch Cecropischen Thymian und schwer duftendes Tausendguldenkraut. [270] Ferner blüht eine Blume auf der Flur, der die Landleute den Namen Amellum gaben, ein Kraut, leicht zu finden, wächst es doch von nur einer Wurzel in gewaltigen Büschen empor; der Blütenkelch ist golden, doch die Blütenblätter, die in Fülle darum wogen, leuchten in dunkelviolettem Purpurschein, [275] und oft schmückt man Götteraltäre mit solchen Gewinden; ihr Geschmack ist bitter, Hirten pflücken sie auf

pastores et curva legunt prope flumina Mellae:
huius odorato radices incoque Baccho
pabulaque in foribus plenis adpone canistris.

Sed si quem proles subito defecerit omnis
nec, genus unde novae stirpis revocetur, habebit,
tempus et Arcadii memoranda inventa magistri
pandere, quoque modo caesis iam saepe iuvencis
insincerus apes tulerit cruor. altius omnem
expediam prima repetens ab origine famam.
nam qua Pellaei gens fortunata Canopi
accolit effuso stagnantem flumine Nilum
et circum pictis vehitur sua rura phaselis,
quaque pharetratae vicinia Persidis urget,
et viridem Aegyptum nigra fecundat harena
et diversa ruens septem discurrit in ora
usque coloratis amnis devexus ab Indis,
omnis in hac certam regio iacit arte salutem.
Exiguus primum atque ipsos contractus in usus
eligitur locus. hunc angustique imbrice tecti
parietibusque premunt artis et quattuor addunt
quattuor a ventis obliqua luce fenestras.
tum vitulus bima curvans iam cornua fronte
quaeritur; huic geminae nares et spiritus oris
multa reluctanti obstruitur plagisque perempto
tunsa per integram solvuntur viscera pellem.
sic positum in clauso linquunt et ramea costis
subiciunt fragmenta thymum casiasque recentis.
hoc geritur Zephyris primum impellentibus undas,
ante novis rubeant quam prata coloribus, ante
garrula quam tignis nidum suspendat hirundo.
interea teneris tepefactus in ossibus umor
aestuat et visenda modis animalia miris,

abgeweideten Angern und am gewundenen Lauf der Mella. Deren Wurzeln koche in duftendem Wein und setze sie in vollen Körbchen als Futter an die Fluglöcher.

Wenn aber einer plötzlich die ganze Brut einbüßt und er kein Volk mehr hat, von dem er einen neuen Schwarm gewinnen kann, ist es Zeit, auch den denkwürdigen Fund des Arcadischen Meisters zu offenbaren, und wie schon oft das zersetzte Blut erschlagener Stiere Bienen hervorbrachte. Ich will weiter ausholen und die ganze Kunde vom Ursprung an berichten. Wo nämlich das beglückte Volk des Pellaeischen Canopus am Nil wohnt, der über seine Ufer tritt und alles überschwemmt, wo es auf bemaltem Kahn um seinen Landbesitz fährt, bis hinauf, wo die Nachbarschaft des köcherbewehrten Persien dräut, wo der Strom das grüne Ägypten mit dunklem Schlamm befruchtet, in verschiedene Richtungen strebt und in sieben Mündungen ausströmt, nachdem er hierhin fern von den farbigen Indern herabkam, setzt das ganze Land die Hoffnung sicherer Rettung auf diese Kunst.

Erstlich wählt man eine kleine Stelle, die gerade dafür ganz eng sein soll, schließt sie mit einem niedrigen Dach von Hohlziegeln und engen Wänden ab, setzt aber vier Fenster mit schräg einfallendem Licht nach den vier Winden ein. Nun sucht man ein Stierkalb, dem sich schon zweijährige Hörner an der Stirn krümmen; ihm verstopft man, wie sehr es sich auch sträubt, beide Nüstern und das nach Atem ringende Maul, schlägt es mit Keulen tot und zerstampft und zermürbt seine Eingeweide, wobei der Balg heil bleiben muß. So läßt man es eingeschlossen liegen und legt ihm Reisigstücke unter die Rippen, dazu Thymian und frischen Casiazimt. Dies geschieht, sobald Zephyr die Wogen kräuselt, ehe noch die Auen in frischen Farben prangen, ehe auch die zwitschernde Schwalbe ihr Nest am Balken aufhängt. Indes gärt der Saft, der sich in den zarten Knochen erwärmt hat, und Wesen von wunderlichem Anblick wim-

trunca pedum primo, mox et stridentia pinnis,
miscentur tenuemque magis magis aëra carpunt,
donec ut aestivis effusus nubibus imber
erupere aut ut nervo pulsante sagittae,
prima leves ineunt si quando proelia Parthi.

Quis deus hanc, Musae, quis nobis extudit artem?
unde nova ingressus hominum experientia cepit?
pastor Aristaeus fugiens Peneia Tempe
amissis, ut fama, apibus morboque fameque
tristis ad extremi sacrum caput adstitit amnis
multa querens atque hac adfatus voce parentem:
'mater, Cyrene mater, quae gurgitis huius
ima tenes, quid me praeclara stirpe deorum
(si modo, quem perhibes, pater est Thymbraeus Apollo)
invisum fatis genuisti? aut quo tibi nostri
pulsus amor? quid me caelum sperare iubebas?
en etiam hunc ipsum vitae mortalis honorem,
quem mihi vix frugum et pecudum custodia sollers
omnia temptanti extuderat, te matre relinquo.
quin age et ipsa manu felices erue silvas,
fer stabulis inimicum ignem atque interfice messes,
ure sata et validam in vitis molire bipennem,
tanta meae si te ceperunt taedia laudis.'
At mater sonitum thalamo sub fluminis alti
sensit. eam circum Milesia vellera nymphae
carpebant hyali saturo fucata colore,
Drymoque Xanthoque Ligeaque Phyllodoceque,
caesariem effusae nitidam per candida colla,
[Nesaee Spioque Thaliaque Cymodoceque]
Cydippeque et flava Lycorias, altera virgo,
altera tum primos Lucinae experta labores,
Clioque et Beroe soror, Oceanitides ambae,
ambae auro, pictis incinctae pellibus ambae,
atque Ephyre atque Opis et Asia Deiopea

meln herum, erst noch ohne Beine, doch bald sogar mit schwirrenden Flügeln, und mehr und mehr schwirren sie durch die dünne Luft, bis sie wie Platzregen aus Sommerwolken hervorbrechen oder der Pfeilhagel von der schnellenden Sehne, wenn die behenden Parther das Gefecht eröffnen.

Welcher Gott, ihr Musen, errang uns diese Kunst? Wo fand diese neue Erfahrung der Menschen Eingang? Aristaeus, der Hirt, floh das Peneische Tempetal, weil er, wie die Sage kündet, seine Bienen durch Seuche und Hunger verlor, trat voll Kummer zum heiligen Quell des Stromes, jammerte laut und rief seine Mutter so an: »Mutter, o Mutter Cyrene, die du die Tiefe dieses Strudels bewohnst, wozu gebarst du mich aus hohem Götterstamm (wenn der Apoll von Thymbra, wie du rühmst, wirklich mein Vater ist) dem Schicksal zum Haß? Oder wohin schwand deine Liebe zu mir? Was hießest du mich den Himmel hoffen? Siehe, selbst diesen Ruhm im irdischen Leben, den mir mit Not die kluge Pflege von Früchten und Herden mit aller Mühe eintrug, muß ich verlieren, obschon du meine Mutter bist. So reiße doch mit eigener Hand meine gesegneten Haine aus, schleudere verderblichen Brand in die Scheuern, vertilge die Ernten, senge die Saaten und schlage die starke Doppelaxt in die Reben, wenn mein Ruhm dir solchen Verdruß erweckt!«

Die Mutter aber vernahm nur seinen Klagelaut in ihrem Gemach tief unter dem Fluß. Rings um sie zupften Nymphen Milesische, mit Glasgrün gefärbte Wolle, Drymo, Xantho, Ligea, Phyllodoce, denen schimmerndes Haar über den weißen Nacken fließt [Nesaee, Spio, Thalia und Cymodoce], dazu Cydippe und die blonde Lycorias (Jungfrau die eine, die andere seit kurzem mit Lucinas Wehen vertraut), weiter Clio mit ihrer Schwester Beroe, Oceanustöchter beide, beide golden gegürtet, beide mit bunten Fellen geschürzt, dazu Ephyre und Opis und Deiopea, die Göttin

et tandem positis velox Arethusa sagittis.
inter quas curam Clymene narrabat inanem
Vulcani Martisque dolos et dulcia furta
aque Chao densos divum numerabat amores.
carmine quo captae dum fusis mollia pensa
devolvunt, iterum maternas impulit aures
luctus Aristaei, vitreisque sedilibus omnes
obstipuere; sed ante alias Arethusa sorores
prospiciens summa flavum caput extulit unda
et procul: 'o gemitu non frustra exterrita tanto,
Cyrene soror, ipse tibi, tua maxima cura,
tristis Aristaeus Penei genitoris ad undam
stat lacrimans et te crudelem nomine dicit.'
huic percussa nova mentem formidine mater
'duc age, duc ad nos; fas illi limina divom
tangere' ait. simul alta iubet discedere late
flumina, qua iuvenis gressus inferret; at illum
curvata in montis faciem circumstetit unda
accepitque sinu vasto misitque sub amnem.
Iamque domum mirans genetricis et umida regna
speluncisque lacus clausos lucosque sonantis
ibat et ingenti motu stupefactus aquarum
omnia sub magna labentia flumina terra
spectabat diversa locis, Phasimque Lycumque
et caput, unde altus primum se erumpit Enipeus,
unde pater Tiberinus, et unde Aniena fluenta
saxosusque sonans Hypanis Mysusque Caicus
et gemina auratus taurino cornua vultu
Eridanus, quo non alius per pinguia culta
in mare purpureum violentior effluit amnis.
postquam est in thalami pendentia pumice tecta
perventum et nati fletus cognovit inanis

des Asischen Sumpfes, und noch die rasche Arethusa, die endlich ihre Pfeile ruhen ließ. Eben erzählte ihnen Clymene Vulcans vergebliche Sorge, [345] die Ränke des Mars und den süßen Raub, zählte auch die beständigen Liebeshändel der Götter seit dem Chaos auf. Während sie nun, bezaubert von ihrem Lied, die weiche Wolle mit ihren Spindeln drehten, drang wieder die Klage des Aristaeus zum Ohr der Mutter, und alle erstarrten auf ihren gläsernen Sitzen; [350] doch vor den anderen Schwestern sah Arethusa nach ihm aus, hob ihr blondes Haupt über die Wogen und rief von fernher: »Cyrene, liebe Schwester, du bist nicht ohne Grund durch so lauten Jammer erschreckt; er selbst, dein ganzer Liebling, Aristaeus, steht niedergeschlagen und weinend an den Wogen des Vaters Peneus, [355] ruft dich mit Namen und nennt dich grausam.« Die Mutter, wie gelähmt von plötzlichem Schrecken, ruft ihr zu: »Bring ihn, führ ihn zu mir; ihm ist vergönnt, die Schwelle der Götter zu berühren.« Zugleich gebot sie dem tiefen Fluß, sich weit zu spalten, damit der Jüngling hindurchschreiten könne. Diesen aber [360] umstand die Woge, gewölbt wie eine Grotte, empfing ihn in mächtiger Höhlung und geleitete ihn unter das Strombett.

Schon schritt er hin, voller Staunen über den Palast der Mutter, ihr feuchtes Reich, Seen, von Grotten umschlossen, rauschende Haine, und betäubt vom gewaltigen Strömen der Wasser [365] sah er, wie alle Flüsse im Innern der mächtigen Erde in verschiedene Richtungen fließen, Phasis, der Lycus und der Quell, aus dem der tiefe Enipeus anfänglich hervorbricht, die Quelle des Vaters Tiber, des wallenden Anio, des Hypanis, der Felsen durchbraust, des Mysischen Caicus [370] und des Eridanus mit dem vergoldeten Hörnerpaar an seinem Stierhaupt, der reißend wie kein anderer Strom durch üppige Fluren ins schwarzblaue Meer fließt. Als er ihr Gemach, eine Tuffsteingrotte, betrat und Cyrene die Klagen ihres Sohnes vernahm, denen leicht abzuhelfen war, [375] reichten ihre Schwestern ihm nach Gebühr erst

Cyrene, manibus liquidos dant ordine fontis
germanae tonsisque ferunt mantelia villis;
pars epulis onerant mensas et plena reponunt
pocula; Panchaeis adolescunt ignibus arae;
et mater 'cape Maeonii carchesia Bacchi:
Oceano libemus' ait. simul ipsa precatur
Oceanumque patrem rerum nymphasque sorores,
centum quae silvas, centum quae flumina servant.
ter liquido ardentem perfudit nectare Vestam,
ter flamma ad summum tecti subiecta reluxit.
omine quo firmans animum sic incipit ipsa:
'Est in Carpathio Neptuni gurgite vates
caeruleus Proteus, magnum qui piscibus aequor
et iuncto bipedum curru metitur equorum.
hic nunc Emathiae portus patriamque revisit
Pallenen; hunc et nymphae veneramur et ipse
grandaevus Nereus; novit namque omnia vates,
quae sint, quae fuerint, quae mox ventura trahantur;
quippe ita Neptuno visum est, immania cuius
armenta et turpis pascit sub gurgite phocas.
hic tibi, nate, prius vinclis capiendus, ut omnem
expediat morbi causam eventusque secundet.
nam sine vi non ulla dabit praecepta neque illum
orando flectes; vim duram et vincula capto
tende; doli circum haec demum frangentur inanes.
ipsa ego te, medios cum Sol accenderit aestus,
cum sitiunt herbae et pecori iam gratior umbra est,
in secreta senis ducam, quo fessus ab undis
se recipit, facile ut somno adgrediare iacentem.
verum ubi correptum manibus vinclisque tenebis,
tum variae eludent species atque ora ferarum.
fiet enim subito sus horridus atraque tigris
squamosusque draco et fulva cervice leaena,
aut acrem flammae sonitum dabit atque ita vinclis

klares Quellwasser für die Hände und trugen dann Handtücher aus geschorenem Flausch herbei. Andere beladen den Tisch mit Speisen und setzen ihm wiederholt gefüllte Becher vor; die Altäre duften von brennendem Panchaeischem Weihrauch. Nun begann die Mutter: »Nimm einen Kelch Maeonischen Weins; [380] wir wollen dem Oceanus spenden.« Zugleich betet sie zu Oceanus, dem Vater aller Dinge, und ihren Nymphenschwestern, die, je hundert an der Zahl, Wälder und Flüsse behüten. Dreimal sprengte sie lauteren Nektar ins lodernde Herdfeuer, dreimal sprühte die Flamme, die bis zum Gewölbe emporschlug. [385] Durch dieses Zeichen ermutigte sie ihn und begann so: »In der Tiefe des Carpathischen Meeres wohnt ein Seher, der blaue Proteus, der mit Fischen und einem Gespann zweifüßiger Seepferde über das weite Meer fährt. Dieser besucht eben Emathiens Häfen und seine Heimat [390] Pallene; ihn verehren wir Nymphen und selbst der uralte Nereus, weil er als Seher alles weiß, was ist, was war und was bald in Zukunft heraufzieht; also nämlich wollte es Neptun, dessen riesige Rinder und garstige Robben er in der Tiefe weidet. [395] Diesen, lieber Sohn, lege erst in Fesseln, damit er dir jeglichen Grund der Seuche enthüllt und glücklichen Ausgang verleiht. Denn ohne Gewalt erteilt er dir keinen Rat, und Bitten beugen ihn nicht; gebrauche harten Zwang und ziehe dem Gefangenen die Fesseln scharf an; daran allein werden seine eitlen Ränke zerschellen. [400] Ich selbst führe dich, wenn die Sonne die Mittagsglut entzündet, wenn das Gras schon verschmachtet und sich das Vieh schon nach Schatten sehnt, zum Versteck des Alten, in das er sich, ermüdet von den Wogen, zurückzieht, so daß du ihn leicht überfallen kannst, wenn er schlummernd daliegt. Hast du ihn aber gefaßt und seine Hände in Fesseln geschnürt, [405] dann werden dich allerlei Gestalten und Tiergebilde narren, wird er doch plötzlich zum borstigen Eber, zum schrecklichen Tiger, wird schuppiger Drache und fahlmähnige Löwin, oder er prasselt scharf als Flamme und will

excidet, aut in aquas tenuis dilapsus abibit.
sed quanto ille magis formas se vertet in omnis,
tam tu, nate, magis contende tenacia vincla,
donec talis erit mutato corpore, qualem
videris, incepto tegeret cum lumina somno.'

Haec ait et liquidum ambrosiae diffundit odorem,
quo totum nati corpus perduxit; at illi
dulcis compositis spiravit crinibus aura,
atque habilis membris venit vigor. est specus ingens
exesi latere in montis, quo plurima vento
cogitur inque sinus scindit sese unda reductos,
deprensis olim statio tutissima nautis;
intus se vasti Proteus tegit obice saxi.
hic iuvenem in latebris aversum a lumine nympha
collocat, ipsa procul nebulis obscura resistit.
Iam rapidus torrens sitientis Sirius Indos
ardebat caelo et medium sol igneus orbem
hauserat, arebant herbae et cava flumina siccis
faucibus ad limum radii tepefacta coquebant,
cum Proteus consueta petens e fluctibus antra
ibat; eum vasti circum gens umida ponti
exultans rorem late dispergit amarum.
sternunt se somno diversae in litore phocae;
ipse velut stabuli custos in montibus olim,
vesper ubi e pastu vitulos ad tecta reducit
auditisque lupos acuunt balatibus agni,
considit scopulo medius numerumque recenset.
Cuius Aristaeo quoniam est oblata facultas,
vix defessa senem passus componere membra
cum clamore ruit magno manicisque iacentem
occupat. ille suae contra non immemor artis
omnia transformat sese in miracula rerum
ignemque horribilemque feram fluviumque liquentem.

so den Banden entschlüpfen, oder wird, zu rieselndem Wasser zerfließend, entrinnen wollen. Doch je mehr er sich in alle Formen wandelt, desto straffer schnüre, lieber Sohn, die Bande der Fesseln, bis er sich wieder in den verwandelt, den du sahst, als der erste Schlaf ihm die Augen bedeckte.«

So sprach sie, goß feuchte, wohlriechende Ambrosia aus und salbte damit den ganzen Leib ihres Sohnes; da duftete ihm das schön geordnete Haar von köstlichem Wohlgeruch, und geschmeidige Kraft drang ihm in die Glieder. Tief streckt sich eine Höhle in der hohlen Flanke eines Berges, in die der Sturm Wasser in Fülle drängt, das sich in tiefe Winkel verteilt, seit jeher der sicherste Zufluchtsort für überraschte Schiffer; drinnen birgt sich Proteus im Schutz eines wuchtigen Felsriegels. Dort versteckte die Nymphe den Jüngling im dunklen Winkel und blieb selbst ein wenig entfernt in einen Nebelschleier gehüllt stehen.

Schon glühte der sengende Hundsstern, der die dürstenden Inder sengt, vom Himmel, und die flammende Sonne hatte ihre Kreisbahn schon halb vollendet; welk lag das Gras, und die Sonnenstrahlen kochten die durchhitzten Flüsse, deren Schlund vertrocknet war, in ihrem Bett bis zum Schlamm hinab, als Proteus aus den Wellen stieg und die gewohnte Grotte aufsuchte; ihn umhüpfte das nasse Volk des weiten Meeres und verspritzte weithin salzige Tropfen. Die Robben lagern sich hier und dort am Strand zum Schlaf; ihr Herr, wie es ein Senner auf den Bergen immer tut, wenn der Abend die Kälber von der Weide zum Stall heimführt und die Lämmer mit lautem Geblök die Wölfe anreizen, setzte sich in ihrer Mitte auf eine Klippe und zählte seine Herde.

Aristaeus, der ihn nun fassen konnte, ließ den Alten kaum die müden Glieder zur Ruhe betten, stürzte laut schreiend hervor, überfiel den Liegenden und fesselte ihn. Jener aber vergißt nicht seine Kunst und wandelt sich in alle möglichen Wundergestalten, wird zur Flamme, zum reißenden

verum ubi nulla fugam reperit fallacia, victus
in sese redit atque hominis tandem ore locutus
'nam quis te, iuvenum confidentissime, nostras
iussit adire domos? quidve hinc petis?' inquit. at ille
'scis, Proteu, scis ipse; neque est te fallere quicquam;
sed tu desine velle. deum praecepta secuti
venimus, hinc lassis quaesitum oracula rebus.'
tantum effatus. ad haec vates vi denique multa
ardentis oculos intorsit lumine glauco,
et graviter frendens sic fatis ora resolvit:
'Non te nullius exercent numinis irae;
magna luis commissa: tibi has miserabilis Orpheus
haudquaquam ob meritum poenas, ni fata resistant,
suscitat et rapta graviter pro coniuge saevit.
illa quidem, dum te fugeret per flumina praeceps,
inmanem ante pedes hydrum moritura puella
servantem ripas alta non vidit in herba.
at chorus aequalis Dryadum clamore supremos
inplerunt montes; flerunt Rhodopeiae arces
altaque Pangaea et Rhesi Mavortia tellus
atque Getae atque Hebrus et Actias Orithyia.
ipse cava solans aegrum testudine amorem
te, dulcis coniunx, te solo in litore secum,
te veniente die, te decedente canebat.
Taenarias etiam fauces, alta ostia Ditis
et caligantem nigra formidine lucum
ingressus manesque adiit regemque tremendum
nesciaque humanis precibus mansuescere corda.
at cantu commotae Erebi de sedibus imis
umbrae ibant tenues simulacraque luce carentum,
quam multa in foliis avium se milia condunt,

Tier, zu gleitendem Flußwasser. Da er jedoch bei allem Trug keine Ausflucht fand, nahm er besiegt die vorige Gestalt an und sprach endlich mit menschlicher Stimme: »Wer doch, vermessener Jüngling, hieß dich, [445] mein Haus zu betreten? Und«, fragte er weiter, »was willst du hier?« Jener aber: »Ach, du weißt es, Proteus, du weißt es selbst, und nichts vermag dich zu täuschen. Aber auch du laß ab, mich zu täuschen. Auf der Götter Geheiß kam ich hierher, um hier ein Orakel gegen meine Not zu holen.« Nur so viel sprach er. Der Seher rollte darauf heftig [450] die blauen, glühenden Augen, knirschte schwer mit den Zähnen und öffnete dann den Mund zu folgender Weissagung:

»Dich quält der Zorn keiner geringen Gottheit; schwere Schuld mußt du sühnen. Dir sendet (wenn es das Schicksal nicht wendet) der beklagenswerte Orpheus solche Qual, die nur nicht so schwer ist, wie du verdienst, weil das Schicksal es hindert, [455] und wütet schwer wegen seiner entrissenen Gattin. Diese nämlich, die todgeweihte junge Frau, sah nicht, als sie, in stürzender Eile vor dir fliehend, am Fluß entlangeilte, im hohen Gras vor ihren Füßen die gewaltige, am Ufer lauernde Natter. Der Chor der Dryaden aber, ihrer Gespielinnen, erfüllte mit seinem Klageruf die Höhen [460] der Berge; es klagten die Gipfel des Rhodopegebirges, die hohen Pangaeaberge und das Marsland des Rhesus, dazu die Geten, der Hebrus und Atticas Orithyia. Orpheus selbst besang dich, die süße Gattin, indem er die quälende Sehnsucht für sich am einsamen Strand mit der gewölbten Leier zu stillen suchte, [465] besang dich am steigenden und besang dich am scheidenden Tag. Ja, den Schlund von Taenarum, die ragende Pforte des Dis und den von Schauern der Finsternis umdüsterten Hain stieg er hinab, nahte den Totengeistern und dem furchtbaren König, dessen Herz menschliches Flehen nicht kennt. [470] Aber, von seinem Lied gerührt, schwebten luftige Schemen aus den tiefsten Gründen des Erebus herbei, auch Schatten derer, die dem Licht entschwunden waren, so wie Vögel sich zu Tausenden

vesper ubi aut hibernus agit de montibus imber,
matres atque viri defunctaque corpora vita
magnanimum heroum, pueri innuptaeque puellae
impositique rogis iuvenes ante ora parentum;
quos circum limus niger et deformis harundo
Cocyti tardaque palus inamabilis unda
alligat et novies Styx interfusa coercet.
quin ipsae stupuere domus atque intima Leti
Tartara caeruleosque implexae crinibus angues
Eumenides, tenuitque inhians tria Cerberus ora
atque Ixionii vento rota constitit orbis.
 Iamque pedem referens casus evaserat omnis
redditaque Eurydice superas veniebat ad auras
pone sequens (namque hanc dederat Proserpina legem)
cum subita incautum dementia cepit amantem
ignoscenda quidem, scirent si ignoscere manes:
restitit Eurydicenque suam iam luce sub ipsa
immemor heu victusque animi respexit. ibi omnis
effusus labor atque immitis rupta tyranni
foedera terque fragor stagnis auditus Avernis.
illa "quis et me" inquit "miseram et te perdidit, Orpheu,
quis tantus furor? en iterum crudelia retro
fata vocant conditque natantia lumina somnus.
iamque vale: feror ingenti circumdata nocte
invalidasque tibi tendens, heu non tua, palmas."
dixit et ex oculis subito ceu fumus in auras
commixtus tenuis fugit diversa, neque illum
prensantem nequiquam umbras et multa volentem
dicere praeterea vidit; nec portitor Orci
amplius obiectam passus transire paludem.
quid faceret? quo se rapta bis coniuge ferret?

im Laubwerk bergen, wenn Abend oder stürmischer Regen sie von den Bergen scheucht, Mütter und Männer und die Schatten hochgemuter Helden, die ihr Leben verloren, auch Knaben, bräutliche Mädchen und Jünglinge, vor den Augen ihrer Eltern auf den Holzstoß gelegt; sie alle fesseln dunkler Schlamm und verwildertes Schilf des Cocytus, träger Sumpf, verhaßte Wogen und der neunfach dazwischen strömende Styx. Ja, es staunte selbst die Behausung des Todes und die innerste Tiefe des Tartarus, die Eumeniden, deren Haar mit bläulichen Schlangen durchflochten ist, und Cerberus selbst schwieg mit dem dreifach klaffenden Rachen still, und still stand selbst Ixions Rad im Winde.

Und schon war Orpheus bei der Rückkehr aller Gefahr entronnen, und die wiedergeschenkte Eurydice stieg, ihm folgend (denn dies war Proserpinas Gebot), zu den oberen Lüften empor, als plötzlich den Liebenden, bar aller Vorsicht, ein Wahn hinriß, verzeihlich gewiß, könnten Totengeister verzeihen: Er stand still und sah sich, schon an der Schwelle des Lichtes, nach seiner Eurydice um und vergaß, ach, übermannt von Sehnsucht, den Befehl. Da war alle Mühe vertan, die Satzung des grausamen Tyrannen gebrochen; dreimal erscholl ein Brüllen im Pfuhl des Avernus. ›Welch wilder Wahnsinn‹, rief sie, ›stürzt mich Arme und dich, Orpheus, ins Verderben? Siehe, schon ruft mich ein grausames Verhängnis wieder zurück, und Schlummer umhüllt die schwimmenden Augen. Lebe denn wohl! Es reißt mich fort, unendliche Nacht umgibt mich, und kraftlos strecke ich, ach, die Deine nicht mehr, die Hände nach dir.‹ So rief sie, entschwand plötzlich nach der anderen Seite dem Blick, wie dünner Rauch wirbelnd in die Lüfte verfliegt, und sah ihn, der vergebens nach Schatten griff und so viel noch sagen wollte, nicht wieder. Auch ließ ihn der Fährmann des Orcus nicht nochmals den Sumpf überschreiten, der den Weg versperrte. Was nun sollte er tun? Wohin gehen, da ihm die Gattin zweimal entrissen war? Mit welchen Tränen die Manen, mit welchem Flehen die

quo fletu manes, quae numina voce moveret?
illa quidem Stygia nabat iam frigida cumba.
  Septem illum totos perhibent ex ordine menses
rupe sub aëria deserti ad Strymonis undam
flevisse et gelidis haec evolvisse sub antris
mulcentem tigris et agentem carmine quercus;
qualis populea maerens philomela sub umbra
amissos queritur fetus, quos durus arator
observans nido implumis detraxit, at illa
flet noctem ramoque sedens miserabile carmen
integrat et maestis late loca questibus implet.
nulla Venus, non ulli animum flexere hymenaei:
solus Hyperboreas glacies Tanaimque nivalem
arvaque Riphaeis numquam viduata pruinis
lustrabat raptam Eurydicen atque inrita Ditis
dona querens. spretae Ciconum quo munere matres
inter sacra deum nocturnique orgia Bacchi
discerptum latos iuvenem sparsere per agros.
tum quoque marmorea caput a cervice revulsum
gurgite cum medio portans Oeagrius Hebrus
volveret, Eurydicen vox ipsa et frigida lingua
a, miseram Eurydicen anima fugiente vocabat,
Eurydicen toto referebant flumine ripae.'

  Haec Proteus, et se iactu dedit aequor in altum,
quaque dedit, spumantem undam sub vertice torsit.
at non Cyrene; namque ultro adfata timentem:
'nate, licet tristis animo deponere curas.
haec omnis morbi causa, hinc miserabile nymphae,
cum quibus illa choros lucis agitabat in altis,
exitium misere apibus. tu munera supplex
tende petens pacem et facilis venerare Napaeas;

Götter erweichen? Sie schwamm ja, schon erkaltet, im Stygischen Nachen.

Sieben volle Monate, so erzählt man, durchweinte er unter einem himmelragenden Felsen an den Wogen des verödeten Strymon, besang in eiskalter Höhle sein Leid und rührte Tiger und zog Eichen durch sein Lied herbei, wie die Nachtigall unter Pappellaub voll Trauer den Verlust ihrer Kinder beweint, die der grausame Pflüger erspähte und sie nackt noch dem Nest entriß; sie aber weint die ganze Nacht, sitzt auf einem Zweig, singt wieder und wieder ihr jammervolles Lied und erfüllt die Flur ringsum mit klagenden Tönen. Kein Liebeslocken, kein Hochzeitswerben rührte sein Herz; einsam durchstreifte er das Hyperboreische Eis, das Land am verschneiten Tanais und Fluren, die nie vom Riphaeischen Reif befreit sind, beklagte Eurydices Raub und Plutos vergebliche Gnade. Die über solchem Totendienst verschmähten Mütter der Ciconen zerrissen beim heiligen Mysterium und dem nächtlichen Taumel des Bacchus den Jüngling und streuten die Glieder weit übers Feld. Und selbst, da noch der Stromgott Hebrus, des Oeagrus Freund, mitten auf wirbelndem Strom das Haupt mittrug und wälzte, das vom weißen Nacken gerissen war, rief die Stimme selbst noch ›Eurydice‹, rief die erkaltende Zunge mit stockendem Hauch, ›ach, ärmste Eurydice!‹, und ›Eurydice‹ hallten am ganzen Fluß die Ufer wider.«

So sprach Proteus und schoß mit einem Sprung in die Tiefe des Meeres, und wo er versank, ließ er die Woge unter dem Strudel schäumend wirbeln. Nicht aber verließ Cyrene den Jüngling, denn sie sprach selbst den Zagenden an: »Nun verjage, Sohn, denn du darfst es, den quälenden Kummer aus dem Herzen! Dies ist der ganze Grund der Seuche, nur darum sandten die Nymphen, denen zugesellt jene in den hohen Hainen im Chor tanzte, den Bienen elenden Tod. Du reiche demütig Geschenke dar, bitte um Vergebung und verehre die versöhnlichen Weidenymphen,

namque dabunt veniam votis irasque remittent.
sed modus orandi qui sit, prius ordine dicam.
quattuor eximios praestanti corpore tauros,
qui tibi nunc viridis depascunt summa Lycaei,
delige et intacta totidem cervice iuvencas.
quattuor his aras alta ad delubra dearum
constitue et sacrum iugulis demitte cruorem
corporaque ipsa boum frondoso desere luco.
post ubi nona suos Aurora ostenderit ortus,
inferias Orphei Lethaea papavera mittes
et nigram mactabis ovem lucumque revises;
placatam Eurydicen vitula venerabere caesa.'
  Haud mora, continuo matris praecepta facessit;
ad delubra venit, monstratas excitat aras,
quattuor eximios praestanti corpore tauros
ducit et intacta totidem cervice iuvencas.
post ubi nona suos Aurora induxerat ortus,
inferias Orphei mittit lucumque revisit.
hic vero subitum ac dictu mirabile monstrum
aspiciunt, liquefacta bovum per viscera toto
stridere apes utero et ruptis effervere costis
immensasque trahi nubes iamque arbore summa
confluere et lentis uvam demittere ramis.

  Haec super arvorum cultu pecorumque canebam
et super arboribus, Caesar dum magnus ad altum
fulminat Euphraten bello victorque volentis
per populos dat iura viamque affectat Olympo.
illo Vergilium me tempore dulcis alebat
Parthenope studiis florentem ignobilis oti,
carmina qui lusi pastorum audaxque iuventa,
Tityre, te patulae cecini sub tegmine fagi.

werden sie doch dem Flehenden gern verzeihen und von ihrem Groll ablassen. Doch zuvor will ich in rechter Weise sagen, wie das Opfer geschehen muß. Nimm vier erlesene Stiere von untadeligem Wuchs, die jetzt in deinem Besitz die Höhen des grünen Lycaeus beweiden, dazu ebenso viele Jungkühe, von denen noch keine das Joch trug. Für sie baue vier Altäre vor hohen Tempeln der Göttinnen und laß geheiligtes Blut ihrem Hals entströmen; die Körper selbst aber der Rinder laß im laubigen Hain liegen. Wenn dann Aurora zum neunten Mal aufgehend erschien, streue als Totenopfer für Orpheus Lethaeischen Mohn, schlachte ein schwarzes Lamm und kehre dann wieder zum Hain zurück. Der Eurydice aber verehre zur Versöhnung ein geschlachtetes Kälbchen.«

Ohne Aufschub vollbringt er sogleich das Gebot der Mutter, kommt zum Tempel, errichtet die Altäre, die sie befohlen, führt vier erlesene Stiere von untadeligem Wuchs herbei, dazu ebenso viele Jungkühe, von denen noch keine das Joch trug. Als dann Aurora zum neunten Mal aufstieg, bringt er das Totenopfer für Orpheus dar und kehrt wieder zum Hain zurück. Hier aber sehen sie plötzlich (welch seltsames Wunder!), wie Bienen im ganzen Bauch der Rinder in den zerflossenen Gedärmen schwirren, zwischen geborstenen Rippen hervorschäumen, in unendlichen Wolken dahinziehen, sich schon im Baumgipfel ballen und an biegsamen Zweigen als Traube herabhängen.

Soviel sang ich von der Pflege der Fluren und des Viehs und von den Bäumen, während der große Caesar am tiefen Euphrat im Krieg Blitze schleudert, als Sieger bei willigen Völkern Recht spricht und sich den Weg zum Olympus bahnt. Damals nährte mich, Vergil, die geliebte Stadt Parthenope, in der ich meine Lebensblüte mit ruhmlos-friedlicher Dichtung hinbrachte, der ich spielend Hirtenlieder dichtete und mit der Kühnheit der Jugend dich, Tityrus, sang, unter dem Dach breitästiger Buche gelagert.

Anmerkungen

Der lateinische Text folgt der Ausgabe von Ch. G. Heyne, Leipzig: Teubner, ^{4}1830. Er wurde nach Vergleich mit modernen kritischen Ausgaben revidiert.

Erstes Buch

Einleitung (1–42)

Widmung an Maecenas mit Inhaltsangabe der vier Bücher (1–5); kein Musenanruf, der Dichter spricht in eigener Person. Hymnisches Gebet zu zwölf Göttern des Landlebens (5–23) in drei Gruppen (1. Sonne, Mond; Liber, Weingott; Ceres, Korngöttin; Faune und Baumdryaden; 2. Neptunus, Pferdegott; Aristaeus und Pan, Hirtengötter; 3. Minerva, Göttin des Ölbaumes; Triptolemus, Bringer des Pfluges; Silvanus, Erfinder der Feldgrenzen). Die Zusammenstellung dieser Götter stammt von Vergil; ihr liegen keine sakralen Gegebenheiten zugrunde, doch gibt es das Vorbild kultischer Zwölfergruppen in Rom.

Vgl. hierzu besonders: G. Wissowa, »Das Prooemium von Vergils Georgica«, in: *Hermes* 52 (1917) S. 92ff.; G. Herzog-Hauser, »Zum Prooemium I. der Georgica«, in: *Wiener Studien* 66 (1953) S. 113ff.; W. Steidle, »Zwei Vergilprobleme«, in: *Serta Philologica Aenipontana*, 7–8 (1962) S. 311ff.; K. Büchner, »Der Eingang der Georgica«, in: *Vergiliana*, hrsg. von H. u. V. Bardon, Leiden 1971, S. 70ff.

Anrufung Octavians (24–42), der einst göttliche Ehren genießen wird, im Stil alexandrinischer Dichtung. Kein Wort von der Göttlichkeit des Kaisers auf Erden, kein römischer Kaiserkult. Augustus bleibt aber als helfender Gottmensch in trostloser Zeit im Gedicht gegenwärtig (1,500–504; 2,170–172; 3,3–16; 4,560–562).

2 An Ulmen wurden die Reben hochgezogen.

7f. In der Ceres-Geschichte sah man den Wendepunkt von der Eichel- zur Weizennahrung; *Chaonisch* heißt der Eichenhain in Dodona, wo das älteste Zeusheiligtum war, nach den dort wohnenden Chaonern.

9 Der Achelous war Grenzfluß zwischen Aetolien und Acarnanien; *Acheloische Becher:* prächtiger Ausdruck für »reines Wasser«.

10f. *Faune:* Feld- und Waldgötter, Söhne des Faunus, eines sagenhaften Königs von Latium. – *Dryaden:* Wald- oder Baumnymphen.

12 Anspielung auf Neptuns archaische Pferdegestalt; er ließ das erste Pferd aus einem Fels hervorspringen.

14f. *Cea:* eine Insel vor der Südspitze Atticas, meist Keos genannt. Der Bewohner der Haine ist Aristaeus, Sohn von Apollo und Cyrene, der Tochter des Peneus (Peneios); ländlicher Heros, der die Cycladen vor Dürre rettete. Vorverweis auf Buch 4.

16f. *Lycaeus* und *Maenala* (bei Tegea) sind Berge in Arcadien. – *Pan:* Wald- und Feldgott mit Hörnern und Bocksfüßen, Erfinder der Rohrflöte (Syrinx).

19f. Der junge *Triptolemus* von Eleusis lernte von Ceres den Landbau und verbreitete so die Kultur. – *Silvanus:* Wald- und Feldgott, dem Faunus gleichgesetzt. Als Pflanzer erscheint er mit einem Bäumchen.

24–42 Der Anruf an Octavian ist ernst gemeint; Caesar war 36 vom Senat zum *Divus Iulius* erklärt, wodurch Octavian, dem später selbst Göttlichkeit zuteil werden sollte, zum *Divi filius* wurde.

28 Die Myrte war der Stammutter Octavians, der Göttin Venus, heilig.

30 *Thule:* eine Insel im äußersten Norden (Shetlands), nicht Island.

31 *Tethys* (nicht Thetis): Gemahlin des Oceanus, sucht Octavian durch reiche Mitgift als Schwiegersohn zu gewinnen.

32–35 Hellenistische Einordnung Octavians als dreizehntes Zeichen in den Tierkreis (vgl. Catull 66,63 ff.). Der Ort liegt zwischen Erigone (Jungfrau; September) und Skorpion (Oktober); Octavian war am 23. 9. geboren unter dem Zeichen der Waage (Gerechtigkeit).

36f. Die iulische Familie hatte in Bovillae einen Veiovis-Kult mit chthonischem Charakter.

39 *Proserpina:* Tochter der Ceres, war von Pluto geraubt; Vergil stellt ihren Entschluß, im Hades zu bleiben, als freiwillig dar.

40–42 Octavians Apotheose steht in Bezug zu seiner irdischen Aufgabe, das Bauernleben neu zu begründen wie früher die Götter.

Erster Hauptteil: Feldbestellung (Arbeiten, Werk des Bauern; 43–203)

Arten des Bodens (43–70). Die wichtigste Tätigkeit des Bauern zu Beginn des Frühjahrs (7. Februar), die Arbeiten vor und nach der Saat. Vergil denkt an ein Feld, das zum ersten Mal unter den Pflug kommt und dessen Art man kennen muß.

45 Übernahme aus Lucrez 5,209: *ingemere et terram pressis proscindere aratris.*
51–61 Ursituation des Bauern, der erst Klima, Bodenverhältnisse, Anbaumethoden erkunden muß; vgl. auch 2,109–135. – Die verschiedenen Erträge spiegeln die vier Bücher vom Landbau wider.
56 *Tmolus:* Berg in Lydien, dessen Safran als Parfum beliebt war.
57 *Sabaeer:* Einwohner von Saba im Jemen, das durch Weihrauch berühmt war.
58 *Chalyber:* Volk an der östlichen Schwarzmeerküste; Schmiede. – *Bibergeil:* ein Drüsensekret des Bibers, gegen Krämpfe verordnet.
59 *Elis:* in der Peloponnes; dort liegt Olympia. – *Epirus:* Nordgriechenland, durch Pferdezucht bekannt.
60f. Natur als Gesetzgeberin: Vordeutung auf Iuppiters Weltgesetz (1,122).
62 *Deucalion* überlebte mit seiner Gattin Pyrrha allein die große Sintflut und wurde Stammvater der heutigen Menschheit.
68 *Arcturus:* hellster Stern im Bootes und »Hüter« der Großen Bärin, geht Mitte September auf.

Brache und Düngung (71–99). Nach dem unfruchtbaren Boden wird der erschöpfte oder neu bebaute besprochen. Feld und Mensch ringen gleicherweise um den Ertrag.

73 *Spelt:* eine der ältesten Getreidearten der Römer, besonders auf schweren Böden angebaut.
78 Der Unterweltstrom Lethe schenkt den Schlaf des Vergessens; auch Mohn wirkt einschläfernd.
79–83 Brache bei Fruchtwechsel. Auch so ruht sich der Acker aus, und doch erweist sich der ungepflügte, d. h. mit Hülsenfrüchten bestellte Boden dankbar. – Asche wurde nicht selten als Dünger benützt.
94–99 Nach Rückgriff auf die Behandlung bebauter Böden vor dem Pflügen lenkt Vergil zum Pflügen zurück.

Bewässerung (100–117). Das Säen wird ausführlich erst V. 208–230 behandelt. – Das Gebetsmotiv V. 100 weist auf die Abhängigkeit bäuerlichen Tuns von äußeren Einflüssen; vielleicht denkt Vergil an die *feriae sementivae* (vgl. Anm. zu 1,157) nach Pflügen und Säen.

100 Macrobius, *Saturnalien* 5,20, überliefert den zugrunde liegenden alten Spruch: *hiberno pulvere, verno luto grandia farra, Camille, metes.*

102f. *Mysien:* damals wichtiger Getreidelieferant Roms. – *Gargara:* Hafenstadt am Fuß des Ida.

106–110 Vergil beschreibt ein in Italien heute noch übliches Bewässerungssystem.

112f. Allzu üppiger Wuchs der Saat war unerwünscht, weil die Pflanzen dann umfielen.

Segen gottgewollter Arbeit (118–159) in selbständiger Ringkomposition. Klimax in der Reihe der *labores:* Gefährdung (129f.), Schädigung (150–159).

118–120 Die Kraniche vom Strymon (Fluß in Thracien) zogen im Winter nach Griechenland. – Gemeint ist in V. 120 die wilde, nicht die Garten-Endivie; zum Ganzen vgl. H. Drexler, »Zu Vergil, Georg. 1,118–159«, in: *Rheinisches Museum* 110 (1967) S. 165ff.

121–124 Schatten im Feld machten Bäume oder Baumzeilen am Rande. – Iuppiter wird seit Hesiod, *Erga* 106f., für die Mühe auf Erden verantwortlich gemacht; von der Schärfung des Geistes durch die Not sprachen Demokrit und die Sophistik.

125–128 Im Goldenen Zeitalter unter Saturn trug die Erde alles freiwillig. Das Goldene Zeitalter beschrieben: Hesiod, *Erga* 109f.; Arat, *Phainomena* 105f.; Ovid, *Metamorphosen* 1,89f. – Mit V. 127: *in medium*, vgl. 4,158, die Bienen, die also auch zum Goldenen Zeitalter gehören.

131 Früher schwitzten die Blätter Honig aus.

138 *Pleiaden:* die sieben Töchter des Atlas und der Pleione, als Siebengestirn ins Sternbild des Stieres versetzt. – *Hyaden:* sieben Sterne am Kopf des Stieres, deren Aufgang Regen bewirkt, Schwestern der Pleiaden und des Hyas. – *Bärin:* Callisto, Tochter des Lycaon, von Hera in die Große Bärin (*Arctos*) verwandelt, als sie Zeus ein Kind gebar, und von Zeus an den Sternhimmel versetzt.

145f. *labor omnia vicit improbus:* Arbeit »im Schweiße des Angesichtes«; Gegenstück zu *amor omnia vicit* (*Ecloge* 10,69). Servius spricht in seinem Kommentar richtig vom Lob der überwindenden Kraft der Arbeit. Mühe und Not sind dem strengen, aber wohlmeinenden Erziehungswillen Iuppiters entsprungen, der nicht will, daß sein Reich dahindämmert. Vergil preist die siegreiche Kraft der Arbeit und des von der Not geweckten Erfindungsgeistes (vgl. auch 2,500f.).
Vgl. hierzu besonders: B. Effe, »Labor improbus«, in: *Gymnasium* 78 (1971) S. 393ff.; D. Lau, *Der lateinische Begriff labor*, München 1975.

149 In Dodona in Epirus befand sich ein Zeusorakel mit berühmtem Eichenhain.

154 Selbstzitat nach Ecloge 5,37.

157 Vergil denkt wohl auch hier an die Feier der *feriae sementivae* (24. Januar) mit Gebeten an Ceres und Tellus um Abwendung von Gefahren für die Saat.

Ackergeräte (160–175). Nach Darstellung der Feldarbeiten beginnt Vergil noch einmal von vorn mit den Geräten des Bauern für diese Arbeiten. Die Reihenfolge Pflug – Tenne entspricht der von 43–159.

163 Gemeint sind schwere Lastwagen.

164 *tribulum* und *trahea* sind beides Holztafeln, die unten mit Eisen besetzt sind und von Tieren über die Ähren auf der Tenne gezogen wurden, um die Körner zu enthülsen.

165 *Celeus:* König von Eleusis, Vater des Triptolemus, soll die Herstellung von Wirtschaftsgeräten aus Weidenruten gelehrt haben; als ärmlicher Landmann erscheint er erst im Hellenismus.

166 *Iacchus:* Name des Bacchus bei den Eleusinischen Mysterien. Die mystische Schwinge ist eine aus Ruten geflochtene Korbschüssel, mit der man das Korn von der Spreu sonderte. Sie wurde in Eleusis dem Aufzug des Iacchus vorangetragen als Sinnbild der Reinigung.

167–175 Vergil schildert den Bau des Pfluges, als ob er jährlich neu gemacht würde; ihm kommt es auf die Arbeit an. Die Deichsel trägt vorne das Joch für die Zugtiere. Hinten ist nach unten das Krummholz befestigt, das unten den Scharbaum trägt, an dessen vorderem Ende die Pflugschar befestigt ist, an der Seite die Streichbretter, die die Furche verbreitern. Durch sie teilt sich der

Scharbaum und erhält einen doppelten Rücken. Oben am Krummholz sind die Griffe zum Lenken (Sterze) befestigt. Vgl. hierzu besonders: F. Gow, »The Ancient Plough«, in: *Journal of Hellenic Studies* 34 (1914) S. 249ff.; R. Aitken, »Virgil's Plough«, in: *Journal of Roman Studies* 46 (1956) S. 97ff.

Lehren der Alten (176–203) über Tenne, Ernteprognosen, Saatgut. Bei Beschreibung der Tenne denkt Vergil an die künftige Ernte und die Anzeichen, die auf den Ausfall der Ernte hindeuten.

178–181 Die Tenne wird auf dem Feld an erhöhter Stelle (wegen des Windes) angelegt und planiert; das Getreide wird dort gleich nach der Ernte ausgedroschen und geworfelt, und die Körner werden in Körben in die Scheuer getragen.
194 *Ölschaum:* die Flüssigkeit, die beim Auspressen der Oliven den Vorlauf bildet.
195 Trügerisch sind Schoten, weil sie manchmal leer sind.
196 Unklarer Vers; entweder ist von Sonnenhitze (*ignis*) und Saftigwerden (*madere*) der Hülsenfrüchte gesprochen oder von deren Weichkochen.
199–203 Letzte Steigerung des *labor*-Gedankens. Der Mensch muß sich gegen die drohende Degeneration der Welt stemmen. Er liest immer die größten Samen und die besten Zuchttiere aus und erhält die Welt durch Sorge und Mühe. Krankheit und Tod freilich heilt nur die Gottheit.

Zweiter Hauptteil: Ländlicher Terminkalender (204–310)

Sternzeichen für den Feldbau (204–230). Arbeitskalender (*Menologia*) gehören zur ältesten bäuerlichen Tradition; auch bei Hesiod war die Einhaltung der Zeiten (*Hemerai*) wichtiges Anliegen.

204 *Arcturus:* vgl. Anm. zu V. 68.
205 *Haedi:* Zwei Sterne im Fuhrmann, mit deren Aufgang die Herbststürme beginnen. – *Anguis:* Schlange, Sternbild am Himmelspol, das sich durch die kleine und große Bärin windet.
207 *Pontus:* das Schwarze Meer. – *Abydus:* Stadt am Südufer des Hellespont (Dardanellen), durch Austernbänke bekannt. – Von der Herbstgleiche (Tag und Nacht sind gleich lang) bis zum kürzesten Tag im Steinbock wurden Gerste, Lein, Mohn gesät.

212 Ceres (Demeter) wurde mit einer Mohnblüte in der Hand dargestellt.
215 Bohnensaat im Frühling erklärt Plinius, *Naturgeschichte* 18,120, als Besonderheit der Poebene. – Die Luzerne (Burgunderklee, Schneckenklee) wurde erst 100 v. Chr. aus Persien eingeführt.
218 Der Stier geht in Wahrheit rückwärts auf (Mitte April); der Sirius wird Ende April nur durch die Sonne unsichtbar.
221 *Eoae Atlantides:* die Pleiaden, weil sie dann am Morgen untergehen.
222 Der Gnosische Stern ist die Krone der Minostochter Ariadne aus Creta, dessen Hauptstadt Knossos war. Sie geht Ende November morgens unter.
225 *Maia:* eine der Pleiaden, Mutter des Mercurius (Hermes).
228 Die Linse war eines der ältesten Nahrungsmittel Ägyptens; die besten Linsen stammten aus Pelusium.
229 Der Bootes, nach seinem hellsten Stern Arcturus genannt (vgl. V. 68, 204), ging Ende Oktober unter.

Astronomische Grundlagen (231–258): Zonen, Weltgebäude, Kosmologie. Vergil verwendet wohl das Gedicht »Hermes« des Eratosthenes; Arat ist mitbenutzt; der Astronomie antwortet 3,339f. die Geographie. – Die Sonne lenkt jährlich durch Eintritt in die zwölf Himmelszeichen den Kreislauf des bäuerlichen Jahres. Die Erde hat fünf von den Wende- und Polarkreisen begrenzte Zonen. Die Ekliptik der Sonnenbahn im Tierkreis zieht sich schräg durch die heiße Zone und berührt die nördliche gemäßigte mit dem Krebs, die südliche mit dem Steinbock.

240f. Der hohe Norden ist bezeichnet durch die Scythen und das Riphaeische Gebirge, der Süden durch Afrika.
243 *Styx:* Fluß in der Unterwelt. – Die *Manen* sind die Schatten der Gestorbenen. Auch Dante verlegt die Totenwelt in die südliche Halbkugel.
244 *Schlange:* vgl. V. 205 mit Anm.
246 Der Große und der Kleine Bär gehen nie unter.
255 Die Schiffe standen im Winter auf Balken am Ufer.
257 Vergil läßt die Bauern selbst die Sterne beobachten. Üblich war wohl Benutzung von Hauskalendern nach den Sterntafeln des Eudoxus.

Regen- und Feiertage (259–275). Über die Arbeiten an solchen Tagen schrieben schon Hesiod (*Erga* 494 f.) und Cato (agr. 39).

263 Die Täfelchen enthielten wohl Mengen- und Sortenangaben.

265 Zum Anbinden der Reben bevorzugte man Weidenruten aus Ameria in Umbrien.

267 Getreide wurde vor dem Mahlen geröstet.

268 An den 109 römischen Feiertagen war nur öffentliche Tätigkeit verboten, nicht private. Für Zugtiere gab es keinen Feiertag. Bestimmungen darüber enthielten die Bücher der Staatspriester.

274f. Vergil denkt an den geschärften Stein für die Handmühle. – Mit Pech dichtete man Gefäße und würzte gärenden Most.

Mondkalender (276–286). Vergil folgt hier wohl Hesiod, *Erga* 765f., und einem hellenistischen Kalender mit Mondprognostik, dem sogenannten Demokritos, doch meidet er abergläubischen Schwulst und beweist mit der Otos-Geschichte den Sieg der Ordnungsmacht Iuppiters.

277f. Die Wesen leben alle in der Unterwelt und bringen daher Unglück, so die Eumeniden oder Erinyen (röm. *Furiae*), Rachegöttinnen; Orcus ist hier nicht die Unterweltsgottheit, sondern Horcus, der rächende Gott der Eide (nach Hesiod, *Theogonie* 802f.).

279 Die Titanen *Coeus* und *Iapetus* waren Söhne des Himmels und der Erde; *Typhoeus:* Ungeheuer mit 100 Drachenköpfen, Sohn von Erde und Tartarus.

280f. Die Giganten Otus und Ephialtes wollten den Himmel stürmen, wurden aber von Iuppiter niedergeschmettert. *Ossa* und *Pelion* sind Berge in Thessalien.

285 Am Webstuhl wird zuerst der »Zettel«, d. h. die senkrecht stehenden Fäden, eingeknüpft. Quer durch diese »schießt« man die horizontalen Fäden des Einschlags und erstellt so das Gewebe.

286 Nun ist der Mond schon hell; da können die Sklaven fliehen, Einbrecher dagegen haben es schwerer.

Arbeiten bei Nacht (287–296).

289 Feuchter Halm und feuchtes Gras sind leichter zu schneiden. Bei der Getreideernte schnitt man erst nur die Ähren ab und mähte das Stroh später.

291 Kienfackeln dienten zur Beleuchtung.

293–296 Eine ähnliche Szene wird dem hellenistischen Dichter Menekrates von Ephesus zugeschrieben.

Arbeiten bei Tage (297–310).

299 Wenn man nackt säte (so nach Hesiod, *Erga* 391 f.), so wohl aus kultischen Gründen; sonst trug man Schurz oder Tunica wie Cincinnatus. Schon im Altertum setzte ein Scherz den Vers fort: *nudus ara, sere nudus, habebis frigore febres.*
307–309 Bauern hatten im Altertum Jagdfreiheit. – Die Bewohner der Balearen waren hervorragende Schleuderer.

Dritter Hauptteil: Wetterlehre (311–463)

Das Thema Wetter ist von Arat (*Diosemeia*) stark beeinflußt, in Einzelheiten auch von Lucrez.

Herbst und Unwetter (311–334).

328 Ein Beispiel für Lucreznachahmung; vgl. Lucrez 6,253: *nimborum nocte coorta ... commoliri tempestas.*
332 *Athos:* Berg an der macedonischen Küste (Chalcidice). – *Rhodope:* höchster Bergzug in Thracien (heute: Despoto-Dagh). – *Ceraunische Berge:* an der Küste von Epirus.

Sicherung gegen Unwetter. Das Ceresfest (335–350).

336 f. Von den Planeten sind nur Saturn und Mercur genannt; dieser hat die kleinste, jener die weiteste Bahn um die Sonne. Der kalte Saturn bringt Regen im Steinbock, Hagel im Skorpion. *Cyllenius* heißt Mercur (Hermes) nach seinem Geburtsort, dem Cylleneberg in Arcadien.
339–350 Vergil spielt auf das Ambarvalienfest an, das in Rom am 29. Mai als Feldprozession gefeiert wurde. Man führte das Sühnopfer dreimal um die Feldfrüchte und opferte auch Milch, Honig und Wein.

Zeichen für schlechtes Wetter (351–392). Die Grundzüge entstammen Arats *Phainomena*; sie sind durch lebendige Bilder ergänzt. Arats Verse hatte bereits Varro von Atax ins Lateinische übersetzt; Vergil läßt dessen Verse teilweise anklingen.

375 f. nach Varro von Atax (FPL frg. 21): *et bos suspiciens caelum (mirabile visu) naribus aerium patulis decerpsit odorem.*
378 *Altes Klagelied:* wegen der Verwandlung lykischer Bauern in Frösche (Ovid, *Metamorphosen* 6,317 f.).

383 f. Die Asische Wiese am Caystrus in Lydien (bei Ephesus) war Aufenthaltsort vieler Vögel, besonders auch von Schwänen.

Zeichen für gutes Wetter (393–423).

396 Gemeint ist: Wenn der Mond hell im eigenen Licht strahlt.
398 f. Ceyx lebte glücklich mit Halcyone; als er von einer Seereise nicht heimkehrte, stürzte sich Halcyone ins Meer. Thetis verwandelte beide aus Mitleid in Eisvögel.
403–405 *Umsonst:* weil sie das gute Wetter nicht hindern kann. – König Nisus von Megara hatte eine glückbringende Purpurlocke; als er von König Minos belagert wurde, schnitt seine Tochter Scylla ihm die Locke ab, um die Liebe des Minos zu gewinnen. Dieser wies sie jedoch ab, und Vater und Tochter wurden in Meervögel verwandelt.
410 Heiseres Gekrächze der Raben bedeutet Regen, heller Ruf klares Wetter. – Die Verse 406 f. sind auch Schlußverse des Gedichtes »Ciris«, das unter Vergils Namen überliefert ist.
415–423 Die Wettervoraussage mancher Tiere schreibt Vergil nicht wie einige Philosophen einer göttlichen Begabung zu, sondern dem Einfluß der Luft.

Wetterzeichen des Mondes (424–437; nach Arat).

431 Gleichsetzung der Mondgöttin Phoebe mit Diana.
437 Der Vers ist (nach Gellius 13,27,1) aus Parthenios übernommen. *Glaucus:* Meergottheit, Helfer in Seenot. *Panopaea:* Meernymphe, Tochter des Nereus; *Melicertes:* der Sohn der Meergottheit Ino. – Die Versform entstammt hellenistischer Formkunst.

Wetterzeichen der Sonne (438–460).

447 *Aurora:* die Morgenröte, Gemahlin des Tithonus.

Vorzeichen für Katastrophen. Schlußwort (461–514). In diesem Abschnitt erscheint der Dichter als Sühnepriester für die zerrüttete Welt.

461–497 Vorzeichen bei Caesars Ermordung und den römischen Bürgerkriegen. Wie Himmelszeichen eine Störung der Natur ankündigen, so Vorzeichen eine Gefahr für Ordnung und Leben der Menschen. Vorzeichen berichtet z. B. Plutarch, *Caesar* 69.

464–492 Der Prodigienkatalog steht in der Nachfolge des Ennius (vgl. Cicero, *De divinatione* 1,17) und wurde später oft nachgeahmt, z. B. Lucan 1,522f.

471f. Der Aetna, Werkstätte des Vulcan und seiner Cyclopen, hatte vor Caesars Tod heftige Ausbrüche.

474 Die Rheinlegionen sahen ein wildes Heer in den Wolken.

482 Der Eridanus oder Padus (Po) ist der größte Fluß in der engeren Heimat Vergils.

490 Das thracische Philippi (Sieg Octavians und des Antonius über Brutus und Cassius, 42 v. Chr.) und das thessalische Pharsalus (Sieg Caesars über Pompeius, 48 v. Chr.) lagen in der Provinz Macedonien (Emathia) und konnten als ortsgleich verstanden werden.

492 *Haemus:* hier: die Balkanhalbinsel; Vergil nimmt das Wort, um *haima* (αἷμα »Blut«) anklingen zu lassen.

498–514. Das Gebet für Octavian ist vom Text nicht abzutrennen; es gehört in den Zusammenhang der allgemeinen Furcht.

498 Nach *patrii* ist ein Komma zu setzen; *indigetes* sind vergötterte Vorfahren. – *Vesta:* Göttin des Staatsherdes.

499 Auf dem Palatinischen Hügel (*Palatium*) hatte Romulus gewohnt.

500 Nur Octavian kann Rettung bringen. Er ist der Caesar von V. 503; vgl. auch: V. Buchheit, »Vergil in Sorge um Oktavian«, in: *Rheinisches Museum* 109 (1966) S. 78ff.

502 Als Nachkommen der Troianer büßen die Römer die Treulosigkeit des Königs Laomedon (Vater des Priamos), der Apollo und Poseidon den Lohn für den Bau der Mauern Troias verweigert hatte.

503f. Vergil kleidet den Gedanken, daß den Großen der Welt nur kurzes Leben gegönnt sei (Neid! 504), in die Sorge um den lebenden Octavian und bittet um dessen Erhaltung.

505 Gemeint sind die Bürgerkriege allgemein, der Kampf zwischen Octavian und Antonius (31 v. Chr.) und drohende Feinde von außen (Parther, Germanen).

509 *Euphrat:* Gemeint ist die Parthische Front 39/38 v. Chr.

Zweites Buch

Einleitung (1–8)

Anrufung und Einladung des Bacchus in hymnischer Form.

1 Der Vers weist auf 1,1 zurück.
2 Bacchus war Gott des Weinstockes und aller fruchttragenden Bäume (*dendrites*) und wird deshalb hier angefleht.
4 *Lenaeus* heißt Bacchus von griech. ληνός, Kelterfaß.
6 Die Beeren in den vollen Kufen wurden mit den Füßen gekeltert und dann unter die Presse gebracht.

Erster Hauptteil: Entstehung und Kultur der Bäume (9–176)

Natürliche Entstehung der Bäume aus Stamm oder Wurzel (9–21); Vergils Hauptquelle ist neben Varro hier (unmittelbar?) Theophrasts *Historia plantarum* (2,1,1 f.).

14 Samen ist hier vom Baum abgeworfener Samen.
16 Aus dem Rauschen der Eichen in Dodona in Epirus gewann man Orakel.
18 Parnassisch heißt der Lorbeer als heiliger Baum des Apollo von Delphi beim Parnaß.

Künstliche Entstehung von Bäumen durch Ableger und Pfropfung (22–34); einfache Wurzelschößlinge, viergespaltene Setzlinge, zugespitzte Hölzer.

25 Ein Pfahl wird der Länge nach vierfach gespalten; so werden vier Setzlinge gewonnen.
26 Seitenzweige werden zur Erde gebogen, um dort Wurzeln zu schlagen.
28 Junge Zweige werden oben vom Baum geschnitten.
32 Edle Reiser werden auf Wildlinge gepfropft.

Anruf des Maecenas (35–46).

37 f. *Ismarus:* Gebirge in Thracien. – *Taburnus:* Bergkette zwischen Capua und Benevent.
42 f. Zitat aus Homer, *Ilias* 2,488; vgl. *Aeneis* 6,625.

Veredelung durch Verpflanzung (47–72); Vergil behandelt nochmals die in V. 10, 17 und 14 behandelten Bäume.

64 Die Myrte war der Venus heilig; diese wurde besonders in Paphus auf der Insel Cypern verehrt.
66 Als Hercules den Cerberus aus der Unterwelt entführte, bekränzte er sich mit Zweigen der Esche, die am Acheron wuchs.
67 *Chaonisch:* Vgl. Anm. zu 1,7.

Veredelung durch Pfropfen und Okulieren (73–82). Beim Okulieren macht man im Bast, wo das Auge hervordrängt, eine kleine Höhlung und setzt das fremde Auge ein. Beim Pfropfen sägt man Stamm oder Ast ab, spaltet das Kernholz mit einem Keilchen und setzt ein Pfropfreis ein.

Baumarten (83–108).

84 *Ida:* Berg auf Creta.
87 Den reichtragenden Obstgarten des Phäakenkönigs Alcinous auf der sagenhaften Insel Scheria beschreibt Homer, *Odyssee* 7,112ff.
88 Die Birnen von Crustumium im Sabinerland (nordöstlich von Rom) galten als die besten; *Volemisch* hieß eine besonders große Birnenart.
90f. *Lesbos* (Hauptstadt Methymna) und *Thasos* sind Inseln zwischen Griechenland und Kleinasien.
91 Am ägyptischen See *Mareotis* wuchs ein besonders geschätzter Weißwein.
93 *passum:* Trockenbeerwein, Rosinenwein. – *psithia:* Trockenbeere, Rosine. – *lageos:* »Hasenwein« (griech.) nach der Traubenfarbe.
96 *Rhaetischer Wein:* von Graubünden, Südtirol, Nordostitalien; Wein aus Verona war Octavians Lieblingswein. Der *Falernerwein*, auch von Horaz gepriesen, wuchs am Fuß des Mons Massicus im Nordwesten Campaniens.
97 Die *Aminneischen Reben* stammten aus Picenum an der Adria zwischen Ancona und Pescara.
98 *Tmolus:* Gebirge in Lydien (Kleinasien). – *Phanaeus:* Wein aus Phanae, einem Vorgebirge der Cycladeninsel Chios.
99 *Argitis:* weiße, höchst ergiebige Traube von der Stadt Argos im Peloponnes.
102 *Bumastus:* Kuheuter, großbeerige Traubenart.
105 Das Adynaton nach dem Orakel bei Herodot 1,47; vgl. Theokrit 16,60; Catull 7,3.

Verschiedenheit von Boden und Klima (109–135).

115 Die Araber sind zu den Indern gerechnet; sie und die zu den Scythen gezählten tätowierten Geloner (am Borysthenes, Dnjepr, in der heutigen Ukraine) werden als Grenzvölker der Erde genannt.
119 Dieser Acanthus ist vielleicht der sog. Schotendorn in Ägypten.
121 Es fragt sich, ob Vergil schon chinesische Seide kannte (*Seres* bedeutet wohl »Chinesen«). Vielleicht handelt es sich um Jute.
122 Vielleicht ist die Malabarküste gemeint; die Riesenbäume sind wohl Teak- oder Jacqueirabäume.
126 Der Medische Apfel ist die Zitrone oder die Apfelsine.
129 Derselbe Vers steht 3,283.

Lob Italiens (136–176). Das Lob Italiens ist gesungen wie der Preis Attikas im *Oidipus in Kolonos* des Sophokles und findet hier, umgeben von den Vignetten der heißen und kalten Länder, zum ersten Mal Gestalt. Italien führt die Verwirklichung der Ordnung vor, die in der ganzen Welt bei Pflanzen, Tieren und Menschen herrscht. Dies greift sogar ins Geschichtliche aus (Decier, Marius, Scipionen; Vorgriff auf die »Heldenschau« der *Aeneis*) und gipfelt im Bild Octavians, der die alten Aufgaben des Italischen Menschen fortführt. Zugleich ist Italien ein Saturnisches Land; das Bauernleben bewahrt Spuren der Goldenen Zeit auf.
Vgl. hierzu besonders: Fr. Klingner, »Italien«, in: F. K.: *Römische Geisteswelt*, München [3]1956, S. 11 ff.; B. Kytzler, *Laudes Italiae: Lob Italiens*, Stuttgart 1988.

137 *Hermus:* Fluß Lydiens, der den goldführenden Pactolus aufnimmt.
138 *Bactra:* Hauptstadt des damals den Parthern untertanen Bactrischen Reiches.
139 *Panchaia:* Vergil versteht darunter einen Teil Arabiens, während der Name sonst ein utopisches Fern-Land bezeichnet.
140 Vergil denkt an Iasons Abenteuer; vgl. Ovid, *Metamorphosen* 7,104 ff.
143 *Massicus:* Berg zwischen Latium und Campanien mit berühmtem Wein.
146 *Clitumnus:* kleiner Fluß in Umbrien, der Heimat des Properz. Die weißen Rinder an seinen Ufern dienten oft als Opfertiere, auch bei Triumphen.

158 Oben ist das Adriatische, unten das Tyrrhenische Meer.
159f. *Lacus Larius:* Comer See; *Benacus:* Gardasee.
160 Zum Sturm auf dem Gardasee vgl. Goethe, *Italienische Reise*, 12. 9. 1786.
161–164 Der Iulische Hafen bei Baiae in der Bucht von Puteoli wurde von Octavian 37 v. Chr. durch einen Damm gesichert und durch einen Kanal mit dem Avernersee verbunden.
167–174 Vergil leitet die Natur der Bewohner von der Beschaffenheit des Landes ab wie Hippokrates; fast alle aber waren friedliche Bauern, die Verteidigungs- und Rettungskriege führten.
167 *Marser:* Volk am Fucinersee (Lago di Celano). – *Sabeller:* poetisch für Sabiner.
168 Das Bergvolk der *Ligurer* war durch die rauhe Umgebung an Mühen gewohnt. – Die *Volscer* lebten in Etrurien.
172 *Inder:* hier: alle Völker des Orients, die 31 v. Chr. bei Actium unter Antonius gegen Octavian und den Westen kämpften. Der Krieg wurde als Angriff auf Rom verstanden.
173 Der von Iuppiter entthronte Saturn wurde von König Ianus in Latium als Mitregent aufgenommen.
176 Vergil schreibt ein Gedicht im Geist des Hesiod von Ascra in Böotien (wie die Eclogen als römischer Theokrit und die *Aeneis* als römischer Homer) und bekennt sich zur literarischen Tradition des Hellenismus, der Hesiod als Archegeten ansah.

Zweiter Hauptteil: Arbeiten des Baumgärtners (177–345)

Arten des Erdreiches (177–225).

181 Der der Pallas heilige Ölbaum heißt langlebig, weil er bis zu 200 Jahre alt wird.
182 Der wilde Ölbaum, Oleaster, trägt kleine, herbe Beeren; mit seinem Laub kränzte man die Sieger in Olympia.
193 Der tyrrhenische (etruskische) Flötenspieler begleitet das Opfer mit seiner elfenbeinernen Flöte und übertönt andere Geräusche.
196 Plinius, *Naturgeschichte* 8,204, berichtet, Ziegen könnten durch Lecken den Ölbaum unfruchtbar machen.
197 *Tarent* in Unteritalien war wegen seiner Fruchtbarkeit berühmt.
198f. Der Fluß bei Mantua ist der Mincius.
224 *Vesaevus:* der alte Name des Vesuv.
225 Der Claniusfluß in Campanien überschwemmte und verödete zeitweise die Stadt Acerrae. – Gellius 7,20 berichtet, der Vers habe

ursprünglich mit *Nola* (statt *ora*) begonnen, und Vergil habe ihn wegen eines Streites um Wasser mit der Stadt Nola (nord-östl. des Vesuvs) verändert.

Prüfung des Bodens (226–258).

229 *Lyaeus:* Bacchus (Dionysos), Metonymie für Weinbau.
242 Geräte für Feldbau, Schiffahrt und Jagd wurden zum Schutz vor Feuchtigkeit und Ungeziefer an der Decke über dem Herd aufgehängt.
257 Beere und Laub des Taxus galten als giftig.

Einsetzen der Pflanzen (259–287).

259f. Vor Frühlingsbeginn und Einsetzen der Weinstöcke zieht man auf den Hügeln Furchen, damit die rücklings gelagerten Schollen auswittern.
264 *iugera:* hier Felder der Weinberge, die man in römische Morgen einteilte.
277 *in unguem:* Der Ausdruck stammt vielleicht vom Marmorarbeiter, der die Glätte des Marmors mit dem Nagel prüft.

Tiefe der Pflanzgruben (288–297).

288–290 Reben dürfen in flachere Gruben gepflanzt werden als andere Bäume, die ihre Nahrung tiefer unten suchen.
292 *Tartarus:* Unterwelt.

Mischpflanzungen (298–314).

299 Die Hasel wurzelt zu sehr um sich, weshalb der Weinstock nicht neben ihr gedeiht. – Setzlinge soll man nicht vom Wipfel, sondern weiter unten am Baum wegnehmen.
302 Stämme vom wilden Ölbaum soll man nicht veredeln, weil sie leicht Feuer fangen und nach einem Brand nur unten ausschlagen. Da Baumweinpflanzungen auch Korn trugen, weideten die Hirten auf den Brachen und fachten nachts auch Feuer an.
312 Der Stamm treibt keine guten Sprößlinge mehr, sondern nur der wilde Ölbaum lebt fort.

Pflanzen im Frühling. Lob des Frühlings (315–345).

317 Gemeint ist die Kälte des ersten Frühlings oder des späten Herbstes, nicht der eigentliche Winter.
322 Gemeint sind die winterlichen Gestirne des Tierkreises.

323 *Nemora* sind Anlagen, *silvae* wildes Gehölz.
325f. Die Heilige Hochzeit von Himmel und Erde kündete schon Hesiod; besonders schön Aischylos frg. 44 N; Lucrez 1,10f., 250f.
329 *Venerem:* Metonymie für Paarung.
330 Ausweitung des Gedankens zum Lob des Frühlings, das eine Parallele zum Lob Italiens darstellt.
341 Daß die Menschen aus der Erde entstanden, lehrt auch Lucrez 5,789f., der ebenso vom damaligen Gleichmaß des Klimas berichtet, 5,818f.
342 Die alten Griechen hielten die Sterne für lebende göttliche Wesen, die von Dünsten von Erde, Meer und Ozean genährt wurden.

Dritter Hauptteil: Die Landarbeit und ihr Segen (346–540)

Pflege der Pflanzen (346–370).

353 Der Hundsstern Sirius brachte die Hitze des Augustmonats.
358–361 Junge Reben stützte man durch kleinere Stangen oder Stäbe, ältere durch Pfähle und Gabeln, bis sie die Baumäste erreichten, an denen sie von Stockwerk zu Stockwerk höherstiegen.
362–370 nach Theophrast, *Causae plantarum* 3,7,3.

Schutz der Pflanzen. Bacchusfest (371–396).

380–384 Der Bock wird zur Sühne geopfert, weil er die Weinstöcke verwüstet hat. Vergil greift auf die Erzählung vom ersten Bocksopfer in der *Erigone* des Eratosthenes oder in seinem Werk über die Alte Komödie zurück. Aus dem Bocksopfer entsteht so urtümliches bäuerliches Theaterspiel (*caper* – τράγος – Tragödie; *pagus* – κόμη – Komödie) und dionysische Festfreude. Ikaros schlachtete den Bock und ließ seine Gefährten auf einem eingefetteten Schlauch, der aus dessen Fell gefertigt war, hüpfen (ἀσκωλιασμός); wer sich oben hielt, war Sieger. – Die szenischen Darstellungen kamen schon in der Frühzeit »auf die Bühne«. *Proscaenium* hieß der Bühnenteil, auf dem die Schauspieler auftraten.
382 Siegespreise für Dichter gab es bereits, als die Schauspieler ihre Bühne in Dörfern und an Kreuzwegen aufschlugen (Thespiskarren).
383 *Thesidae:* die Athener als Volk des Theseus.
385–389 Die Italiker, genannt nach Ausona, der alten Hauptstadt der Aurunker am Massicus-Berg zwischen Latium und Campanien. Auch sie feiern Bacchusfeste, vielleicht die *Liberalia* am

17. März, die *Vinalia rustica* am 22. April und am 19. August. Andere denken an das Compitalienfest (Ende Dezember), auf das Varro in seiner Schrift über den Ursprung der Bühnenspiele hingewiesen hatte; vgl. K. Meuli, »Altrömischer Maskenbrauch«, in: *Museum Helveticum* 12 (1955) S. 206ff., der Verse, Holzmasken (*larvae*) und Bildchen (*oscilla*) als Bestandteile des Festes annimmt. *Oscilla* gehört zu *os*; es sind weiche Köpfchen aus Lappen, die man aufhängte. – Die kunstlosen, rauhen Verse sind die Saturnier; vgl. Horaz; Epist. 2,1,158.

395 Die Opfertiere wurden am Horn oder am losen Seil geführt, sie sollten sozusagen freiwillig kommen.

396 Haselspieße nimmt man wegen der Feindschaft gegen die Reben; vgl. V. 299.

Arbeiten des Weinbauern (397–419).

401f. Vergil erinnert hier an seinen Freund L. Varius Rufus, aus dessen *Thyestes* (29 v. Chr.) der Vers stammt: *mundi resonat canor in vestigia se sua volventis.*

404 Dieser Vers entstammt den *Argonautica* des Varro von Atax.

406 Saturnus, der italische Gott der Anpflanzungen, wurde mit einem gebogenen und spitzen Winzermesser dargestellt.

419 *Iuppiter:* Metonymie für Hagel und Unwetter.

Geringe Mühe bei Oliven und Obst (420–433).
Nutzen anderer Bäume (434–457).

437 *Cytorus:* Berg in Paphlagonien am Südufer des Schwarzen Meeres.

438 *Narycia:* Locri in Bruttium an der Südwestspitze Italiens, wo Pflanzenpech erzeugt wurde, galt als Kolonie der Opuntischen Locrer von Naryx (im östlichen Locris in Mittelgriechenland).

446 Mit Ulmenlaub wurde das Vieh gefüttert.

448 *Ituraeer:* arabisches Volk östlich des Jordan, als Bogenschützen berühmt.

452 *Padus:* der Po.

456f. Die betrunkenen Centauren stritten mehrfach mit den Lapithen; zu den Sagen vgl. Homer, *Odyssee* 21,295; Vergil, *Aeneis* 8,293; Ovid, *Metamorphosen* 12,210f.

457 Vgl. Ovid, *Metamorphosen* 5,82.

Lob des Landlebens (458–542).

458–471 ist nach Lucrez 2,24f. gestaltet, aber ganz umgewandelt; Einfluß der Stelle auf Horaz, *Römeroden*; vgl. B. Fenik, »Horace's First and Sixth Roman Odes«, in: *Hermes* 90 (1962) S. 72ff. – Vergil stellt das naturgemäße Leben des Bauern dem von dieser Ordnung abgefallenen Stadtleben gegenüber. Zur Rechtlichkeit der Erde vgl. Xenophon, *Kyrupädie* 8,3,38.

461f. Vitruv, *De architectura* 6,5,2: Adlige müssen mächtige *vestibula, atria, peristylia* bauen.

464 *Ephyra:* der alte Name von Corinth. Corinthische Bronzen waren bei Sammlern gesucht; vgl. Sueton, *Augustus* 70. – Ob wirklich goldumsäumte Stoffe gemeint sind?

465 *Assyrio veneno:* Saft der Phönizischen Purpurschnecke; Phönizien gehörte zu Syrien, das oft mit Assyrien verwechselt wurde.

466 *casia:* eine Art Zimt, dessen Rinde, mit Öl gemischt, eine wohlriechende Salbe lieferte.

469 Das Tempetal in Thessalien wurde vom Unterlauf des Flusses Peneus (Peneios) gebildet.

474 Das Fortgehen der Gerechtigkeit nach Hesiod, *Erga* 209, wo Aidos und Nemesis die Erde verlassen.

475 Zu Vergils leidenschaftlicher Musenliebe vgl. E. R. Curtius, *Europäische Literatur und Lateinisches Mittelalter*, Bern 1954, S. 237ff. – Vergil möchte die Geheimnisse der Natur erschließen (wie Lucrez; die Anklänge an diesen unterstreichen den inneren Gegensatz); ist ihm dies versagt (mangels geistiger Beweglichkeit), erkennt er die Schönheiten der Erde und gestaltet die von Göttern erfüllte Welt des Landmannes.

477 Vergil möchte die Fragen lösen, die sich die Vorsokratiker und Kosmologen stellten; vgl. den Gesang des Iopas, *Aeneis* 1,740ff.

484 Anspielung auf Empedokles, der das Herzblut als Sitz der Denkkraft bezeichnete.

487f. *Spercheus:* Fluß, der nordwestlich der Thermopylen mündete. – *Taygetus:* Gebirge in Laconien bei Sparta. – *Haemus:* thracisches Gebirge, Heimat des Orpheus, der heutige Balkan.

489 Der Baum bedeutet für Vergil Inspiration und Schutz glücklichen Daseins.

490–493 *felix, fortunatus* beziehen sich auf die beiden Wünsche V. 475–483. Entweder will Vergil, wie der epikureische Philosoph Lucrez, die Todesfurcht durch Ursachenerklärung beseitigen (in

Wahrheit nicht) oder den Leser von neuem in die göttliche Ordnung einführen.

494 *Silvanus:* Gott der Weiden und der Herden. Zu den Göttern des Landlebens vgl. 1,5–23. – Zum Ganzen vgl. M. v. Albrecht, *Römische Poesie*, Heidelberg 1986, S. 55ff.

496 Vielleicht ist der Streit der Arsacidenbrüder Phraates und Tiridates um den Parthischen Thron ab 31 v. Chr. gemeint.

497 Die *Dacer*, ein Bergvolk bei der Donau (Hister), beunruhigten die römische Grenze.

502 Im Archiv des Tempels der Libertas bewahrten die Censoren die öffentlichen Urkunden und Rechnungen auf.

506 *Sarranum ostrum:* Purpur aus Tyrischen Schnecken. Sarra, hebräisch Zor, ist der alte Name von Tyrus.

512 Freiwillige Auswanderung, um eine neue Heimat zu suchen; mit Horaz, 16. Epode, zu vergleichen?

514 Auch hier klingt der *labor*-Gedanke an.

519 Die Olivenhaine von Sicyon in der Nähe von Corinth waren berühmt.

527 Vergil wählt das Dankfest nach der Weinlese aus, mit Opfer, Schmaus und Hirtenwettkämpfen.

528 Das Feuer brennt auf dem Altar; die Gefährten sind die dienenden und mit dem Herrn feiernden Glieder der Familie, die nach altrömischer Art nicht abgetrennt werden.

529 *Lenaeus:* Bacchus (Dionysos).

530 Die Ulme gehört zur Baumweinpflanzung oder zur Feldmark.

532f. Sabiner und Römer gehören in der älteren Überlieferung zusammen.

536 Der *Dictaeische König* ist Iuppiter, weil er in der Grotte Dicte auf Creta geboren ist.

538 Saturns Zeit war bäuerlich-friedlich; die Zeit danach ist eine Epoche des Unfriedens, unbäuerlich. An den Pflugstieren vergriff sich zuerst das Eherne Zeitalter.

541f. Wie beim ersten Buch schließt Vergil auch hier mit einem Bild, das an den Circus erinnert. – Vgl. J. Strauß-Clay, »The Argument of Vergil's Second Georgic«, in: *Philologus* 120 (1976) S. 232ff.

Drittes Buch

Einleitung (1–48)

Gebet an Pales und Apollo (1f.); alte Themen; neues Lied für Octavian (3–16); Tempelweihe (17–25); Türen und Inneres des Tempels (26–39); Widmung an Maecenas (40–48).

1f. Stilisiertes Gebet; *Pales:* römische Hirtengottheit, der das Sühne- und Freudenfest der Palilia am 21. April, dem Gründungstag Roms, gefeiert wurde; Ovid, *Fasten* 4,721f.

2 An den Ufern des Thessalischen Flusses Amphrysus diente Apollo einst König Admetos von Pherai als Hirte und ließ dessen Herden gedeihen; er heißt daher auch Nomios, Weidegott. – Mit dem Berg Lycaeus im Süden Arcadiens, Pans Heimat, wird auf den dritten Gott hingewiesen.

3–48 Vergil verlegt die seit Lucrez übliche Stoff- und Gattungsdiskussion neben die Ankündigung eines großen Epos ins Zentrum des Werkes. Vergil besingt das Landleben, denn die mythischen Stoffe sind schon verbraucht; er nennt eine Reihe solcher Themen hellenistischer Darstellungen.

4 *Eurystheus:* König von Argos, der Hercules die zwölf Arbeiten auferlegte.

5 *Busiris:* König von Ägypten, opferte alle Fremden auf Altären. Hercules erschlug und opferte ihn selbst bei seiner Rückkehr vom Garten der Hesperiden.

6 *Hylas:* wurde bei der Argonautenfahrt in Mysien zum Wasserholen geschickt und von Nymphen entführt. – Latona gebar auf der Insel Delos Apollo und Diana.

7 *Hippodame* (oder: Hippodamia): Tochter des Oenomaus, die Pelops in Pisa in Elis beim Wagenrennen gewann. – Tantalus hatte, um die Allwissenheit der Götter zu prüfen, seinen Sohn Pelops getötet und den Göttern als Speise vorgesetzt; nur Demeter (Ceres) aß seine Schulter. Die Götter belebten Pelops wieder und gaben ihm eine Schulter aus Elfenbein.

8 Vergil darf nicht damit zufrieden sein, durch die Neuheit seines jetzigen Stoffes zu wirken, sondern muß nach dem Vorbild des Ennius in einem historischen Epos Ruhm gewinnen. – Den »unbegangenen Weg« hatte Kallimachos als Kunstprinzip verfochten (*Aitia* 1, frg. 1), doch steht das Bild schon bei Pindar, *Paean* 7a 10f.

9 Der Vers ist im Anschluß an die Grabschrift des Ennius gestaltet (*volito vivus per ora hominum*).

10–20 Als Sieger aus dem Land der Dichtung, Hesiods böotischen (Aonischen) Höhen, heimkehrend, führt Vergil die Musen nach Italien, führt auch Musen und Dichter, Heilswelt und Herrscher zusammen.

12–15 *Idumaea:* Teil von Iudaea, berühmt durch seine Palmenwälder; in Olympia war der Siegespreis ein Palmzweig. – *Mantua:* Vergils Heimatstadt, gelegen am Fluß Mincius.

13 Wie andere Octavian durch Tempel ehren, will auch Vergil ihm einen Tempel errichten, unter dem er in weit ausgeführter Allegorie ein Epos (mit neuem Stoff!) für den Herrscher und Friedensstifter versteht, der so zu Beginn, Mitte und Ende des Werkes vergegenwärtigt ist. Angeregt ist Vergil vielleicht durch den Triumph des Augustus im Jahr 29 und die Weihe des Apollotempels auf dem Palatin (28 v. Chr.). Er dachte wohl von vornherein an die *Aeneis*, nicht an ein eigentliches Augustus-Epos.

16 Auch in der Mitte der *Aeneis* erscheint – wie in der Mitte des Tempels – Augustus.

17f. Vergil stellt sich die Einweihung des Tempels lebhaft vor und will circensische und szenische Spiele dabei veranstalten, an denen sogar Hellas teilnimmt. – Purpur aus der Stadt Tyrus war berühmt.

19 Durch den *Alpheus*, den Fluß bei Olympia, werden die Olympischen Spiele bezeichnet. – *Molorchus:* Weinbauer in Nemea, der Hercules aufnahm, als er den Löwen erschlug. Vergil deutet auf die Nemeischen Spiele hin, die mit den Olympischen nach Italien verlegt werden sollen.

21 Vergil bringt Opfergeschenke dar. Aus dem Olivenkranz des Siegers wurden die großen Blätter herausgepflückt.

24 Drehung der Kulissen, die dann neue Seiten zeigen, oder Zurseiteschieben der vorderen Dekorationen.

25 Der Vorhang wird in Rom hochgezogen, nicht herabgelassen; die eingewebten Britannier scheinen selbst den Vorhang zu heben.

26f. Die Türen sind mit Reliefdarstellungen versehen wie die Portalflügel des Apollotempels auf dem Palatin und späterer Kirchentüren, z. B. von San Zeno in Verona. Dargestellt sind Octavians Siege von 31 und 30 v. Chr., der zeitgeschichtliche Hintergrund der *Aeneis*. – *Gangariden:* indisches Volk an den Mündungen des Ganges. – *Quirinus:* Name des vergöttlichten Romulus; Augustus, der hier mitgemeint ist, erscheint als zweiter Stadt- und Reichsgründer.

29 Aus den Bronzeschnäbeln der bei Actium erbeuteten Schiffe sollen die Tempelsäulen gegossen werden.

30 *Niphates:* Gebirge in Armenien; hier sind die Bewohner des Ostens mitgemeint.

31 Die Parther fliehen zum Schein, schießen dann aber aus der Entfernung, sich umwendend, ihre Pfeile.

33 Im Jahre 40 hatte Octavian mit der Schlacht bei Philippi über den Osten (Brutus) triumphiert, 36 v. Chr. nach dem Sieg über Sextus Pompeius über den Westen. 29 feierte er den Triumph über Dalmatien, Actium und Alexandrien.

34–36 Die Statuen im Tempelinneren stellen die Stammväter des Iulischen Hauses dar. – *Assaracus:* Bruder des Tros und des Ganymedes, Großvater des Anchises und Urgroßvater des Aeneas.

36 *Cynthus:* Berg auf Delos, wo Apollo geboren war und verehrt wurde; vgl. Anm. zu 1,502.

37f. Es ist unklar, ob sich *Invidia* und das Folgende noch auf die Darstellungen im Tempel bezieht. Die Verbannung des Neides bedeutet einen Wandel im Menschenwesen.

38 *Cocytus:* Fluß in der Unterwelt. – *Ixion:* Sohn des Phlegyas, eines Königs der Lapithen, Gastfreund des Iuppiter. Da er Iuno nachstellte, wurde er im Hades mit Schlangen an ein sich immer drehendes Rad gebunden.

39 Sisyphus von Corinth wurde von Theseus wegen Straßenraubes erschlagen und mußte in der Unterwelt einen immer wieder zurückrollenden Stein einen Berg hinaufwälzen.

41 *intactos:* Noch kein römischer Dichter hatte diesen Gegenstand behandelt.

43f. *Cithaeron:* Berg im Süden von Böotien. – *Taygetus:* Gebirge in Laconien. – *Epidaurus:* Stadt in Laconien. Die drei Namen stehen für Themen des dritten Buches: Rinder, Hunde, Pferde.

48 *Tithonus:* Gemahl der Aurora (Eos), den die Götter auf deren Bitten mit Unsterblichkeit beschenkten, wobei sie jedoch die Bitte um ewige Jugend vergaß.

Erster Hauptteil: Zucht und Pflege der Großtiere (49–285)

Zuchtwahl beim Rind (49–122); Kuh (49–59).

49 Olympische Sieger erhielten zum Kranz vom wilden Ölbaum noch einen Palmzweig.

Zuchtwahl beim Stier (60–71).

60 *Lucina:* Geburtsgöttin; mit Iuno oder Diana gleichgesetzt.
64 Stiere und Hengste wurden vor der Begattung eine Zeitlang von der Herde abgesondert.

Zuchtwahl beim Pferd (72–94).

89 *Amyclae:* Stadt bei Sparta, wo Leda Castor und Pollux geboren hatte. Diese erhielten von Neptunus die Rosse Xanthus und Cyllarus zum Geschenk.
93 Saturnus wurde von seiner Gemahlin Ops auf dem Pelion (vgl. Anm. zu 1,280) mit Philyra, der Tochter des Oceanus, überrascht und nahm die Gestalt eines Rosses an.

Alter des Pferdes; Rennen (95–122).

113 *Erichthonius:* mythischer König von Athen.
115 *Pelethronium:* Tal im Pelion-Gebirge in Thessalien, Heimat der Lapithen, der Erfinder der Reitkunst.
121 *Epirus:* vgl. Anm. zu 1,59. – *Mycene:* Stadt in der Argolis, die für Pferdezucht berühmt war.
122 Das erste Pferd, Arion, galt als Sohn des Neptunus (Poseidon) und der Ceres (Demeter).

Pflege des Großviehs (123–208); Auswahl und Pflege der Vatertiere (123–137).

135–137 Bild vom Acker: Hat die Scholle zuviel Regen, vergeht die Saat, und die verschlämmten Furchen tragen nicht.

Auswahl und Pflege der Muttertiere (138–156).

146 In den Fluß Silarus in Lucania (Süditalien) fließt vom Alburnus-Gebirge der Tanager.
147 Gemeint ist vielleicht die Rinderbremse, *Tabanus bovinus.*
151 *Tanager:* s. Anm. zu V. 146.
153 Io, die Tochter des argivischen Königs Inachus, war die Geliebte des Iuppiter (Zeus) und wurde von der eifersüchtigen Iuno (Hera) in eine Kuh verwandelt und durch eine Bremse bis nach Ägypten gejagt; vgl. Ovid, *Metamorphosen* 1,568f. Vergil begründet die Gefahr für das Muttertier mit dem mythischen Leiden.

Auswahl und Pflege der Jungtiere (157–208); Kälber (157–178). Fohlen (179–208).

180 Die Rennbahn von Olympia lag im Hain des Zeus am Alpheus (vgl. Anm. zu 2,19) nahe bei den Ruinen der Elischen Stadt Pisa.

191f. Die Reitschule steigt von Kreisgang und gehaltenem Schritt zum Galopp auf.

196 *Hyperboreer* (»über dem Nordwind«): sagenhaftes Volk am Nordgestade des Oceanus.

197 *Scythien:* Osteuropa und anschließendes Asien.

198 *campi natantes:* Nur Wasserflächen sind gemeint.

202 In der Landschaft Elis liegt Olympia.

204 *Belgische Wagen* waren zweirädrig; auf ihnen fuhren Gallier und Britannier zwischen die Feinde und sprangen zum Kampf ab; vgl. Caesar, *Bellum Gallicum* 4,33.

Fortpflanzung bei Tieren (209–283); der Mensch muß dem Tier gegen den blinden Trieb helfen, soweit es möglich ist; erstes Beispiel: Liebeskämpfe beim Stier (209–241).

219 *Sila:* südwestlicher Ausläufer des Appenins in der Landschaft Bruttium; unwahrscheinlich ist dann, daß der Olympus von dem Kampf hallt.

236 Vgl. Homer, *Ilias* 4,422f.

Zweites Beispiel: Die wilden Tiere, die der Mensch nicht erreicht, und alle anderen Wesen (242–283); die Tierbrunst nach Aristoteles, *Historia animalium* 6,18.

248 Der Tiger stammt eigentlich aus Südostasien.

253 Macrobius 6,2,19 vergleicht mit dem Vers eine Stelle bei dem Dichter Varius (FPL 100, frg. 4): *non amnes illam medii, non ardua tardant [. . .].*

255 *Sabeller:* poetischer Name für Sabiner; gemeint ist hier der zahme Eber.

258–263 Vergil deutet auf die Geschichte von Hero und Leander hin; die Namen bleiben weg, um die Allgemeinheit des Triebes auszudrücken. Hier geht die Erzählweise in die Art der Elegie über.

264 Bacchus fuhr bei seinem Triumphzug in Indien mit gezähmten Tigern, Panthern, Luchsen, ist auch sonst oft von diesen Tieren begleitet.

267f. *Glaucus:* Sohn des Sisyphus, verweigerte in Potniae, einem böotischen Dorf, seinen Stuten die Paarung, damit sie schneller liefen. Als er bei der Leichenfeier des Pelias nicht der Venus opferte, machte diese seine Stuten so wild, daß sie ihren Herren zerrissen.

269 *Gargara:* Gipfel des Ida-Gebirges bei Troia in Mysien.

270 *Ascanius:* Fluß bei Troia, der in eine Bucht der Propontis (Marmarameer) mündet.

274f. Märchen von der Windempfängnis der Stuten auch bei Varro 2,1,19.

277f. *Eurus:* Südost; *Boreas:* Nordost; *Caurus:* Nordwest; *Auster:* Südwind.

284f. Der Gedanke nach Lucrez 1,921f., doch unter persönlicher Hinwendung zum Landmann.

Zweiter Hauptteil: Kleintiere, Viehseuche (286–566)

Einleitung (286–294).

286f. Vergil faßt hier Varros ersten Hauptteil über das Kleinvieh zusammen.

291 *Parnasi deserta:* Niemand hatte vor Vergil das Kleinvieh besungen.

293 Die *Castalische Quelle* der Dichter ist in Delphi.

294 *Pales:* Vgl. Anm. zu 3,1.

Pflege der Kleintiere (295–338); Winterfütterung und Stallhaltung (295–321).

304 Der Wassermann geht Mitte Februar unter, am Ende des altrömischen Bauernjahres, das am 1. März begann.

306f. Milesische Schafe lieferten die beste Wolle. – Zu Tyrus vgl. Anm. zu 2,506.

312 Aus dem Haar der Ziegen am Cinyps (einem Fluß der Syrtenküste), die man nach Italien einführte, machte man Mäntel, Schiffstaue und Decken.

Sommerweide (322–338).

322 *Iuppiters Eiche:* vgl. Anm. zu 2,16.

Tier- und Hirtenleben in fremden Ländern (339–383); Libyen (339–348).

339–383 Gegenbilder zum guten Hirtenland Italien: Wüste und Nordland. Geographisches Gegenstück zur Astronomie in 1,231–251; Anregung durch Varro 2,2,9; 1,2,4.
345 *Amyclae:* Stadt in Laconien, bekannt für ihre Jagdhunde. – Cretische Bogen und Schützen waren berühmt.

Scythenland (349–383); Klima (349–366).

349ff. Vergil lehnt sich hier an ethnographisches Schrifttum an; vgl. K. Meuli, »Scythica Vergiliana«, in: *Schweizerisches Archiv für Volkskunde* 56 (1960) S. 88ff. Unter *Scythien* begriff man nach Homers Zeit den unbekannten Norden; vgl. Anm. zu 3,197. – Das *Maeotische* ist heute das Asowsche Meer.
351 Der Gebirgsstock *Rhodope* liegt in Thracien (heute: Bulgarien).

Tiere und Menschen im Scythenland (367–383).

372 Die Jäger spannten Seile mit bunten Federn um das Gebüsch, um das Wild in die Netze zu scheuchen.
380 Gemeint ist gequollenes Getreide, Malz, also eine Art Bier. – *Saure Elsbeeren:* Früchte des Sperberbaumes mit säuerlichem Geschmack, also eine Art Obstwein.
381 *Hyperboreisch:* Vgl. Anm. zu 3,196.
382 *Riphaeisch:* Vgl. Anm. zu 1,240; hier: »im Norden des Scythenlandes liegend, nördlich.«

Nutzen, Gefahren, Krankheiten der Tiere (384–477).

Nutzen der Tiere (384–413); das Schaf (384–393).

385 Fette Weide sollte struppige Wolle erzeugen.
392 Pan lockte durch ein weißes Widdervlies Luna in einen Wald.

Die Ziege (394–403).

398 Die Lämmer und Zicklein wurden nach etwa drei Monaten von ihren Müttern getrennt; manche banden ihnen eine stachlige Binde um das Maul, damit die Mütter sie nicht ans Euter ließen.

Der Hund als Schützer der Herden (404–413).

404 Schon Hesiod empfahl die Hundehaltung (*Erga* 604), ebenso Varro 2,1,12.
405 Die Molosser in Epirus züchteten Hunde, die besonders scharf waren.

408 Die Römer unterwarfen die (H)Iberer erst nach 200jährigen Kämpfen (seit 206 v. Chr.).
409 Wildesel gab es eigentlich nur in Phrygien und Lycaonien (in der Mitte Kleinasiens).

Gefahren für die Herden (414–439), allgemein und durch die Calabrische Schlange.

414–434 Vergil folgt hier den *Theriaka* (Heilmittel gegen den Biß wilder Tiere) des Nikander von Colophon (2. Jh. v. Chr.).

415 *Galban:* Saft einer schwerduftenden, heilkräftigen Pflanze aus Syrien.

425f. Die *böse Schlange* in Calabrien ist wohl die 2,214 schon genannte *chelydris*, eine nicht eindeutig identifizierte Süßwasserschlange.

Krankheiten der Tiere (440–477); Beginn des Todesmotives, das den Schluß des Buches beherrscht.

449 Silberglätte ist Bleioxyd, das als Rückstand bei der Reinigung von Edelmetallen bleibt. – Jungfernschwefel (*vivum sulpur*) ist soviel wie natürlicher Schwefel, etwa von den Liparischen Inseln.
450 *Ida:* mit Nadelhölzern bedecktes Gebirge im nordwestlichen Kleinasien.
461 *Bisalten:* thracisches Volk am Strymon; die *Gelonen* saßen in der heutigen Ukraine.
462 *Rhodope:* Gebirge in Thracien. – Die *Geten* wohnten nördlich der unteren Donau.
464–469 Ansteckende Krankheiten bekämpft man sogleich durch Tötung des kranken Tieres.
474 *Noricum:* Oberösterreich, Salzburg, Steiermark, teilweise Kärnten.
475 *Timavus* (heute: Timavo): mündet nordwestlich von Triest in die Adria. – Die *Iapyden* wohnten in Dalmatien.
477 Weder wissen wir das Jahr der Seuche, noch kennen wir irgendwelche Einzelheiten der Norischen Viehseuche.

Die Norische Viehseuche (478–566). Die Erzählung folgt dem zeitlichen Ablauf der Krankheit. Örtliche Viehseuchen gab es häufig, meist im Hochsommer; die Norische Seuche ist nicht klar zu benennen, verwandt sind Wild- und Rinderseuche (hämorrhagische Septikämie) und Milzbrand. Vorbilder der Beschreibung waren die

Darstellung der Pest in Athen bei Thukydides 2,49f. und die Pestbeschreibung des Lucrez (6,1090f.), siehe auch (später) Ovid, *Metamorphosen* 7,523–613. – Vgl. dazu: J. Grimm, *Die literarische Darstellung der Pest in der Antike und in der Romania*, München 1965; H. Graßl, »Zur ›Norischen Viehseuche‹ bei Vergil (Georg. III 478 bis 566)«, in: *Rheinisches Museum* 125 (1982) S. 67ff.

479 Die verderbliche Witterung entstand durch einen heißen Herbst.

482 Erst stellte sich Fieber ein, dann Verschleimung.

487 Die wollene Opferbinde, von der Bänder herabfielen, wurde vom Priester getragen, aber auch dem Opfertier umgelegt.

492 Der Kopf des Opfertieres für die Unterirdischen wurde zur Erde gebogen und die Kehle durchschnitten.

509f. Man trichterte den Pferden bei mancher Krankheit Wein ein. – *Lenaeischer Heiltrank:* Wein; Bacchus = Lenaeus, vgl. Anm. zu 2,4.

522 *Electrum:* Gold-Silber-Legierung aus drei bis vier Teilen Gold und einem Teil Silber, die bei Licht heller als Silber glänzte.

526f. Die Tiere sind nicht etwa durch Schwelgerei krank geworden. – *Massicus:* Berg zwischen Latium und Campanien mit berühmtem Wein.

532 Die Iuno-(Hera-)Priesterin in Argos fuhr auf einem mit zwei weißen Kühen bespannten Wagen zum Tempel.

541–547 Vergil dehnt den Bereich der Seuche weit über Noricum aus.

549f. Der Centaur Chiron, Sohn des Saturnus und der Philyra (s. Anm. zu V. 93), hatte die natürliche Heilkraft der Pflanzen entdeckt und Aesculapius (Asklepios), den späteren Gott der Heilkunst, darin unterrichtet; übernatürliche Mittel wandte der Wahrsager Melampus, Sohn des Amythaon, an, indem er den Zorn der Götter magisch-kultisch versöhnte.

552 Die Götter entlassen die Furie Tisiphone aus der Unterwelt und der sie hemmenden Grenze des Styxflusses; sie treibt die bösen Krankheits- und Angst-Geister vor sich her. Nun schreibt man die Pest nicht mehr der verdorbenen Luft zu.

561 Die zerfressenen Schaffelle konnten nicht geschoren werden; war es aber doch einmal möglich, rissen die mürben Fäden, die man aus der Wolle herstellte; trug man ein solches Gewand, bekam man das »Heilige Feuer« (Lucrez 6,60.1167) mit bösartigen Geschwüren.

Viertes Buch

Hauptquelle über Bienen im Altertum ist Aristoteles, *De generatione animalium* 3 und *Historia animalium* 5,21 f.; auf ihm fußte Nikander in seinem Lehrgedicht *Melissurgika* (verloren). Bei Varro ist Bienenzucht nur gestreift, doch schrieb im Jahre 37 v. Chr. Iulius Hyginus eine (verlorengegangene) Abhandlung über Bienenhaltung).

Die Bienen galten als besondere Tiere; Honig war Totenopfer, diente zum Einbalsamieren, war Götterspeise, und die Demeter-(Persephone-)Priesterinnen hießen »Bienen«. »Die Natur hat den Bienen das größte Maß an Geist und Kunstfertigkeit zugeteilt«, urteilt Varro (3,16,3). Vergil sieht die Bienen mit den Augen des Imkers, nicht aus der Sicht eines Gutsherren, und liebt die Tiere besonders wegen ihrer Häuslichkeit, ihrer Staatsgesinnung und Kunstfertigkeit. Sie bilden einen Übergang von der Tierwelt zur menschlichen Gesellschaft, und der Dichter verwendet für sie häufig Vergleichsfelder aus dem Menschenleben. Bienen sind sogar Symbol des geheimnisvollen Kosmos. Im Bienenstaat hat für Vergil der Geist (Logos) Gestalt angenommen; er besitzt Rechtsordnung und Interessengemeinschaft (*iuris consensus, utilitatis communio*) wie der menschliche Staat. Der Fleiß (*labor*) der Bienen und ihre Kampfbereitschaft erinnern an altrömische Lebensart, ihr Staatswesen deutet mittelbar auf die Wiedererrichtung des römischen Staates, und die Bienenmonarchie bestätigt die Augusteische Regierungsform.

Wie Frühling und Landleben ist das Bienenwesen mit der Goldenen Zeit verwandt; die Urzeugung der Bienen ist ein Erbe der Saturnischen Urzeit, und sie sind frei vom Zwang des blinden Triebes (3,259: *durus amor*) und des Todes. Das Wunder ihres aus dem Tod neugeborenen Lebens (Bugonie) leitet zu den Mythen der zweiten Buchhälfte über.

Geordnet ist die Darstellung nach dem Verlauf des Bienenlebens: Schwärmen und Kampf (Anfang); sommerlicher Arbeitstag (Höhepunkt); Ernte, Krankheit und Tod (Ende).

Vgl. hierzu besonders: J. Mayer, *Fachlicher Sach-Commentar zu Vergils Preisgedicht auf die Bienen und ihre Zucht*, Budweis 1902; F. Olck, »Biene«, in: *Paulys Realencyclopädie der classischen Altertumswissenschaft*, Bd. 3, Stuttgart 1899, Sp. 431–450; ders.; »Bienenzucht«, ebd., Sp. 450–457; J. Klek, »Die Bienenkunde des Altertums II: Varro und Vergil«, in: *Archiv für Bienenkunde* 2 H. 7 (1920)

S. 263ff.; B. G. Whitfield, »Virgil and the Bees«, in *Greece and Rome* N. S. 3 (1956) S. 99ff.; T. J. Haarhoff, »The Bees of Virgil«, in: *Greece and Rome* N. S. 7 (1960) S. 155ff.

Einleitung (1–7)

Erneute Widmung an Maecenas.

1 Im Altertum meinte man, der Honig komme aus der Luft und bestehe aus Tau, den »Tränen des Narcissus« über seine Verwandlung. – Die Ausdrücke »Himmelsgabe« und »wunderbares Schauspiel« deuten die Sphäre alles folgenden an.

7 Putnam (S. 236) meint, Buch 4 gehöre Apollo.

Erster Hauptteil: Leben und Pflege der Bienen (8–280)

Vgl. hierzu besonders: W. Wormell, »Apibus [...] parcis. Virgil Georgics 4,1–227«, in: *Vergiliana*, hrsg. von H. u. V. Bardon, Leiden 1971, S. 429ff.

Standort des Bienenhauses (8–32).

14 *Merops:* der Grünspecht, auch Bienenwolf.

15 *Procne:* Tochter des Königs Pandion von Athen, Gattin des Tereus und Mutter des Itys. Als Tereus ihre Schwester Philomele verführt hatte, tötete sie den Itys und setzte ihn Tereus zum Mahl vor. Da wurde Philomele zur Nachtigall, Procne zur Schwalbe; vgl. V. 511 und Ovid, *Metamorphosen* 6,423.

20 *Oleaster:* der wilde Ölbaum.

21 König oder Weisel sind falsch benannt; die Königin ist das einzige völlig ausgebildete Weibchen im Stock. Beim Schwärmen fliegt die alte Königin mit fort, nicht die neue.

22 Am Reinigungsflug im Februar/März nimmt die Königin nicht teil; sie unternimmt nur den einmaligen Hochzeitsflug.

26 Die Stäbe und Steine erscheinen den Bienen als Felsen.

Schutz vor Kälte und Wind (33–50).

41 *Ida:* mit Nadelhölzern bedecktes Gebirge im nordwestlichen Kleinasien (Phrygien).

47f. Geröstete oder verbrannte Krebse dienten zu pharmazeutischen Zwecken. – Zu *Taxus* vgl. Anm. zu 2,257.

50 Ob Bienen hören, ist bis heute nicht entschieden.

Leben und Arbeit der Bienen (51–115); Schwärmen (51–66).

51–66 Vergil vermengt den Reinigungsflug der Bienen im Frühling mit dem Schwärmen und umgibt dieses mit einer Aura göttlichen Glanzes.
54f. nach Kallimachos, *Hymnus auf Apollon* 110f.

Kampf der Könige und Völker (67–87).

67ff. Solche Kämpfe gab es nie; Vergil versteht den gleichzeitigen Auszug zweier Schwärme als Krieg.
74 Fehldeutung der Reinigung von Fühlern und Hinterleib als Vorbereitung zum Kampf.
80–85 Bienen kämpfen nie im Flug; die Flügel der Königin sind kleiner als die der Arbeiterinnen; die Königin verläßt den Stock nur zum Hochzeitsflug.

Die beiden Bienenarten (88–102).

100–102 Vergil denkt an das damals beliebte Mulsum-Getränk, eine Mischung von Wein mit Honig.

Das Verfliegen (103–115).

103 Das wilde Schwärmen als Entartung des Schwarmtriebes.
111 *Hellespontischer Priapus:* Fruchtbarkeitsgott, Segensbringer und Übelwehrer, ursprünglich beheimatet an der asiatischen Küste des Hellespontes.

Lob der Gärten (Bienenwiese); der Corycische Greis (116–148). Gartenpflege ist nicht ausführlich behandelt; Vergil will ja den Landbau empfehlen, nicht Luxusgärten. Möglichkeiten und Sinn des Gartenbaus sind an einem Beispiel aufgezeigt, das zudem mit der Bienenzucht zusammenhängt, denn der Greis verdankt den guten Ertrag seiner Gewächse der Befruchtung durch Bienen. Vielleicht lernte Vergil den Corycischen Greis auf der Reise mit Maecenas und Horaz nach Brundisium im Jahre 37 v. Chr. kennen; den Anstoß zur Darstellung gab wohl auch Varro 3,16,10. Wie Bauern wendet der Greis harte Arbeit und Fleiß auf.
Den Gartenbau behandelte nach Vergils Hinweis (148) Columella in seinem zehnten Buch.

119 *Paestum* in Lucanien war berühmt, weil die Rosen dort zweimal blühten.

122f. Die Narzissen blühen noch spät im Jahr; es kann auch die Herbstnarzisse (*Amaryllis lutea*) gemeint sein.

125–148 Die Episode ist ein Gegenbild zu 1,121–159 (Verlust des Glücks) und zeigt den naturhaft glücklichen Menschen. Ob der Greis ein Gegenbild zu Aristaeus ist? – S. Clay, »The old man in the garden«, in: *Arethusa* 14 (1981) S. 57ff., meint, die Stellung des alten Privatmannes neben den Bienen zeige die Spannung zwischen dem politischen Leben und der menschlichen Seele schon vor der *Aeneis*.

125 *Oebalia:* Tarent, angeblich gegründet von Spartanern unter Phalantus. Der Spartanerkönig Oebalus (Oibalos) war Vater des Tyndareos und Großvater der Helena.

126 *Galaesus* (heute: Galaso): Fluß bei Tarent. – Pompeius hatte 67 v. Chr. cilicische Seeräuber in Unteritalien angesiedelt.

127 *Corycus* liegt an der cilicischen Küste.

128 Das Land war als unbrauchbar bei der Flurvermessung übriggeblieben.

140 Man ließ aus den geschnittenen Waben erst den feinsten Honig ablaufen; das Übrige wurde gepreßt.

144f. Der Greis ernährt sich offenbar nur von Vegetabilien, also Nahrung der Goldenen Zeit.

Der Bienenstaat (149–227). – Geselliges Leben (149–257).

149–157 Die Bienen folgten dem Lärm, den die Cureten, Priester der großen Göttermutter Cybele, vor der Dictaeischen Grotte in Creta machten, um das Wimmern des neugeborenen Iuppiter (Zeus) zu übertönen, den Saturnus zu verschlingen drohte; sie schlugen dabei mit Schwertern auf Schilde. Iuppiter fügte dem Wesen der Bienen zum Lohn die Teilhabe an der göttlichen Weltordnung, den Fleiß und die Staatlichkeit hinzu.

156f. Die Arbeit und das soziale Wesen des Saturnischen Zeitalters (*in medium quaesita:* vgl. 1,127) verbinden sich bei den Bienen; auch hier ein Zeichen für den Wert der Arbeit, die Iuppiter dem Leben eingefügt hat.

Arbeitsteilung der Bienen (158–168).

158–168 In Wahrheit sind die Bienen nicht Spezialisten, doch richtet sich ihre Arbeitsteilung streng nach dem Lebensalter.

160 *Narcissustränen:* Blütentau, die Tränen, die Narcissus nach seiner Verwandlung in die Narzisse (durch Venus, weil er die Liebe

der Nymphe Echo verschmähte) geweint haben soll (vgl. Anm. zu 4,1).

167f. Richtige Unterscheidung der (den Nektar herbeischaffenden) Tracht- und der Baubienen.

Leistungen der Bienen (169–183).

170 *Cyclopen:* einäugige Riesen, bei Homer Hirten, seit Hesiod Schmiede, die im Aetna die Blitze des Iuppiter herstellen; vgl. *Aeneis* 8,499f.

177 Der sagenhafte König *Cecrops* von Attica galt als der beste König; der attische Honig, besonders der vom Hymettos, war berühmt.

178 In Wirklichkeit fliegen erst die älteren Bienen zum Honigsammeln aus.

179 *daedalus:* kunstreich; Daedalus, Zeitgenosse von Minos und Theseus, galt als Erfinder der Werkzeuge Axt, Bohrer, Säge, Waage.

Verhalten bei Ruhe und bei Gefahr (184–196).
Fortpflanzung der Bienen (197–209).

198–201 Die asexuelle Vermehrung der Bienen gilt für Vergil als besonderer Vorzug; sie sind frei vom Joch des Triebes. – *Quirite:* Ehrentitel eines römischen Vollbürgers.

207 Daß Arbeitsbienen nur sechs Wochen leben, weiß man erst seit 1855. – Die Fortpflanzung der Bienen durch Befruchtung der Königin beim Hochzeitsflug ist erst seit 1791 bekannt.

Opfer für den König (210–218).

211 *Hydaspes:* der Dschilam im oberen Pandschab, hier irrtümlich als Medischer Fluß bezeichnet.

217 L. Alfonsi, »Pulchra Mors«, in: *Latomus* 22 (1963) S. 85ff., erinnert an Sophokles, *Antigone* 72f., und Platon, *Phaidon* 114 D, und erklärt das Opfer als sittliche Tat.

Stoische Deutung des Bienenwesens (219–227).

219–222 Schon Aristoteles schreibt den Bienen etwas Göttliches zu. Vergil deutet ihr Wesen mit platonischem und mittelstoisch-pantheistischem Gedankengut. Die Bienen sind neben dem Frühling und dem Landleben einzige Zeugen der Goldenen Urzeit und nehmen am göttlichen Geist (Logos) und am ewigen Pneuma teil; vgl. *Aeneis* 6,724f.

227 Nach dem Tod schweben die Seelen zum Äther empor, je nach Vollendung zum niedrigeren nahe dem Monde oder zu den Gestirnen, wie die Seele des vergöttlichten Caesar.

Honigernte. Schädigungen. Krankheiten (228–280).
Honigernte (228–238).

230 Anscheinend wird eine Reinigung des Gesichts empfohlen; der Imker soll sich auch vor stark riechenden Speisen hüten.

232 *Taygete:* eine der Pleiaden (*Plias*), die im Mai abends auf- und im November morgens untergehen.

234 A. Le Boeffle, »Quelques observations sur Virgile, Géorgiques iv, 234 sq.«, in *Revue des Études Latines* 39 (1961) S. 100ff., versteht hier unter *Piscis* den südlichen Fisch (nicht die Fische), der Ende August aufgeht. Dazu paßt, daß Varro als zweiten Honigtermin den September nennt.

Schädigungen (239–250).

244 Raubbienen gehören nur einem anderen Stock an, nicht einer anderen Art.

246 Arachne forderte Minerva zu einem Wettstreit heraus, unterlag und wurde in eine Spinne verwandelt; Ovid, *Metamorphosen* 6,1f.

Krankheiten (251–280).

252 Die schlimmste Bienenkrankheit ist die Faulbrut.

256 Die Leichenzüge sind Ausmalung Vergils.

267 Galläpfelsaft soll wohl stopfend wirken.

270 *Cecropisch:* Vgl. Anm. zu 4,177.

271 Die Sternblume (*amellus*) treibt aus einer verzweigten Wurzel viele Büsche.

278 *Mella:* Fluß im Cisalpinischen Gallien unweit Mantua; vielleicht bringt Vergil *mel*, *Mella*, *amellum* zusammen. – Der Abschnitt vermittelt den Übergang zum zweiten Hauptteil.

Zweiter Hauptteil: Tod und Leben. Aristaeus als Stifter der Bugonie. Mythos von Orpheus (281–566)

Wenn auch der Aristaeus-Orpheus-Mythos mit den übrigen Büchern stark verknüpft ist, bleibt ein Epyllion (dazu mit einer elegienartigen Einlage) als Krönung eines Lehrgedichtes in der Antike einmalig. Hier treten die *Georgica* in Gegensatz zu ihren literarischen Vorbildern.

Neuland betritt Vergil auch in der Verbindung von vier bis dahin unverbundenen Themen: Bugonie (Bienenentstehung), Aristaeus, Proteus, Orpheus. Vor Vergil erzählte auch wohl niemand, Eurydice sei, verfolgt von Aristaeus, von einer Schlange tödlich gebissen worden. Vergil gab hier dem Orpheus-Mythos seine gültige Formung, die weit stärker als Ovids Fassung des Stoffes wirkte und zahlreiche Musikdramen hervorrief (seit J. Peri, 1600).

Im Aristaeus-Mythos verrät Vergil auch Kenntnis einer orphischen Katabasis, und man verstand das Hinabsteigen des Aristaeus ins unterirdische Reich und die Enthüllung des Proteus als Variation des Schemas der Einweihung in einen Mysterienkult, ähnlich Ciceros Verfahren im *Somnium Scipionis*.

Das Ineinanderfügen mehrerer Erzählungen war in hellenistischer Dichtung bereits vorgebildet, uns besonders kenntlich in Catulls *Carmen* 68. Ebenso entspricht der symmetrische Aufbau einzelner Stücke hellenistischem Kunstvorbild, z. B. 315–553: Aristaeus verzweifelt; Rat Cyrenes; Rat des Proteus; Rat Cyrenes, Erfolg des Aristaeus.

Alexandrinisch-neoterischer Art entspricht auch die Form des Epyllions: Wenig Handlung, Personen als Träger pathetischer Gefühle, Monologe, Handlungsablauf nur am Wechsel des Schauplatzes erkennbar, Drängen der Handlung zum Ende nach dem Höhepunkt. In dieser dramatischen Durchführung ist Kallimachos Vergils Vorbild.

Die Personen:

1. Die Nymphe Cyrene, Mutter des Aristaeus, ist, wie ihre Gespielinnen, mehr dem Vitalen zugeordnet. Daher unterhalten sich die Nymphen auch mit Liebesgeschichten (345), daher auch die Erwähnung der Geburt bei Lycorias (340). Cyrene besitzt keinen Einblick in den moralischen Kosmos und muß ihren Sohn deshalb an Proteus verweisen, muß überdies selbst bei dessen Auskunft hörend zugegen sein. Zur Erläuterung der Bugonie, eines Vital-Vorganges, genügt wieder ihr eigenes Wissen. Cyrene vermag es auch, ihren Sohn körperlich zu stärken (415–418) und scheint ihn auch vor einer verzweifelten Konfrontation mit den Folgen seiner Handlung zu bewahren (530: *at non*).

2. Aristaeus galt vor Vergil als Kultur-Heros und Wohltäter der

Menschheit, Lehrer von Ackerbau und Bienenzucht. Als Göttersohn besitzt er zugleich menschliche Wesenszüge. Er ist tätig, wirkt in der Natur und verkörpert etwa die Menschheit nach dem Goldenen Zeitalter (326). Doch ist er auch schuldig des Überfalls auf Eurydice, wenn ihn diese Schuld anfangs auch wenig drückt. Er ist voller Ehrgeiz und Leidenschaft, ja ichbezogen (329–332). Erst Proteus konfrontiert ihn mit den Folgen seines Tuns. Manche Interpreten fassen ihn als Urbild der Menschen in Roms Krise, bei denen ebenfalls eine Schuld gesühnt werden muß.

Aristaeus lernt nun leidend die Bedingungen des Menschenlebens kennen: Liebe, Leidenschaft, Tod. Seine Liebesleidenschaft ist Metapher für alle selbstzerstörerischen Mächte im Menschenwesen. Allmählich lernt er es, sich vom reinen Naturwesen zu lösen, besonders, als ihm Proteus die Abgründe von Leid in der Orpheussage vor Augen führt. Übrigens ist Aristaeus mit Orpheus insofern verwandt, als auch dieser Eurydices (zweiten) Tod durch seine Liebesleidenschaft verursacht. Aristaeus jedenfalls erkennt sühnend, was er angerichtet hat (530). Durch die Sühnehandlung (*religio*) wird schließlich der Friede mit den Göttern (*pax deum*) wiederhergestellt. Der Aristaeus-Mythos ist so eine Geschichte von Schuld und Verzeihung und zugleich ein Bericht über die Besiegung des Todes in der Natur durch Gehorsam und fromme Sühnung begangener Schuld. Im Orpheus-Mythos mißlingt die Überwindung des Todes, in der Rahmenerzählung vollzieht sich das Wunder der Bienenentstehung. Freilich: Der Tod ist nicht eigentlich besiegt, sondern wir erhalten nur Einsicht in die fortwährende Zeugung von Neuem aus Vergehendem.

3. Das Orakel des Proteus wird für Aristaeus Einführung in den bisher kaum erlebten Zusammenhang von Schuld, Leid und Tod. Proteus, dessen Aura auf Homers *Odyssee* zurückgeht, ist eine Mittelgestalt zwischen Gott und Tier, Mythos und Natur, Symbol des wechselnden Lebens selbst. Er enthüllt Aristaeus das Schicksal von Orpheus und Eurydice, um ihm das Ausmaß seiner Schuld vorzuführen. Seine Erzählung ist eine Belehrung über Gerechtigkeit (Dike, Iustitia) im umfassenden Sinne. Im Proteus-Abenteuer treffen sich die Welten von Halbgott und Natur (Aristaeus) und von Menschheit und Kunst (Orpheus). Proteus hilft, das Unheil moralisch zu erkennen, Cyrene, es kultisch zu sühnen.

4. Orpheus ist nur Mensch und entbehrt der Hilfe einer Gottheit. Er muß sein Leid allein tragen, kann es nur durch seine Kunst zu lin-

dern suchen und muß sich der Macht des Todes beugen. Ihm gelingt die Auferweckung Eurydices nur beinahe; Aristaeus dagegen erweckt seine Bienen zu neuem Leben. So ist die Tragödie des Orpheus die Tragödie des Menschen, der eben kein reines Naturwesen ist und die Grundgesetze der animalischen Natur nicht ohne weiteres auf sich anwenden kann. Ein Mensch kann keine Zugeständnisse von übermenschlichen Wesen erwarten, weder im Fall der Eurydice wie Orpheus noch als Bauer im Fall des Feldbaues. So ist der Verlust Eurydices durch Orpheus das Gegenstück zur Wiedergewinnung der Bienen durch Aristaeus.
Allerdings besitzen die Menschen die Liebe, die, wenigstens im Falle des Orpheus und anfangs, stärker ist als der Tod. Orpheus ist ein großer Liebender und steht in grellem Gegensatz zum Liebesabenteuer von Venus und Mars (346). Freilich zerstört am Ende die Liebe ihren eigenen Erfolg, denn daß Orpheus sich umdreht, geht beinahe zwanghaft aus seiner Liebe hervor. Übrigens steht der Verlust Eurydices durch übermächtige Sehnsucht im Gegensatz zur Tradition; erst Vergil hat den Erfolg des Orpheus in einen tragischen Verlust umgeändert. Er deutet damit auf die Notwendigkeit einer Beherrschung hin, die selbst die innigste Liebe und die vollendetste Kunst besitzen müssen. Orpheus besiegt anfänglich zwar den Tod, doch nicht seine Impulse; er leidet unter dem aktiven, leidenschaftlichen Teil seiner eigenen Natur und verkörpert so die Polarität des Lebens.
Orpheus ist aber auch Prototyp des Künstlers und stellt die Macht des Gesanges und der Kunst dar, der fast Übermenschliches gelingt. Den Tod freilich besiegt die Kunst nicht, mag auch die Liebe sie noch so beflügeln. Doch bleibt auch nach dem Tode des Künstlers die Frucht seines Leidens und seiner Liebe erhalten, seine forttönende Klage, die sogar der Natur eine Stimme verleiht. Allerdings vermag Orpheus es nicht, seinen Verlust anzunehmen und sozusagen menschlich zu ertragen. Er wird in eisiger Grotte beinahe zum Schemen (den Zikaden vergleichbar), reduziert sich selbst auf seine klagende Stimme; da rächen die Mütter die verletzten Gesetze (520) und zeigen so die Härte, mit der die Natur ihre Forderungen eintreibt.
5. Aristaeus und Orpheus versuchen durch den Gang in die Unterwelt Verlorenes wiederzugewinnen. Orpheus trägt als Mensch ein volles Leidensmaß, Aristaeus bleibt vor Kummer eher bewahrt. Er ist eine Landbau-Gestalt, Orpheus verkörpert den Künstler. Der

eine steht den Göttern näher, der andere ist als Mensch auf sich selbst gestellt.
So führt das Finale des vierten Buches in beiden Gestalten ein Doppelthema durch: Das Leben, das dem Tode verfallen ist, und das Leben als vitaler Geist, der sich stets erneuert. In der Aristaeus-Geschichte ist verlorenes Leben nicht verloren, im Orpheus-Mythos ist das menschliche Leben dem Tod unwiederbringlich verfallen. Die Bienen sind ersetzbar, Eurydice als Geistwesen und Person nicht.

Vgl. hierzu besonders: M. Bowra, »Orpheus and Eurydice«, in: *Classical Quarterly* 46 (1952) S. 113 ff.; P. Händel, »Vergils Aristaeus-Geschichte«, in: *Rheinisches Museum* 105 (1962) S. 66 ff.; Ch. Segal, »Orpheus and the Fourth Georgic etc.«, in: *American Journal of Philology* 87 (1966) S. 307 ff.; J. Chomarat, »L'Initiation d'Aristée«, in: *Revue des Études Latines* 52 (1974) S. 185 ff.; G. Perkell, »A Reading of Virgil's Fourth Georgic«, in: *Phoenix* 32 (1978) S. 211 ff.

Hilfe gegen das Aussterben der Bienenvölker (Bugonie; 281–314).
Bienenentstehung aus Tierleichen kennt schon Empedokles; die Ansicht entstand, weil Bienen auch Tierkadaver als Bau benützen (vgl. Simsons Rätsel, *Richter* 14,8.14: Speise ging aus vom Fresser und Süßigkeit vom Starken – dem erschlagenen Löwen). Aristoteles glaubte als einziger nicht an die Sache, die noch im Mittelalter Anhänger fand. Beschreibung der Bugonie auch in den *Geoponika* des Cassianus Bassus (15,2 21 f.); vielleicht ist der Ritus afrikanischen Ursprungs und Vergil kennt ihn aus dem Buch des Mago über Landwirtschaft. Zugrunde liegt die Vorstellung, daß das Leben des Bullen in die Bienen übergeht. Daher die Absperrung von Nase und Ohren.
Für Vergil weist der Ritus auf die zeugende Kraft der Natur, die aus Zerstörung und Tod Leben schafft, doch mag der grausame Prozeß für ihn dubios gewesen sein.

Vgl. hierzu besonders: P. Jahn, *Aus Vergils Dichterwerkstätte*, Berlin 1905; R. De Ravinel, »A propos du livre IV des Géorgiques«, in: *Revue des Études Latines* 39 (1961) S. 94 ff.

283 Aristaeus, Sohn Apollons und der Nymphe Cyrene, war Ackerbauer, Weinbauer, Viehzüchter, Imker und befreite einst die Cycladeninseln von Dürre und Seuche.

285 Ableitung der Bugonie aus Ägypten. Der »bienenerzeugende«

Stier Apis birgt die Seele des Gottes Osiris; vielleicht ist auch *apis* (Biene) mit Apis zusammengebracht.

287–293 *Pellaei Canopi* steht umschreibend für Alexandria, die von Alexander aus Pella in Macedonien gegründete Stadt. Die Ostgrenze ist Persien. Von der Südgrenze, wo die Äthiopen (*Indi:* wie 2,172) wohnen, kommt der Nil in das grüne Ägypten; Ravinel versteht unter dem Fluß (291) den Indus. – Es ist denkbar, daß aus der Beschreibung Ägyptens die Fabel vom Lob des Gallus, des Praefecten Ägyptens, entstand.

295 ff. Vergil schreibt im Passiv, um sich von dem Ritual abzusetzen.

Klage des Aristaeus (315–332).

315 ff. Einziger Musenanruf in den *Georgica*; Vergil beginnt eine neue Gattung in hohem, epischem Stil.

317 Aristaeus verliert die Bienen wegen seiner ungehemmten Leidenschaft; nach Plutarch, *Moralia* 919 E, verabscheuen Bienen unerlaubte sexuelle Aktivität. – Das Tempetal ist vom Peneus durchströmt; dessen Enkelin, Cyrene, wohnt in der Tiefe, aus der der Peneus strömt, weshalb Aristaeus zur Flußquelle geht und wie der homerische Achilleus Trost bei der Mutter sucht.

323 Apollo hatte eine Kultstätte in Thymbra, einer Landschaft bei Troia.

325 Die Kinder der Nymphen, auch die von Göttern, waren sterblich; Aristaeus hofft, wegen seiner Leistungen als Bienenhalter in den Olymp zu kommen. Der scharfe Ton des Aristaeus zeigt wehleidigen Ehrgeiz und Egozentrik, die von Schuld nichts weiß.

Aufnahme des Aristaeus bei Cyrene (333–362).

334 Vgl. 3,306; milesische Schafe lieferten besonders gute Wolle.

335–345 Es sind, wie am Anfang von Buch 1, zwölf Göttinnen und eine dreizehnte.

338 Der Vers fehlt in wichtigen Handschriften und stammt vielleicht aus *Aeneis* 5,826.

340 *Lucina:* Geburtsgöttin, mit Iuno oder Diana gleichgesetzt.

343 *Asia:* Von der Asischen Wiese an der Mündung des Caystrus; vgl. Anm. zu 1,383.

344 Die Quellnymphe *Arethusa* war ursprünglich im Gefolge der Diana (Artemis).

346 f. Die Liebe erfaßt auch Götter, doch ohne die schlimmen Folgen wie bei Eurydice. Die Sagenversion ist wie bei Lukian,

Traum 3: Alektryon, Freund des Ares, sollte wachen, damit das Paar Ares/Venus (Aphrodite) nicht von Helios ertappt würde, schlief aber ein, und Vulcanus (Hephaistos) fing die Sünder mit einem Netz; anders Homer, *Odyssee* 8,266ff.

347 Von Erschaffung der Welt an, der das Chaos vorausging.

Das Reich der Cyrene (363–386).

363–365 *iamque ... ibat:* vgl. 485f.: *iamque ... veniebat.*

364ff. Man dachte sich Neptuns Reich als Gegenstück zu dem Plutos. Aristaeus sieht die Wiege der wichtigsten Ströme.

367–372 Die Flüsse: Phasis in Colchis, Lycus in Armenien, Enipeus in Thessalien; Hypanis in Scythien; Caicus in Mysien; *Eridanus:* der Po. – Aristaeus beginnt seinen Lernprozeß und begegnet in der Tiefe dem Ursprung und den Spendern aller Fruchtbarkeit auf Erden.

376f. Lebendiges Quellwasser gehört zur heiligen Handlung (Libation), ebenso Handtücher, Weihrauch und Altar.

379 In die Opferflamme wurde Weihrauch aus Panchaia (Arabien) gestreut; vgl. Anm. zu 2,139.

380 *Maeonien:* Landschaft in Lydien.

382 Alte Naturphilosophie sah das Wasser als den Urgrund aller Dinge an.

384 *Vesta:* Metonymie für Feuer; es galt als gutes Vorzeichen, wenn die Opferflamme hell aufschlug.

Rede der Cyrene (387–414).

387 Das *Carpathische Meer* liegt zwischen Creta und Rhodos.

388 Proteus weidete Neptuns Robben, konnte sich verwandeln und besaß die Gabe der Weissagung.

390 Macedonien hieß in dichterischer Sprache *Emathien.*

391 *Pallene:* die westlichste Halbinsel der Chalkidike.

392 *Nereus:* der älteste Sohn des Pontus, selbst Wahrsager.

Vorbereitungen (415–424).

422ff. Vergil will Homer, *Odyssee* 4,349ff. (Proteus-Episode) vergegenwärtigen, doch hebt er die odysseische Welt auf eine höhere Stufe.

Fesselung des Proteus (425–452).

440–442 Man vermutete in der Proteus-Episode die Stufen einer mystischen Einweihung: *legomena* (Kunde), *dromena* (Kulthandlung), *soteria* (Rettung); Feuer, wilde Tiere und Wasser prüften den Aufzunehmenden.

Erklärung des Proteus. Orpheus und Eurydice (453–527).
Eurydices Tod. Klage und Bitte des Orpheus (453–484).

453 ff. Proteus macht Aristaeus die Schwere seiner Schuld und das verursachte Leiden klar. Die Sage von Orpheus war in orphischen Dichtungen erzählt, ebenso in hellenistischen Kleinepen; später bei Ovid, *Metamorphosen* 10,1 ff.; Culex 268 f. – Die erzürnte Gottheit sind wohl die Nymphen, jedenfalls nicht Orpheus.
460 *Dryaden:* Nymphen, Baumgöttinnen.
461 f. *Pangaea* und *Rhodope* sind Gebirge in Thracien; *Rhesus:* Thracerkönig, der bei Troia wegen seiner schönen Rosse von Odysseus und Diomedes getötet wurde.
463 *Geten:* vgl. Anm. zu 3,462. – *Hebrus:* Fluß in Thracien, heute: Maritza. – *Orithyia:* Tochter des attischen (*Actias* = Attica) Königs Erechtheus, wurde von Boreas, dem Gott des Nordwindes, nach Thracien entführt.
467 Das Unterwelt-Motiv durchzieht die *Georgica* und gipfelt in der Orpheus-Sage. – *Dis:* der Unterweltsgott. – Auf der Halbinsel *Taenarum* an der Südspitze von Laconien (heute: Cap Matapan) glaubte man den Eingang zur Unterwelt.
471 ff. Ausdrücke für Unterwelt: Erebus, Tartarus (482), Avernus (493), Orcus (502).
479 *Cocytus:* vgl. Anm. zu 3,38.
484 *Ixion:* vgl. Anm. zu 3,38.

Erneuter Verlust der Eurydice (485–506).

485 Vergil verzichtet auf den Auftritt des Orpheus vor den Herrschern der Unterwelt; er will nur das Leid des Orpheus darstellen.
488 *dementia:* die gleiche zerstörerische Macht der Liebe wie im dritten Buch.
491 Im Versbau bezeichnet eine völlig ungewöhnliche Zäsur den jähen Abbruch des Rückwegs.
505 *manes:* vgl. Anm. zu 1,243.

Trauer und Tod des Orpheus (507–527).

508 *Strymon:* Fluß in Thracien.

510 Tiger gab es in Thracien nicht; Vergil schildert die Macht des Gesanges ohne Rücksicht auf »Realien«.
511–515 Nach Homer, *Odyssee* 16,216f.; 19,518–523; zu Philomela vgl. Anm. zu 4,15.
517 Orpheus kommt zu den Grenzen Thraciens, zum Riphaeengebirge, zum Tanais (Don), den Hyperboreern im hohen Norden.
520 *Ciconen:* thracisches Volk an der Mündung des Hebrus. – Thracische Frauen fühlen sich durch Orpheus zurückgesetzt und zerreißen ihn.
524 *Oeagrus:* Vater des Orpheus; dessen Freund, der Flußgott Hebrus, ließ das Haupt des Sohnes nicht untergehen.

Vorschrift der Cyrene (528–547).

530 *at non Cyrene:* Die abrupte Form untermalt die Hilfsbereitschaft Cyrenes, die ihren Sohn nicht ohne Rat und Hilfe läßt. Proteus klärt Aristaeus über die moralische Schuld auf, die Mutter über die kultische Entsühnung.
535 *Napaeae:* in Tälern wohnende Nymphen, Göttinnen der Weiden.
538–547 Die Vorschrift und ihre spätere Ausführung werden sehr ähnlich geschildert, nicht aber – wie bei Homer – wortgleich. Dies ist alexandrinische Kunst der Variation.
539 *Lycaeus:* Gebirge in Arcadien.
545 Der Mohn bringt Schlaf und Vergessen wie der Lethestrom in der Unterwelt; vielleicht soll Orpheus nun vergessen (vgl. 1,78).

Das Wunder (548–558).
Schlußwort Vergils. Sphragis (»Siegel«; 559–566).
Der Schluß ist in Form und Aufbau klassisch-monumental. Es sind zwei mehrgliedrige Perioden in je vier Versen, wobei eine Periode Augustus, die andere Vergil gewidmet ist.

559f. Zusammenfassung des Inhalts: *arvorum cultus:* Buch 1; *pecorum cultus:* Buch 3 und 4 (die Bienen mitzuverstehen); *super arboribus:* Buch 2.
561 Octavian überwinterte im Jahr 30 am Euphrat.
562 Besonders hervorgehoben wird die Verbreitung des Rechtes, ohne das eine Gesellschaft nicht bestehen kann.
564 *Parthenope* hieß Neapel nach einer dort begrabenen Sirene.
565 *lusi:* »ich habe spielend gedichtet«, d. h. spielerisch-leichte Ge-

dichte geschrieben. »Kühn« war Vergil, weil er als erster in Rom bucolisch dichtete.

566 Vergil setzt sein »Siegel« in den Schlußvers, indem er den Anfang seiner ersten Ecloge zitiert. – *Tityrus:* Hirtenname, eine der beiden Personen der ersten Ecloge.

Literaturhinweise

Forschungsberichte zu Vergil

Pöschl, V.: Forschungsbericht. In: Anzeiger für Altertumswissenschaften 3 (1950) S. 69ff.; 6 (1953) S. 1ff.; 12 (1959) S. 193ff.; 21 (1968) S. 193ff.

Radke, G.: Vergil. In: Gymnasium 64 (1957) S. 161ff.; 66 (1959) S. 319ff.; 71 (1964) S. 72ff.

Wiegand, D.: Die Natur bei Vergil und Horaz. Bibliographie für die Jahre 1920–59. In: Gymnasium 67 (1960) S. 344ff.

Mc Kay, A. G.: Recent Work on Vergil. A Bibliographical Survey 1964–73. In: Classical World 68 (1974/75) S. 19ff.

Piscitelli, T.: Studi sulle Georgiche di Virgilio (1968–74). In: Studi Latini 5 (1975) S. 240ff.

Spezialbibliographie zu Vergils *Georgica* von W. Suerbaum in: Aufstieg und Niedergang der Römischen Welt (ANRW). Hrsg. von H. Temporini und W. Haase. Teil II: Principat. Bd. 31,1. Berlin 1980. S. 397–498.

Werner, Sh.: Vergilian Bibliography 2007–2022. In: Vergilius 53–68 (2007–22).

Ausgaben und Kommentare

Calvi, B.: P. Vergili M. Georgicon. Liber primus et secundus. Liber tertius et quartus. Turin 1954.

Connington, J: P. Vergilii Maronis opera. The Works of Vergil with a Commentary. 3 Bde. London 1858–71. 4., verb. Aufl. hrsg. von H. Nettleship. Ebd. 1881. 5., verb. Aufl. hrsg. von F. Haverfield. Ebd. 1898. Nachdr. Hildesheim 1963.

Erren, M.: P. Vergilius M. Georgica. Hrsg., übers. und komm. Bd. 1: Einl., Praefatio und Übers. Heidelberg 1985.

Forbiger, A.: P. Vergili M. Opera. Tl. 1. Bucolica et Georgica. Leipzig [4]1872.

Heyne, Ch. G.: Virgilius Maro varietate lectionis et perpetua adnotatione illustratus. 4 Bde. Leipzig 1767–75. 4. Aufl. hrsg. von G. Ph. E. Wagner. Ebd. 1830. Nachdr. Hildesheim 1968. [Bucolica et Georgica in Bd. 1.]

Holzberg, N.: Vergil. Bucolica, Georgica. Lat./Dt. Hrsg., übers. und komm. Berlin/Boston 2016.
Ladewig, Th. / Schaper, C. / Jahn, P.: Vergils Gedichte. Bd. 1: Bukolika und Georgika. Berlin ^{9}1915. Nachdr. Dublin/Zürich 1973.
Mynors, R. A. B.: P. Vergili M. Opera. Oxford 1969.
– Virgil. Georgica. Text und Kommentar. Oxford 1990.
Paratore, E.: Virgilio. Le Georgiche. Libri I–II. Verona ^{8}1967.
Ribbeck, O.: Vergilii Maronis opera. 5 Bde. Leipzig 1859. ^{2}1894–95. Nachdr. Hildesheim 1966. [Bucolica et Georgica in Bd. 1.]
Richter, W.: Vergil. Georgica. München 1957.
Saint-Denis, E. de: Virgile. Géorgiques. Paris ^{7}1982.
Thomas, Richard F., Vergil. Georgica. Kommentar. Cambridge 1988.

Antike Kommentare

P. Virgilii M. Opera cum integris [. . .] commentariis [. . .] Philargyrii. Hrsg. von N. Heinsius und P. Burmannus. Amsterdam 1746.
Scholia Bernensia ad Vergili Bucolica atque Georgica. Hrsg. von H. Hagen. In: Jahrbücher für classische Philologie. Suppl. 4 (1861–67) S. 675–1014.
Servii Grammatici in Vergilii Georgica commentarius. Anonymi Brevis Expositio Vergilii Georgicorum. Probi qui dicitur in Vergilii Bucolica et Georgica commentarius. In: Servii Grammatici qui feruntur [. . .] commentarii. Hrsg. von J. Thilo und H. Hagen. Leipzig 1878–1902.

Eingesehene Übersetzungen

Binder, W.: P. Virgilius M. Deutsch in der Versweise der Urschrift. Berlin ^{6}1913.
Bock, K. G.: Virgils Georgika neu übersetzt. Königsberg 1803.
Götte, J. und M.: Vergil. Landleben. München ^{5}1987.
Hertzberg, W. A. B. / Osiander, C. U. v.: P. Virgilius M. Das Gedicht vom Landbau. Stuttgart 1853.
Herzog-Hauser, G.: Vergil. Vom Landbau. Zürich 1961.
Naumann, H.: Vergil. Georgica. Vom Landbau. München 1970.
Schröder, R. A.: Vergil. Landbau. In: Gesammelte Werke. Bd. 5. Berlin / Frankfurt a. M. 1952.
Trendelenburg, A.: Virgils Ländliche Dichtungen. Verdeutscht und erklärt von A. T. Berlin 1929.
Voß, J. H.: Vergil. Ländliche Gedichte. Braunschweig ^{2}1821.

Konkordanzen

Fasciano, D.: Virgile Concordance. Bd. 1: Eclogues. Géorgiques. Rom 1982.

Koch, G. A.: Vollständiges Wörterbuch zu den Gedichten des P. Virgilius M. Hannover 1855 [u. ö.].

Merguet, H.: Lexikon zu Vergilius mit Angabe sämtlicher Stellen. Leipzig 1912. Nachdr. Darmstadt 1961.

Packard, D. W.: Vergil's Georgics. Index to Virgil. Hanover (New Hampshire) 1974–75. [In computerlesbarer Form.]

Wetmore, M. N.: Index verborum Vergilianus. New Haven ²1930. Nachdr. Hildesheim 1979.

Warwick, H. H.: A Vergil Concordance. Minneapolis 1975.

Forschungsliteratur

Abbe, Elfriede: The Plants of Vergil's Georgics. New York 1965.

Albertsen, L. L.: Das Lehrgedicht. Eine Geschichte der antikisierenden Sachepik in der neueren Literatur. Aarhus 1967.

Albrecht, Michael v.: Römische Poesie. Werke und Interpretationen. Darmstadt ³2014.

– Vergil: Bucolica. Georgica. Aeneis. Heidelberg 2007.

– Vergil. Eine Einführung. Heidelberg ³2019.

Altevogt, Heinrich: Labor improbus. Eine Vergilstudie. Münster 1952.

Bailey, Cyril: Religion in Virgil. New York 1969.

Baier, Thomas: Episches Erzählen in Vergils *Georgica*. In: Rheinisches Museum 150 (2007) S. 314–336.

Bardon, Henry und Verdière, Raoul (Hrsg.): Vergiliana. Recherches sur Virgile. Leiden 1971.

Beckmann, Franz: Mensch und Welt in der Dichtung Vergils. Münster 1950.

Bellesort, André: Virgile. Son œuvre et son temps. Paris 1949.

Beutler, Rudolf: Zur Komposition von Vergils Georgica I 43–159. In: Hermes 75 (1940) S. 410–421.

Bickel, Ernst: Geschichte der römischen Literatur. Heidelberg ²1961.

Billiard, Raymond: L'agriculture dans l'antiquité d'après les Géorgiques de Virgile. Paris 1928.

Bömer, Franz: Vergil und Augustus. In: Gymnasium 58 (1951) S. 26–55.
Boyancé, Pierre: Le sens cosmique de Virgile. In: Revue des Études Latines 32 (1954) S. 220–249.
– La religion des ›Georgiques‹ à la lumière des travaux récents. In: ANRW II 31,1. Berlin 1980. S. 549–573.
Brasillach, Robert: Gegenwärtiger Virgil. Stuttgart 1962.
Buchheit, Vinzenz: Der Anspruch des Dichters in Vergils Georgika. Dichtertum und Heilsweg. Darmstadt 1972.
– Der frühe Vergil und Oktavian. In: Symbolae Osloenses 65 (1990) S. 53–62.
Büchner, Karl: P. Vergilius Maro. Der Dichter der Römer. Stuttgart 1955.
Burck, Erich: Die Komposition von Vergils Georgica. In: Hermes 64 (1929) S. 279–321.
– Drei Grundwerte der römischen Lebensordnung (labor, moderatio, pietas). In: Römertum. Hrsg. von H. Oppermann. Darmstadt 1962. S. 35–66.
– Der korykische Greis in Vergils Georgica (4,116–148). In: E. B.: Vom Menschenbild in der römischen Literatur. Ausgewählte Schriften. Hrsg. von E. Lefèvre. Heidelberg 1966. S. 117–129.
Castiglioni, Luigi: Le Georgiche di Virgilio. Mailand 1933.
– Lezioni intorno alle Georgiche di Virgilio e altri studi. Brescia 1983.
Chalker, John: The English Georgic. London 1969.
Christmann, Eckhard: Zur antiken Georgica-Rezeption. In: Würzburger Jahrbücher N. F. 8 (1987) S. 57–67.
Comparetti, Domenico: Virgilio nel Medio Evo. 2 Bde. 2. Aufl. hrsg. von G. Pasquali. Florenz 1955.
Cramer, Robert: Vergils Weltsicht. Optimismus und Pessimismus in Vergils Georgica. Berlin 1998.
Czech, Georg: Die Komposition der Georgika Vergils. Diss. Breslau 1936.
Dahlmann, Hellfried: Der Bienenstaat in Vergils Georgica. Wiesbaden 1954.
Effe, Bernd: Zur Rezeption von Vergils Lehrdichtung in der Karolingischen »Renaissance« und im französischen Klassizismus. In: Antike und Abendland 21 (1975) S. 140–163.
– Dichtung und Lehre. Untersuchungen zur Typologie des antiken Lehrgedichts. München 1977.

Enciclopedia Virgiliana. Her. von Francesco Della Corte. 5 Bde. Rom 1984–1991.
Erdmann, Otto: Beiträge zur Nachahmungskunst Vergils in den Georgika. Diss. Gießen 1913.
Estermann, Roland: Vergils Georgica als Darstellung seiner Weltanschauung. Diss. Basel 1975.
Farell, Joseph: Vergils Georgics and the Traditions od Ancient Epic: The Art of Allusion in Literary History. New York 1991.
Fenik, Bernhard: Horace's First and Sixth Roman Odes and the Second Georgic. In: Hermes 90 (1962) S. 72–96.
Fleischer, Ulrich: Musentempel und Octavianverehrung des Vergil im Proömium zum dritten Buche der Georgica. In: Hermes 88 (1960) S. 280–331.
Fletcher-Royds, Thomas: The Beasts, Birds and Bees of Virgil. Oxford 1930.
Frentz, Will: Mythologisches in Vergils Georgica. Meisenheim 1967.
Fuhrmann, Manfred: Fluch und Segen der Arbeit. Vergils Lehrgedicht von der Landwirtschaft in der europäischen Tradition. In: Gymnasium 90 (1983) S. 240–257.
Gale, Monica R.: Virgil on the Nature of Things: The Georgics, Lucretius and the didactic Tradition. Cambridge 2000.
Gall, Dorothea: Zur Technik von Anspielung und Zitat in der römischen Dichtung. München 1999.
Giebel, Marion: Vergil. Mit Selbstzeugnissen und Bilddokumenten. Reinbek bei Hamburg 1986.
Gigante, Marcello: La Fortuna di Virgilio. Neapel 1986.
Grimal, Pierre: Vergil. Biographie. Düsseldorf 2000.
Haecker, Theodor: Vergil. Vater des Abendlandes. Frankfurt a. M. 1958.
Hardie, Philip: Political Education in Virgil's *Georgics*. In: Studi italiani di Philologia Classica 4,97 (2004) S. 83–111.
Harrison, Stephen: Vergil and the Mausoleum Augusti. In: Acta Classica 48 (2005) S. 185–188.
Haye, Thomas: Das lateinische Lehrgedicht im Mittelalter. Analyse einer Gattung. Leiden 1997.
Heinze, Richard: Die Augusteische Kultur. Leipzig [3]1939.
Heiss, Hans: Virgils Fortleben in den romanischen Literaturen. In: Wege zu Vergil. Hrsg. von H. Oppermann. Darmstadt [2]1976. S. 301–319.

Holzberg, Niklas: Vergil. Der Dichter und sein Werk. München 2006.
Horsfall, Nicholas: A Companion to the Study of Virgil. Mnemosyne Supplement 151. Leiden 1995.
Jackson Knight, William: Roman Vergil. London 1946.
Johnston, Patricia: Vergil's Agricultural Golden Age. Leiden 1980.
Kettemann, Rudolf: Bukolik und Georgik. Studien zu ihrer Affinität bei Vergil und später. Heidelberg 1977.
– Das Finale des 3. Georgica-Buches. In: Würzburger Jahrbücher N. F. 8 (1982) S. 23–33.
Klepl, Herta: Lukrez und Vergil in ihren Lehrgedichten. Diss. Leipzig 1940. Neudr. Darmstadt 1967.
Klingner, Friedrich: Über das Lob des Landlebens in Virgils Georgica. In: Hermes 66 (1931) S. 159–189. Nachdr. in: F. K.: Studien zur griechischen und römischen Literatur. Hrsg. von Klaus Bartels. Zürich 1964. S. 252–278.
– Die Einheit des virgilischen Lebenswerkes. In: F. K.: Römische Geisteswelt. München [3]1956. S. 256–274.
– Virgil. Bucolica. Georgica. Aeneis. Zürich 1967.
Klotz, Alfred: Geschichte der römischen Literatur. Bielefeld 1930.
– Die Umarbeitung von Vergils Georgica. In: Würzburger Jahrbücher 2 (1947) S. 140–147.
Kraggerud, Egil: Die Proteus-Gestalt des 4. Georgica-Buches. In: Würzburger Jahrbücher N. F. 8 (1987) S. 35–46.
Kroll, Wilhelm: Studien zum Verständnis der römischen Literatur. Stuttgart 1924.
Kubusch, Klaus: Aurea saecula: Mythos und Geschichte. Frankfurt 1986.
Lana, Italo: La poesia di Virgilio. Turin 1974.
Leo, Friedrich: Die Lateinische Literatur und Sprache. In: Die Griechische und Lateinische Literatur und Sprache. Hrsg. von P. Hinneberg. Berlin [2]1907. S. 321–400.
Lilly, Marie L.: The Georgic. A Contribution to the Study of the Vergilian Type of Didactic Poetry. Baltimore 1917.
Lünenborg, Joseph: Das philosophische Weltbild in Vergils Georgika. Diss. Münster 1935.
Mackail, J. W.: Virgil and his Meaning to the World of To-Day. London 1923.
Martin, Joseph: Virgil und die Landanweisungen. In: Würzburger Jahrbücher 1 (1946) S. 98–107.

Miles, Gary B.: Virgil's Georgics. A New Interpretation. Berkeley 1980.

Mitsdörffer, Werner: Vergils Georgica und Theophrast. In: Philologus 93 (1938) S. 449–475.

Nawratil, Karl: Zum vierten Buch der Georgica. In: Wiener Studien 58 (1940) S. 112–119.

Neumeister, Christoff: Aristaeus und Orpheus im 4. Buch der Georgica. In: Würzburger Jahrbücher N. F. 8 (1987) S. 47–56.

Norden, Eduard: Die römische Literatur. In: Einleitung in die Altertumswissenschaft. Hrsg. von A. Gercke und E. Norden. Bd. 1. Leipzig 1910. S. 451–588.

– Orpheus und Eurydike. In: Sitzungsberichte der Preußischen Akademie der Wissenschaften 22 (1934) S. 626–683.

Oppermann, Hans: Vergil – Dichter einer Zeitwende. In: Römertum. Hrsg. von H. O. Darmstadt 1962. S. 224–243.

– Wege zu Vergil. Darmstadt 1976.

Otis, Brooks: Virgil. A Study in Civilized Poetry. Oxford 1963.

– A New Study of the Georgics. In: Phoenix 26 (1978) S. 40 bis 62.

Perret, Jacques: Virgile. L'homme et l'œuvre. Paris 1952.

Pöhlmann, Egert: Charakteristika des romischen Lehrgedichts. In: ANRW I 3. 1973. S. 813–901.

Pridik, Karl-Heinz: Vergils Georgica. Diss. Tübingen 1971.

– Vergils ›Georgica‹: Darstellung und Interpretation des Aufbaus. In: ANRW II 31,1. S. 500–548.

Putnam, Michael C. J.: Virgil's Poem of the Earth. Studies in the Georgics. Princeton 1979.

Rechenauer, G.: Zwischen Techne und Ethos. Antike Landtechnik in Hesidos Erga und Vergils Georgica. In: K. Döring – G. Wörle, Antike Naturwissenschaft und ihre Rezeption 1.2. Bamberg 1992.

Reynen, Hans: Ewiger Frühling und goldene Zeit. Zum Mythos des goldenen Zeitalters bei Ovid und Vergil. In: Gymnasium 72 (1965) S. 415–433.

Ribbeck, Otto: Geschichte der Römischen Dichtung. Bd. 1. Stuttgart 1887. Bd. 2. Ebd. 1889.

Richter, Will: Vergil als Dichter und Deuter der Natur. In: Der Altsprachliche Unterricht H. 5. (1953) S. 26–45.

Schäfer, Sabine: Das Weltbild der vergilischen Georgica in seinem Verhältnis zu De rerum natura des Lucrez. Frankfurt/M. 1996.

Schanz, Martin / Hosius, Carl: Geschichte der Römischen Literatur. Teil 2. München [4]1935.

Schweizer, Hans Jörg: Vergil und Italien. Zürich 1967.

Sellar, William Y.: The Roman Poets of the Augustan Age. Virgil. New York [3]1965.

Shechter, Stanley: The Aition and Virgil's Georgics. In: Transactions and Proceedings of the Philological Association 105 (1975) S. 347–391.

Spurr, M. S.: Agriculture and the Georgics. In: Greece and Rome 33 (1986) S. 164–187.

Stehle, Eva M.: Virgil's Georgics: The Threat of Sloth. In: Transactions and Proceedings of the Philological Association 104 (1974) S. 347–369.

Steidle, Wolf: Zwei Vergilprobleme. In: Serta Philologica Aenipontana 7–8 (1962) S. 311–334.

– Die Anordnung der Arbeiten im ersten Buch von Vergils Georgica. In: Rheinisches Museum 109 (1966) S. 135–164.

Strasburger, Hans: Vergil und Augustus. In: Gymnasium 90 (1983) S. 41–76.

Stroux, Johannes: Vergil. München 1932.

Suerbaum, Werner: Von der Vita Vergiliana über die Accessus Vergiliani zum Zauberer Virgilius. In: ANRW II 31,2. Berlin 1981. S. 1156–1162.

Thome, Gabriele: Vergil als alexandrinischer Dichter. In: Philologus 144 (2000) S. 90–115.

Volk, Katharina: Vergil's Georgics. In: The Classic Essays. Oxford 2008.

Thomas, Richard F.: Reading Virgil and his Texts: Studies in Intertextuality. An Arbor 1999.

Wilamowitz-Moellendorff, Ulrich v.: Vergilius. In: Deutsche Rundschau 225 (1930) H. 4. S. 12–22. Abgedr. in: U. v. W.-M.: Kleine Schriften. Bd. 6. Berlin 1972. S. 360–374.

Wilkinson, L. P.: The Intention of Virgils Georgics. In: Greece and Rome 29 (1950) S. 19–28.

Wilkinson, L. P.: The Georgics of Virgil. A Critical Survey. Cambridge 1969.

Zinn, Ernst: Die Dichter des alten Roms und die Anfänge des Weltgedichts. In: Antike und Abendland 5 (1956) S. 7–26.

Nachwort

Zur Vita des P. Vergilius Maro

Publius Vergilius (die Form Virgilius findet sich erst ab 400 n. Chr.) Maro wurde am 15. Oktober 70 v. Chr. in Andes (heute wohl: Pietole) bei Mantua geboren. Sein Vater besaß ein Bauerngut, war nebenbei Töpfer und zog Bienen; so lernte Vergil als Knabe am Ufer des Mincius das Landleben kennen.

Mit zwölf Jahren erhielt er Grammatikunterricht in Cremona und Mediolanum; seit etwa 54 studierte er in Rom Rhetorik, trat sogar einmal als Gerichtsredner auf, doch hinderte ihn seine Schüchternheit an weiterer Tätigkeit dieser Art. Er war römischer Bürger, später wohl römischer Ritter.

In Rom hatte Vergil vertrauten Umgang mit den sogenannten Neoterikern, die in strenger alexandrinischer Formgebung und metrischer Variation Kleinepen, Epigramme, Elegien und Liebesgedichte verfaßten und deren größter römischer Dichter C. Valerius Catullus war (den Vergil nicht mehr persönlich kannte). Gedichte Vergils aus dieser Zeit, vermischt mit fremden, sind in der Sammlung *Catalepton* (Kleingedichte) erhalten. Wahrscheinlich Vergilisch sind darin die Parodie der Catullischen Iamben auf ein Schiff und das hübsche Gedicht, in dem der Dichter Abschied von der Rhetorenschule nimmt, um sich der Philosophie zu widmen (5; 8).

Lehrer Vergils in der Philosophie war der Epikureer Siro, bei dem er einige Jahre in vertrauter Freundschaft mit Quintilius Varus, Plotius Tucca u. a. lebte und nebenbei Naturwissenschaft und Medizin studierte. Doch auch die stoische Philosophie lernte er kennen, an der ihn der Einheitsgedanke in Weltbildung und Weltlenkung anzog.

Später kehrte Vergil in die Heimat zurück, wo er im Jahre

43 Asinius Pollio kennenlernte, der damals die Transpadana-Provinz verwaltete und ihn zu ländlichen Gedichten anregte. Im Jahre 41 wurden achtzehn italische Städte, die zu den Caesarmördern gehalten hatten, enteignet und auf ihrem Gebiet Veteranen angesiedelt. Auch Vergils Vater verlor sein Gut, aber der Dichter erhielt, wohl durch Vermittlung des Asinius Pollio und des Elegikers Cornelius Gallus, eine Audienz bei Octavian, der den Besitz zurückerstattete. Freilich kennen wir den Vorgang nur durch Andeutungen in Vergils erstem Hirtengedicht. Später besaß Vergil ein Haus in Rom, ein Gut in Nola und Wohnungen bei Tarent und Neapel.

In den Jahren 41 bis 39 v. Chr. entstanden Vergils ländliche Idyllen, *Bucolica* oder *Eclogae*, im neuen alexandrinischen Stil und nach dem Vorbild des Bukolikers Theokrit (geb. 305 v. Chr.), wobei wir freilich dessen lebenswahren Realismus bei Vergil vermissen. Bei ihm sind Arcadien und Italien eins geworden, das Landleben wird zum Abbild richtigen Lebens überhaupt. Die *Eclogen* wiesen Vergil als Dichter der Natur und des Landlebens aus und machten ihn sogleich zu einem der ersten Dichter der Zeit.

Seit etwa 40 gehörte Vergil zum Kreis des Kunst- und Literaturförderers Maecenas und konnte sorgenfrei leben. Auch Horaz (seit 37) und Properz gehörten diesem Kreis an. Maecenas war es wohl, der Vergil das Thema der *Georgica* nahebrachte; daher die wiederholten Anreden an ihn. Sicher stehen die *Georgica* in Zusammenhang mit der augusteischen Politik der Versöhnung und des nationalen Neuaufbaus. Vergil arbeitete lange Jahre (zumeist in Campanien) an dem Werk (von 37 bis 29); als Octavian von einem Feldzug im Jahre 29 heimkehrte, lasen ihm Maecenas und der Dichter in Atella abwechselnd das fertige Gedicht vor.

Die lange Entstehung der kaum 2000 Verse hängt mit Vergils sorgsamer Arbeitsweise zusammen; morgens diktierte er viele Verse, die er tagsüber zu wenigen verdichtete. Er

selbst verglich sich mit einer Bärin, die ihre ungefügen Jungen erst zurechtlecke.
Wie Vergil in den *Eclogen* den Blick auf Italien richtete, weitete er in den *Georgica* den Horizont zu Welt und Geschichte und dachte bereits an die *Aeneis*. Als 29 v. Chr. die *Georgica* erschienen, war wohl ein Teil der *Aeneis* vorbereitet, wenn nicht bereits entworfen. Vergil widmete die Jahre von 29 bis 19 der Ausarbeitung dieser Dichtung, in der er die Rom-Idee bis zu den Gründen des Seins und der Welt verfolgte. T. S. Eliot sah das Wesen eines Klassikers in der Reife des Geistes, der Reife der Sitten und der Reife der Sprache beschlossen und schrieb Vergils *Aeneis* solche Vollendung zu. Vergil selbst deutete das Maß der Mühe, mit der er um Größe und Vollendung rang, durch die Worte an, es sei leichter, dem Hercules seine Keule zu entreißen als dem Homer einen Vers. Im Jahre 19 reiste Vergil nach Griechenland, um dort die *Aeneis* zu vollenden. Er erkrankte jedoch unterwegs und starb auf der Heimreise in Brundisium am 21. September 19 v. Chr.; bestattet wurde er in Neapel. Sein Grab trug die berühmte Aufschrift:

> Mantua gab mir das Leben, Calabrien raubt' es, Neapel
> birgt mich. Hirten besang, Felder und Helden mein Lied.

Wir besitzen von Vergil kein gesichertes Bildnis; er war hochgewachsen, von dunkler Hautfarbe, schüchtern und bäurisch im Wesen, neigte zu Magenleiden und Bluthusten. Vielleicht findet sich sein Porträt auf einem römischen Mosaik in Tunis.[1]
Die Überlieferung zu Vergil ist karg und von Schulerfindungen durchsetzt, doch darf man sich durch übergroße

1 Vgl. auch E. Bielefeld, »Zu dem Vergilbildnis des Iustus von Gent für Federigo da Montefeltre«, in: *Gymnasium* 74 (1967) S. 321 ff.

Skepsis nicht um die besten Nachrichten (wie Vergils Wort von der Bärin) bringen.[2]

Nach Vergils Tod schrieben L. Varius und Pl. Tucca »Über Vergils Talent und seine Wesensart« (*De P. Vergilii ingenio moribusque*), und zwischen 40 und 70 n. Chr. sammelte der Grammatiker Q. Asconius Pedianus alle Zeugnisse über ihn. Aus diesen Nachrichten stellte C. Suetonius Tranquillus (um 75–150 n. Chr.) seine Vergil-Vita zusammen, und fast alles, was wir von Vergil wissen, geht auf diese (als Ganzes verlorene) Vita zurück.[3]

Vorbilder und Quellen der *Georgica*

Das Lehrgedicht ist eine Schöpfung der Griechen und hat sich aus dem Epos zu einer Zeit entwickelt, die keine Trennung von Mythos, Wissenschaft und Geschichte kannte und keine literarische Prosa besaß.

Das Lehrgedicht vermittelt einem Adressaten einen Stoff als festes System in gebundener Form. Da der Stoff nicht immer anziehend ist, werden »Lichter« an den Gegenstand herangetragen, zumeist in Form der poetischen Erweiterung (Exkurs). So entsteht, wie Goethe in seinem Aufsatz »Über das Lehrgedicht« (1827) sagt, ein Mittelgeschöpf zwischen Poesie und Rhetorik, das man mehr nach seinem poetischen Wert als nach dem sachlichen Inhalt schätzt. Aristoteles lehnte das Lehrgedicht ab, weil es der Prosa nahestehe, und rechnete daher Hesiod und Empedokles nicht unter die Dichter.

Das ältere Lehrgedicht herrschte in Hellas zwischen 700 und 550. Seine Vertreter, Hesiod, Parmenides, Empedokles,

2 H. Naumann, »Suetons Vergilvita«, in: *Rheinisches Museum* 87 (1938) S. 334 ff.

3 Die Vergil-Viten sind abgedruckt in: *Vergil, Landleben*, hrsg. von J. und M. Götte, München 1987; dort auch die Testimonien zu Vergil und Erwähnungen in der antiken Literatur.

vermittelten neben praktischem Erfahrungswissen eine Art Gesamtdeutung von Welt und Natur.

Im jüngeren hellenistischen Lehrgedicht (seit dem Ende des 4. Jahrhunderts) triumphierte die Kunst des Dichters, der einen prosaischen Stoff in eine kunstvolle Kostbarkeit verwandelte. Vertreter dieser didaktischen Poesie waren Aratos, Nikander und andere. Vergil vereinigte in den *Georgica* beide Arten der Dichtung, indem er von der jüngeren die Eleganz der Form, von der älteren und von Lucrez die Verkündigung lebensbestimmender Einsichten übernahm. Im einzelnen hat Vergil weit mehr Vorbilder. So folgt er Homer in der Schilderung der Klage des Aristaeus vor seiner Mutter (ähnlich Achilleus bei Thetis im ersten Buch der *Ilias*) und in der Proteus-Episode (*Odyssee* 4,365 ff.).

Ein großes Vorbild ist Hesiod, und Vergil nennt sein Werk »Ascraeum carmen« (2,176) nach dessen Heimat Ascra am Helikon. Aus Hesiods *Werken und Tagen* übernahm er die Mischung von Mythen, sachlicher Lehre und Spruchweisheit. Dabei ist Hesiod weniger inhaltlich gegenwärtig (am ehesten im ersten Buch) als vielmehr im Ethos eines sinnerfüllten Lebens, in dem die Götter den Schweiß vor die Tüchtigkeit gesetzt haben.

Hatte so Vergil die für augusteische Dichtung typische Wendung zur frühgriechischen Dichtung vollzogen, entstammten zwei weitere Vorbilder dem Hellenismus. Das alexandrinische Lehrgedicht war streng auf einen Gegenstand bezogen, den es kunstvoll ausgestaltete. Sein Hauptvertreter war Aratos von Soloi (um 270 v. Chr.), der in seinen *Phainomena* die Sternbilder und in den *Diosemeia* die Wetterzeichen behandelte. Hier fand Vergil ein künstlerisches Vorbild, zugleich aber auch den religiösen Ernst stoischer Lebensdeutung. Zeus erscheint als Lenker der Welt, die Arbeit des Bauern geht auf seinen Willensentscheid zurück, er schuf die Sternzeichen, um die Menschen zum Werk zu rufen.

Ein weiterer Vertreter des hellenistischen Lehrgedichtes ist

Nikander von Colophon (geb. 275 v. Chr.), dessen Lehrgedichte über Schlangenbiß und Gegengifte erhalten sind. Er schrieb auch über den Landbau *Georgika* (wovon Vergil Thema und Titel übernahm); vom griechischen Text sind nur Bruchstücke erhalten. Nikander zeichnet sich durch klare Stoffgliederung aus; seine Sprache ist eher trocken und dunkel.

Aus dem hellenistischen Epos übernahm Vergil die Gelehrsamkeit, etwa beim Katalog der Weinsorten (2,89–102) oder bei den mythologischen Anspielungen; an ein hellenistisches Kleinepos erinnert auch die Aristaeus-Orpheus-Episode.

Rom lernte das Lehrgedicht zuerst in seiner hellenistischen Ausprägung kennen, der Übersetzung eines kulinarischen Gedichtes (*Hedyphagetica*) durch Ennius. Ihm folgte Accius in seinen *Didascalicon libri*, einer Darstellung der griechisch-römischen Dramendichtung und -aufführung. Accius schrieb auch ein Gedicht über die Landwirtschaft, *Praxidica* betitelt, das in iambischen Senaren Vorschriften über Säen und Pflügen enthält. Das große römische Vorbild Vergils war T. Lucretius Carus mit seinem Epos *Vom Wesen der Welt* (*De rerum natura*, 54 v. Chr.). Lucrez verstand die Natur als schöpferische und lenkende Macht im Kosmos, und diese Auffassung ging in Vergils *Georgica* ein. Gemeinsam ist Lucrez und Vergil die Liebe zur Natur, die Neigung zu Wissenschaft und Philosophie, die Abneigung gegen Luxus und Verschwendung. Lucrez war für Vergil überdies Vorbild in seiner Kunst der Durchdringung eines mächtigen Stoffes, in der Widmung an eine Persönlichkeit, den Proömien, dem Gebrauch der Erweiterungen, der Art der Buchschlüsse. Vielfach übernimmt Vergil sprachliche Wendungen seines Vorbildes und überträgt sie zum Teil in andere Zusammenhänge, gebraucht auch lucrezische Formeln (*nonne vides*) und Übergänge (*nunc age*). Allerdings lehnt Vergil seinen Vorgänger bei aller Anerkennung letztlich ab (vgl. Anm. zu 2,475).

Die Quellen für Vergils Darstellung des Landlebens sind vielfältig. Einmal ist Vergils Stoffkenntnis aus eigenem Erleben nicht zu unterschätzen. Hinzu kommt, daß Vergil die griechisch-römische Fachliteratur gründlich kannte, wenn es auch schwerfällt, bestimmte Beziehungen im einzelnen nachzuweisen. Mythisches und philosophisches Gut entnahm Vergil aus Homer, Hesiod, Kallimachos, Ennius, Lucrez und gegebenenfalls deren Scholien; sicher bediente er sich eines mythographischen Handbuches, und manches Philosophische wird er Ciceros Werken verdanken. Nach Hesiod beschrieb Vergil den Pflug (1,169–175) und die magische Bedeutung der Monatstage (1,276–286). Mit Sicherheit benützt ist auch Aristoteles, *Historia animalium* (z. B. über das Brunstverhalten der Säugetiere), ebenso sicher Theophrasts (um 372–287 v. Chr.) *Historia plantarum*, besonders für das zweite Buch der *Georgica*. Servius (zu *Georgica* 1,43) bezeugt Kenntnis von Xenophons *Oikonomikos*, doch finden sich davon kaum Spuren. Zweifellos Verwendung fanden zudem Arats *Diosemeia* im Abschnitt über die Wetterzeichen (1,351–392), jedoch in künstlerischer Auswahl. Auf die Lektüre Nikanders verweisen die identischen Werktitel und Quintilian (10,1,56), doch bietet sich zum Vergleich nur die Stelle über die Giftschlange (3,414–439) an; vermutlich kennt Vergil auch Nikanders Werk über Honigbereitung (*Melitourgika*). Im Anschluß an das hexametrische Gedicht *Hermes* des Eratosthenes (geb. um 295 v. Chr.) ist der Abschnitt über die Himmelszonen (1,231–258) verfaßt, und an dessen *Erigone* erinnern die Verse zur Entstehung des Bacchusfestes (2,380–396). Auch für die Gestaltung mythologischer Szenen verwendet Vergil hellenistische Versionen, wie seine ganze Art des Hinweisens auf Mythologisches alexandrinisch ist.

Aus römischem Bereich stammen sprichwörtliche Redensarten wie: »Bei Staub im Winter und Schlamm im Frühjahr, wirst du mächtig Dinkel ernten« (*hiberno pulvere, verno luto, grandia farra . . . metes*; vgl. 1,101 f.). Besonders im er-

sten Buch der *Georgica* ist das Werk des alten M. Porcius Cato (234–149 v. Chr.) *Über den Landbau* gegenwärtig, von dem Vergil die Ansicht übernahm, die Bauern brächten tüchtige Männer hervor, und der Erwerb aus Ackerbau sei der unschuldigste. Auch Einzelheiten gehen auf Cato zurück, so das Bild von der blinkenden Pflugschar (Servius zu 1,46: *vir bonus . . ., cuius ferramenta splendent*).
Wahrscheinlich verwendet Vergil (über Zwischenglieder) auch den griechischen Auszug in sechs Büchern des Diophanes von Nikaia (88 v. Chr.) aus dem mächtigen Werk zur Agrarkunde des Puniers Mago (2. Jh. v. Chr.).
Im Jahre 37 v. Chr. verfaßte M. Terentius Varro (116–27) seine drei Bücher *Res rusticae*, übrigens auch in einer fast dichterischen Form. Vergil folgt Varro vielfach, so in Nebenthemen wie dem Götteranruf zu Beginn des ersten Buches, dem Lob Italiens (2,136–176), dem Lob des Gärtners (4,125–148). Nicht geringer war wohl der Einfluß der Werke *De agricultura* und *De apibus* des C. Iulius Hyginus, des gelehrten Bibliothekars der Palatinischen Bibliothek in Augusteischer Zeit. Columella (1,1,13) nennt Hyginus geradezu Vergils Meister (*quasi paedagogi eius*). Dichterische Einzelheiten entstammen dem Werk des L. Varius Rufus, Vergils Freund, an dessen *Thyestes* (29 v. Chr.) Vergil in Vers 2,401 erinnert (siehe die Anm. zur Stelle, auch zu 3,253).
Ein wichtiger Vorgänger Vergils war Cicero, der als Vorläufer vergilischer Naturempfindung gelten darf und in seinem Werk *Cato Maior de senectute* (51 f.) den Nutzen der Feldarbeit und die Freude an Natur und Landleben darstellt. Vielleicht stammt sogar Vergils Buchgliederung von hier (54); Cato sagt dort nämlich: Nicht nur durch Saatfelder, Wiesen, Weingärten und Rebengehölze ist das Landleben erfreulich, sondern auch durch Gärten und Obstanlagen, die Rinderzucht, die Bienenschwärme und alle die bunten Blumen. Man erkennt unschwer die vier Bücher Vergils: Saatfelder und Wiesen (1), Wein- und Obstgärten (2), Viehhaltung (3), Blumen und Bienen (4).

Übrigens ist Cicero, mehr als Ennius oder Lucrez, Vorbild für Vergils Stil.[4]

Zweite Ausgabe der *Georgica*?

Servius überliefert zu *Georgica* 4,1 und *Ecloge* 10,1, die zweite Hälfte des vierten *Georgica*-Buches habe ursprünglich aus einem Lob des Dichters Gallus bestanden, doch habe Vergil, als Gallus in Ungnade fiel und getötet wurde, in einer zweiten Ausgabe anstelle des Galluslobes die Aristaeus-Geschichte gesetzt, und die Nachricht fand nicht selten Glauben.

C. Cornelius Gallus (geb. 69 v. Chr.), ein Freund des Vergil, war der berühmte Schöpfer der römischen Elegie, bei der eine Reihe von Gedichten eine Art Liebesgeschichte ergab. Vergil hatte Gallus bereits in den Eclogen 6 und 10 gefeiert. Gallus wurde nun im Herbst 30 Praefect des eroberten Ägypten, zog sich aber die Ungnade des Augustus zu und beging im Jahre 26 Selbstmord. Der Senat verschärfte das Unheil durch eine Verdammung seines Andenkens (*damnatio memoriae*), woran vielleicht die Nachricht des Servius anknüpft.

Diese Nachricht ist aber schon insofern strittig, als Servius berichtet, Gallus sei getötet worden, habe also nicht durch Freitod geendet. In Wahrheit liegt nur eine Grammatikeranekdote vor, vergleichbar der von Vergils Streit mit der Stadt Nola, der zur Änderung von *Nola iugo* in *ora iugo* geführt habe (vgl. Anm. zu 2,225). E. Norden hat die Glaubwürdigkeit des Servius erschüttert, wie auch Duckworth alle Ansichten von einer späteren Änderung im vierten *Georgica*-Buch mit guten Gründen zurückwies. Ein Lob des Gallus hätte nämlich gar nicht in die *Georgica* gepaßt.

4 Vgl. E. Fraenkel, »Vergil und Cicero«, in: *Atti e Memorie* N. S. 19/20 (1926/27) S. 3ff.

Denkbar ist jedoch, daß der Grammatiker M. Valerius Probus (1. Jh. n. Chr.) zum Orpheus-Epyllion anmerkte, dies sei als verschlüsseltes Galluslob zu verstehen, und daß Servius die Anmerkung falsch auffaßte.[5] Wirklich ist die Klage des Sängers um die verlorene Frau der klassische Stoff der Elegie, der Gattung also, die Gallus in Rom eingeführt hatte. J. Hermes[6] erklärt den Tatbestand ähnlich und verweist darauf (S. 291 f.), daß auch Vergils Verse über Ägypten (4,287–294) einen Anhaltspunkt zur Erfindung bei Servius boten. Im übrigen ist die Aristaeus-Geschichte durch Vorverweis in Buch 1 (14) gesichert, und bei einer Änderung des vierten Buches durch Vergil wäre mit Sicherheit der eine oder andere Vers aus der alten Fassung erhalten. So bleibt es dabei, daß sich das Aristaeus-Finale organisch in die *Georgica* einfügt und die Bugonie das Zeugnis für die ewig schaffende Kraft der Natur bildet. Auch die Verbindung mit der Orpheus-Geschichte als einem schmerzlichen Widerspiel dazu lag von jeher in Vergils Plan; dabei ahmte Vergil hierin vielleicht ein Gedicht des Gallus nach oder übernahm Teile daraus, um diesen zu ehren. Dies war dann das »Lob des Gallus« (*laudes Galli*), von dem Servius spricht.

Die *Georgica*

Not der Zeit. Die Besiedlung Italiens mit latinischen Bauernkolonien hatte den Grund zu Roms Größe gelegt. Doch war das freie Bauerntum seit dem zweiten Jahrhundert durch den Großgrundbesitz zurückgedrängt; es gab fast nur mehr Latifundien, die man durch Sklaven und Verwalter bewirtschaften ließ. Nur in der Poebene und in den Bergen hielten sich kleinere Bauernhöfe.

Auch die Bürgerkriege waren von Übel für die Landwirt-

5 M. Erren (Hrsg.), *P. Vergilius M. Georgica*, Heidelberg 1985, S. 22.
6 *C. Cornelius Gallus und Vergil*, Diss. Münster 1980.

schaft. Viel Land war verwildert, die Besitzer waren tot oder sorgten nicht mehr für ihre Güter; die mittellosen Landbewohner flüchteten in die Städte. Auch blieben die Ländereien, die nach 43 v. Chr. Veteranen erhielten, oft ertraglos, weil die Soldaten vom Landbau nichts verstanden.

Vergil schildert am Ende des ersten Buches der *Georgica* die Not der Zeit, die verödeten Felder, die Verstrickung der Natur in die Greuel der Bürgerkriege und will als Dichter und Musenpriester einen Heilsweg aus dem Elend künden. Die verwilderte Nation soll zu Werken des Friedens zurückkehren, sich auf die Werte des Bauerntums besinnen und wieder zu Verantwortung und schöpferischer Tätigkeit finden. Der Staat soll durch Erneuerung des italischen Bauerntums neu begründet werden. Freilich denkt Vergil vorwiegend an die moralische Erneuerung Roms, war doch nicht zu erwarten, daß sein Werk die Agrarstruktur ändern würde, und in Wahrheit beschreibt Vergil (wie Cato und Varro) ein ziemlich großes Gut mit Pflugochsen, Fruchtwechsel, Auswahl tragfähiger Böden, Scheuern.

Hilfe durch Natur. Segen der Arbeit. Die Römer beurteilten als Bauernvolk die Natur eher nach ihrem Nutzen;[7] für Vergil ist die Natur ein umfassender Lebensbezirk, in dem heilige und heilende Ordnung herrscht. Frömmigkeit, Einfachheit, Frieden vermittelt solches Dasein, und der Mensch lernt, in der Natur das Göttliche zu erkennen.

Im »Corycischen Greis« (4,125–146) schildert Vergil ein von Fleiß und innerem Glück getragenes Leben, das in Kampf und zugleich Übereinstimmung mit der Natur steht.

Kampf mit den Naturkräften und Arbeit machen den Menschen auch zum Erfinder von Werkzeugen und Künsten. Er ist Gründer eines neuen, dem Kosmos eingeordneten Le-

7 Vgl. E. Bernert, »Naturgefühl«, in: *Realencyclopädie der classischen Altertumswissenschaft*, Bd. 16,2, Stuttgart 1935, Sp. 1811–1863.

bens. Diese Arbeit (*labor*) schützt die Welt vor dem Niedergang. Iuppiter, Herr des Eisernen Zeitalters und Gott der Ordnung und Sorge, will, daß der Mensch sich abmüht und wach und gespannt sein Dasein aushält. Durch die Arbeit des Menschen entsteht die Kultur, sie bewahrt ihn vor dem Verfall. Doch singt Vergil kein Preislied auf die Arbeit; im Goldenen Zeitalter gab es die Mühe nicht, und Vergil weiß auch, daß Fortschritt verderblich sein kann. Eisen kann man zu Pflügen oder Schwertern schmieden. Im übrigen ist die bäuerliche Arbeit nur ein Beispiel menschlichen Mühens; Arbeit ist Merkmal der Gattung Mensch, ist ihre Aufgabe im Kosmos.

Lob des Landlebens. Vergil preist den Römern das Landleben als Weg zu persönlicher und sozialer Gesundung. Die *Georgica* werden zum politischen Manifest, das die Menschen wieder in die Naturordnung einfügen will, die im Leben der Bauern am reinsten verkörpert ist. Roms Größe beruhte auf dem Feldbau, und seine wirtschaftlichen und sozialen Zustände können durch den Feldbau neu geordnet werden.

Das Landleben ist Zufluchtsort der alten Römertugenden und erlaubt ein Leben in bescheidener Unabhängigkeit und Frömmigkeit. Auch steht das Glück der Bauern in der Obhut der Gerechtigkeit und des Friedens. Die ländliche Welt bildet ein Gegengewicht zum zerstörenden Weltgeschehen.

Das italische Landleben ist bei Vergil dem Arcadien der Hirtengedichte verwandt. Zugleich ist es das Leben der italischen Urzeit, das sich erhalten hat; Helden wie Cincinnatus, Regulus, Curius sind mit dem Landbau verbunden. Roms Macht beruht auf ihm.

Saturnische Spuren. Italien. Im Landleben ist eine Spur des Goldenen Zeitalters erhalten. Der Bauer schafft die aus dem paradiesischen Urzustand gefallene Natur in eine neue

Natur um, welche die einst gottgegebene Harmonie als geleistete Ordnung erneuert. Anfang und Gegenwart sind einander nahegerückt. Goldene Zeit, Gerechtigkeit und Landleben bilden für Rom die Rettung, und Vergil erhofft sich unter Augustus ein solches Saturnisches Zeitalter, das freilich nicht von Dauer sein muß. Italien ist ein Saturnisches Land; als Iuppiter seinen Vater Saturnus vertrieb, verbarg sich dieser noch eine Zeitlang dort und bewahrte Frieden und Reichtum der Urzeit. Von Italien kommt alles Große der römischen Geschichte, und Vergil bezieht seine Vorschriften zum Landbau auf Italien, das Land der Mitte und des Maßes.

Vergil und Augustus. Ziel des Augustus war nach den Bürgerkriegen die Hinführung der Römer zur eigenen Identität, und für den Wiederaufbau des Staates schien die Rückkehr zum Landbau von großer Bedeutung. So siedelte er Veteranen an, unterstützte die Inhaber kleinerer Güter und suchte das Verständnis der Gesellschaft für den moralischen und wirtschaftlichen Nutzen des Bauerntums zu wecken.

In diesem Streben trafen sich Vergil und Augustus, und Vergil erwartete vom Herrscher die Wiederherstellung von Frieden, Ordnung und Gerechtigkeit. Da Augustus verwirklichte, was er ersehnte, und der zerstörten Welt wieder aufhalf, wurde ihm der Princeps zum göttlichen Heilbringer, der ein neues Saeculum einleitet, zum neuen Romulus und zweiten Gründer des Reiches.

In den Dienst dieses Herrschers stellt sich Vergil, und so belehren ihn nicht die Musen für sein Gedicht, sondern Augustus (1,40 mit Anm.) und Maecenas (2,39).

Das Lied von der Welt. Die *Georgica* sind aber mehr als ein römisches Werk. Sie umfassen fast alle Bereiche menschlichen und göttlichen Seins und sind ein allumgreifendes Weltgedicht. Vergil bezieht die ganze Oikumene und die

Weite des Kosmos ein, schildert astronomische Vorgänge ebenso wie Frühlingsstürme und Sommerwinde. Die Erweiterungen (Exkurse) erheben viele Themen zu allgemeiner Bedeutung und ordnen das ländliche Leben in den Zusammenhang der Welt ein, so daß ein Bild Roms, der Welt und des Menschenlebens entsteht.
Das unmittelbar Gesagte weist über sich hinaus, und Vergils mythologische und geographische Anspielungen sind nicht nur gelehrter Schmuck, sondern zielen auf das Ganze des Lebens. Zu diesem umfassenden Weltbild gehören auch die Götter, und Vergil knüpft an die damals noch bestehende Frömmigkeit des italischen Landmannes an. Doch befreit er die Götter aus ihrer Enge und weist ihnen die höhere Rolle zu, in der neu geordneten Welt die Himmelsmacht auszuüben.

Vergils Leser. Zwar ist Vergils Gedicht kein Handbuch für Bauern, Hirten und Imker, doch besitzt es einen guten Kern fachlichen Wissens, und die auf Vergil folgenden Agrarschriftsteller schätzen die *Georgica* hoch. Grundsätzlich schreibt Vergil für alle Römer. Besonders aber richtet sich das Werk an führende Schichten Roms mit der Mahnung, ihre Teilnahme und Sorge dem bäuerlichen Element im Staat zuzuwenden. Und wenn seit Seneca (*Epistel* 86,15) immer wieder behauptet wird, Vergil wolle nur die Leser entzücken (*delectare*) und wende sich nur an ein kunstsinniges Publikum, trifft dies keineswegs die Absicht des Dichters.

Der Plan der *Georgica*

Vergil hat den umfangreichen Stoff klug gegliedert und auf harmonische Proportionen geachtet. So ist das feinste Werk italischer Kunst entstanden, für dessen Form Catulls Gedichtbuch und das Epos des Lucrez Vorbilder waren.

Catulls Gedichte sind kunstvoll angeordnet, auch mit der Einfügung eines Kleinepos in einen Rahmen war er vorangegangen; Lucrez faßte seinen Stoff in Buchpaare zusammen, gestaltete die Proömien aus und erhöhte die Buchschlüsse.

Vergil vermeidet Eintönigkeit und verzichtet auf streng systematische Stoffentfaltung, doch verbirgt er hinter manchmal scheinbarer Planlosigkeit die kluge Lenkung der Gedanken nach einer übergeordneten Disposition. Auch die Erweiterungen wachsen organisch aus dem Zusammenhang und dienen zu dessen Vertiefung, etwa die Rechtfertigung der Lebensnot (1,121–124) oder das Preislied auf Italien (2,136–176).

Der große Bau des Werkes zeichnet eine stufenweise Gliederung des Lebendigen von den Pflanzen über die Bäume zu den Tieren und den besonders hervorgehobenen Bienen. Buch 1 behandelt die Bestellung des Feldes im Rhythmus des Jahres; Buch 2 schildert die Pflege von Ölbaum und Weinstock und die schenkende Fülle der Natur; Buch 3 behandelt die Zucht von Rind und Pferd im menschenähnlichen, aber dumpfen Leben der Tiere, das die Schwere einer ganzen Schicht unseres Lebens anzeigt; endlich kommen in Buch 4 die Bienen in heller Verklärung und im Glanz des Geistigen, bis am Ende des Werkes der Mensch selbst mit der Schwere seines Schicksals erscheint.

Alle vier Bücher haben Schlußbilder, die sich im Umfang steigern (Bürgerkrieg – Frieden auf dem Land – Tod der Tiere – Auferstehung der Bienen).

Jeweils zwei Bücher bilden eine Einheit, sind durch Proömien eingeleitet (1 und 3) und durch Schlußverse abgeschlossen (2 und 4). Buch 1 und 2 sind der unbelebten Natur, 3 und 4 der belebten gewidmet. Die Bücher 2 und 4 haben als zweite Hälften von Werkteilen nur kurze Vorreden. Die Bücher 1 und 3 schließen mit düsteren Gemälden von Tod und Verderben, 2 und 4 sind von heller, freundlicher Art (wenn man auch in Buch 4 nicht zuviel Helligkeit suchen soll).

In mancher Hinsicht laufen Bücher parallel, so 3 und 4, in denen jeweils auch Schädlinge, Krankheiten und Tierseuchen behandelt sind. Im vierten Buch wird an derselben Stelle wie im ersten die Mühe des Landmannes dargestellt (1,125–159; 4,125–146). Buch 1 bietet (231–259) eine Geographie des Himmels, während Buch 3 (339–383) eine Geographie der Erde vorführt.
Buch 1 und 2 sind dreigeteilt, während 3 und 4 hälftig geteilt sind (3: 283 und 283, 4: 280 und 284 Verse). Auch stehen größere Versgruppen in bestimmtem Verhältnis zu anderen; so sind die Proömien von Buch 2 und 4 von etwa gleichem Umfang. Vergil selbst macht den Leser darauf aufmerksam, wenn er Werkteile symmetrisch aufbaut und abschließt, so 3,284.

Darstellung und Sprache

Vergil überträgt wie Lucrez den Stil der hohen Poesie auf das hellenistische Lehrgedicht. Die Gedanken erscheinen in vielstimmiger Komposition, bei der Themen sich entfalten und abklingen. Jede Versgruppe steht in Zusammenhang und Wechselwirkung; doch beruht die Gedankenführung oft weniger auf Logik als auf der Zusammenfügung von Ideen. Gern wird auch Ringkomposition angewandt, etwa 1,43–70 beim Thema des Pflügens.
Werkteile und Abschnitte werden scheinbar zwanglos, doch sorgsam verbunden; oft sind Übergänge verschleiert und in die Mitte von Versen verlegt. Andererseits verwendet Vergil betont prosaische Gliederungsformen (*principio*; *quod superest*; *praeterea* etc.). Erweiterungen des Zusammenhanges heben den Stoff ins Allgemeine und lockern die eher spröde Materie auf, doch ist auch diese so verklärt und vergeistigt, daß sich die lehrhaften Abschnitte nur wenig von den poetischen unterscheiden. Das Stilprinzip der Abwechslung (*variatio*) ist vorbildlich durchgeführt, besonders

in schwungvollen Schilderungen und Bildern (etwa des Waldbrandes: 2,302–311, oder eines Wagenrennens: 3,103 bis 111).

Lange Beschreibungen sind vermieden und möglichst in Handlung umgesetzt, ja, manchmal sind Gegenstände geradezu beseelt. So spüren Pflanzen Trost und Beglückung (2,350), ist die Erde mürrisch, nährt aber auch und spendet; sogar der Pflug besitzt Ohren, Füße und Zähne. Adjektive wie fröhlich, tapfer, neidisch usw. verleihen Dingen Leben, und Fénelon spricht in seinem Brief an die Académie treffend von »Virgile, qui anime et passionne tout«.

Anruf und Befehl ziehen den Leser in das Geschehen, und gelegentlich nimmt Vergil die Haltung eines befehlenden Magistrates an (3,295: *edico*).

Selten findet sich Humor, so im Bild der stolzierenden Krähe (1,389), im Vergleich der Bienen mit Cyclopen (4,170–178) oder im Mißverhältnis der Sprachhöhe zur Kleinheit eines Gegenstandes (4,86ff.).

Hingebende Sorgfalt widmet Vergil der sprachlichen Gestalt seines Werkes. Er verbindet griechische Kunst mit der Kraft der römischen Sprache, altlateinische Einfachheit und hellenistische Eleganz. Homer (vgl. 1,108–110 mit *Ilias* 21,257f.) ist ebenso Vorbild wie Hesiod, doch verdankt Vergil Entscheidendes den Kunstmitteln der Alexandriner, die rauschenden Namenreihen (1,138), die Kataloge (4,336 bis 344), die gelehrten Adjektive (4,111), die aber nicht nur schmücken, sondern oft das Ur- und Vorbild besprochener Dinge nennen und ausdrücken, daß die Welt ein zusammenhängender Kosmos ist.

Von lateinischen Dichtern sind Ennius, Catull und Lucrez Hauptvorbilder. Anleihen aus Ennius geben der Sprache altertümliche Würde (4,404 nach Ennius, *Annalen* 474); Catull ist Vorbild für sprachliche Eleganz, Lucrez für lebendige, ja leidenschaftliche Lehre. Auch zeitgenössische Dichter sind zitiert (siehe Anm. zu 2,401; 3,253).

Vergils Sprache ist kühn und frei von aller Plattheit. Nicht

selten finden sich sprachliche Neuschöpfungen; die Wortwahl weicht vom Gewöhnlichen ab und strebt zum Erhabenen, sucht kostbare Ausdrücke (*marmor* für *aequor*) und bevorzugt Abstrakta (1,143: *ferri rigor*).
Durch geographische Bestimmungen verleiht Vergil allgemeinen Begriffen konkrete Gestalt (Tempe statt Tal; Amyclaeische Hunde, Cretische Köcher, 3,345); mythologische Anspielungen bringen Glanz und Würde, doch sind die Mythen nicht nur Ornamente, sondern deuten auf Wesentliches oder Verwandtes.
Hatte der römische Bauer manchen Ausdruck aus dem menschlichen Bereich auf die Landwirtschaft übertragen, folgt ihm Vergil darin, nähert aber umgekehrt die Metaphorik des Bienenbuches dem Menschenleben an. Auch durch Gleichnisse und Vergleiche erhöht Vergil seine Darstellung (4,261–263 nach Homer; 4,312–314). Mehr als andere römische Dichter beherrscht Vergil Tonführung und Lautmalerei (1,356–363; 3,554f.). Der Tempusgebrauch ist frei und zwanglos.
Längere Perioden sind häufiger als in den *Bucolica*, der Satzbau ist teils schlicht, teils kunstvoll und folgt dem Gang der Sache ebenso wie dem des Verses; so ist 4,51 durch Überschreiten der Versgrenze die Gewaltsamkeit angedeutet. Vergils Hexameter besitzen Würde und Anmut und wechseln zwischen altitalischer Strenge und hellenistischer Feinheit. Schiller findet im vergilischen Hexameter eine Mischung »von Leichtigkeit und Kraft, Eleganz und Größe, Majestät und Anmut«. In den Episoden von Hero und Leander (3,258–263) und von Orpheus folgt Vergil anderen Gesetzen und schließt sich dem elegischen Genos an.

Überlieferung, Ausgaben, Übersetzungen

Der Vergiltext ist gut überliefert und geht wohl auf die von L. Varius nach Vergils Tod besorgte Ausgabe zurück. Eine andere maßgebliche Ausgabe stammte von Valerius Probus (etwa zur Zeit Neros), der für die *Georgica* ein Exemplar von Vergils eigener Hand zugrunde legte, jedoch die Orthographie der damaligen Schulnorm anglich. Auf dieser Ausgabe fußte später Aelius Donatus im 4. Jahrhundert n. Chr.

Zeitlich in die Nähe dieses Textes kommen bereits unsere ältesten Handschriften. Dies sind: A = Vaticanus Latinus 3256 aus dem 5. Jh. (mit Teilen der *Georgica*); F = Vaticanus Latinus 3225 aus dem 4. oder 5. Jh. (mit Teilen der *Georgica* und 9 Bildern); G = Schedae Sangallenses, ein Palimpsest aus dem 4. Jh. (mit Teilen der *Georgica*); M = Laurentianus Mediceus plut. XXXIX aus dem 5. Jh. (mit vollständigem Text). Hinzu treten weitere Textstücke und Gesamthandschriften, die in der Ausgabe von Mynors (Oxford 1969) beschrieben sind. Zuverlässigster Textzeuge ist wohl der Codex Guelferbytanus Gudianus 2.0 70 aus dem 9. Jahrhundert. – Die Bilder in den Handschriften sind in der Ausgabe von Götte (München 1987) angeführt.

Die erste gedruckte Ausgabe (Editio princeps) erschien in Rom (um) 1467, gehört also zu den frühesten gedruckten Büchern, gefolgt von der Straßburger Ausgabe 1469. Die herausragende Bedeutung Vergils geht allein daraus hervor, daß bereits vor dem Jahr 1500 mehr als 90 gedruckte Editionen seiner Werke vorlagen.[8] Hervorragende Gesamtausgaben Vergils mit Kommentar stammen von L. de la Cerda (Madrid 1608–17), G. Wakefield (Cambridge 1788), Chr. G. Heyne (Leipzig 1767–75; 4. Auflage hrsg. von G. Ph. E. Wagner, ebd. 1830–41; neu: Hildesheim 1968) und von J. Connington, J. Nettleship und F. Haverfield (London 1883–98; neu: Hildesheim 1963). Wichtig waren ferner die Ausgaben von O. Ribbeck (2. Auflage Leipzig 1894–95; neu: Hildesheim 1966), R. Sabbadini (Rom 1930; 2. Auflage Turin 1959).

8 W. Y. Sellar, *The Roman Poets of the Augustan Age. Virgil*, New York ^{3}1965, S. 67.

Neuere Einzelausgaben der *Georgica* mit Kommentar oder Anmerkungen stammen von A. Sidgwick (Cambridge 1885–86), A. Waltz (Paris 1898), P. Lejay (Paris 1929), R. Billiard (Paris 1933), R. Rubrichi (Neapel 1933), A. Mancini (Palermo 1939) und F. Della Corte (Turin 1960); weitere, für diese Ausgabe benützte Editionen und Kommentare sind im Literaturverzeichnis aufgeführt.
Die *Georgica* wurden in Italien bereits 1483 von M. Tenaglia und B. Foresi (Florenz 1483) in Versen übertragen, und viele Übersetzungen folgten. Allein im 18. und 19. Jahrhundert erschienen mehr als 15 italienische Fassungen, im 20. Jahrhundert gefolgt von den Arbeiten von E. Gerunzi (Florenz 1908), A. Richelmy (in Prosa, 1955), E. Cetrangelo (Florenz 1966), C. Carena (Turin 1971) und A. Barghesi (Mailand 1980).
Ins Französische wurden Vergils *Georgica* erst später übertragen, nämlich 1519 von G. Michel (Tours); geradezu ein Klassiker war die Übersetzung von J. Delille (Paris 1769), die oft nachgedruckt wurde (z. B. mit 4 Stichen von Eisen und Villeroy, Paris 1804). Ähnlich erfolgreich waren nur J. van den Vondel (1646) in Holland und J. H. Voß (1799) in Deutschland. Victor Hugo übertrug 1816 Teile der *Georgica* ins Französische. Im 18. und 19. Jahrhundert erschienen mehr als ein Dutzend französische Textfassungen. Aus dem 20. Jahrhundert stammen die Übersetzungen von H. Goelzer (1926), R. Billiard (in Prosa, 1931), M. Rat (1935), J. Hubeaux (in Alexandrinern, 1947), P. A. Nicolas (1948).
Die erste vollständige Übersetzung der *Georgica* ins Englische stammt von A. Fleming (1589), ihr folgte 1628 die von Th. May; die lange Zeit maßgebliche war die von J. Dryden (1696). Auch England war im 18. und 19. Jahrhundert fruchtbar an Übertragungen der *Georgica*; mindestens 14 aus dieser Zeit lassen sich anführen. Nicht minder häufig wurde das Werk im 20. Jahrhundert übersetzt, so von Th. Williams (in englischen Versen, 1915), J. W. Mackail

(New York 1915), H. L. Fairclough (1918), Day/Lewis (in Versen, 1941), Trevelyan (1944), Jermyn (1947), P. B. Smith (in Versen, 1956), L. P. Wilkinson (1982), R. Wells (1982), R. D. Williams (New York 1983).
Ins Spanische übertrug Luis de León (1527–91) Buch 1 und 2 der *Georgica*, gefolgt von J. de Guzman (Salamanca 1586). Besonders das 19. Jahrhundert brachte weitere Übersetzungen des Textes (mindestens fünf), und auch im 20. Jahrhundert erfreut sich Vergils Text der Teilnahme spanischer Übersetzer, so von L. Riber (Madrid 1941), A. Millares Carlo (Bueons Aires 1948), M. Olive (Barcelona 1951), E. Gomez de Miguel (Madrid 1961), M. Querol (Barcelona 1968), A. Diez Escanciano (1970–71), G. Ledo (Santiago de Compostela 1964).
Ins Katalanische wurden die *Georgica* von M. Dolc 1963 übertragen, ins Portugiesische von de Castillo (Paris 1866).
Deutsche Übersetzungen stammen von J. B. Sedletzki (Augsburg 1772), J. H. Jacobi (Halle 1781), F. Manso (Jena 1783), Fr. Herz (Hamburg 1787) und von J. H. Voß (Altona 1789–90); allerdings besaß letztere nicht den Rang der Voßschen Homer-Übersetzung, und Goethe schrieb 1799 darüber: »Sucht man aber darin den geistigen Abdruck des engelreinen, schönen Virgils, so schaudert man an vielen Stellen mit Entsetzen zurück.« Wichtige Übersetzungen der *Georgica* aus dem 19. Jahrhundert sind die von F. W. Genthe (Quedlinburg 1829), C. N. Osiander (Stuttgart 1853), W. Binder (Stuttgart 1856) u. a. Die bedeutendsten unserer Zeit stammen von R. A. Schröder (in: *Gesammelte Werke*, Bd. 5, Berlin 1952) und J. und M. Götte (zuletzt München 1987).

Zur Nachwirkung der *Georgica*

Vergils Wirkung auf spätere Zeiten war gewaltig; sein Werk war durch Mittelalter und Neuzeit bei allen europäischen

Völkern in Geltung, und erst im 19. Jahrhundert trat ein gewisser Umschwung ein.
Gleich nach Vergils Tod gaben Varius und Tucca eine Schrift über Talent und Wesen Vergils (*De P. Vergilii ingenio moribusque*) heraus, und der Grammatiker Q. Asconius Pedianus (3–88 n. Chr.) verteidigte ihn gegen seine Widersacher (*Contra obtrectatores Vergilii*). Vergils Grab in Neapel war jahrhundertelang geradezu ein Wallfahrtsort.
Die *Georgica* waren schon zu Vergils Lebzeiten Schullektüre und blieben es über Jahrhunderte, wie man auch seine Verse noch lange im Theater vortrug. Zitate aus dem Werk finden sich als Graffiti in Pompeji und auf Papyri, wie denn auch Augustinus bezeugt, Vergil werde in der Schule so behandelt, daß seine Verse jedem stets zur Hand seien.
Bezeugt ist ein Kommentar zu Vergil von dessem Zeitgenossen Iulius Hyginus. Wichtig für Text und Erklärung war die Arbeit des gelehrten M. Valerius Probus (zwischen 69 und 96), und der erhaltene Kommentar unter seinem Namen mag im Kern darauf zurückgehen. Weiterhin sind erhalten der Kommentar des Servius (um 355 – nach 400), die sogenannten Veronenser Scholien (zu Teilen) und die Bernenser Scholien (7.–9. Jh.). Diskussionen über Einzelheiten bei Vergil bietet auch Macrobius in seinen *Saturnalien* (um 400).
Die Griechen besaßen kein den *Georgica* vergleichbares Werk, und so verfaßte ein gewisser Arrianos eine Übersetzung ins Griechische. Schon unter Kaiser Hadrian befragte man Vergils Werk nach dem Schicksal in der Art des »Bibelstechens«.[9] In der Spätantike galt Vergil als Meister aller Wissenschaften, und von hier war es nicht weit zu der späteren Verklärung als Wundertäter im Mittelalter.
Vergils *Georgica* wurden das Vorbild späterer Lehrgedichte und wirkten vielleicht schon auf die »Ars Poetica« des Horaz. Ovid verfaßte Lehrgedichte über Liebeskunst, Mittel

9 D. Comparetti, *Virgilio nel Medio Evo*, Bd. 1, Florenz ²1955, S. 59.

gegen die Liebe und über Kosmetik, parodierte übrigens Vergils Orpheus-Episode in den Metamorphosen.[10] Zur gleichen Zeit schrieb Grattius ein Lehrgedicht über die Jagd, später Manilius eines über Astronomie.[11]
Einwirkungen der *Georgica* zeigen sich auch bei dem Bukoliker T. Calpurnius Siculus (unter Nero), in den gleichzeitigen »Carmina Einsidlensia« und bei dem Bukoliker M. Aurelius Nemesianus (Ende 3. Jh.).
Vergil galt zumindest im 1. Jahrhundert auch als Autorität in landwirtschaftlichen Fragen und wurde so zitiert, etwa bei Columella (um 63), der ihn einen »Seher« nannte und im zehnten Buch seines landwirtschaftlichen Werkes nach Vergils Aufforderung (4,148) über den Gartenbau in Hexametern schrieb.[12] Plinius der Ältere zitiert die *Georgica* mehrfach, zum Teil mit kritischen Anmerkungen, besonders was die Bienen angeht.[13]
In der Spätantike entstanden auch die sogenannten Vergil-Centonen, in denen mit Hilfe von Vergilversen andere Themen behandelt wurden, etwa im *Cento nuptialis* des Ausonius. Auch die Christen waren Vergil nach anfänglicher Geringschätzung gewogen,[14] und Ambrosius verglich die Kirche mit den Bienen, wie überhaupt die *Georgica* mit ihrem Arbeitsethos auf die Bibel hinzudeuten schienen und dem benedictinischen *Ora et labora* entsprachen. Vergils Ruhm überdauerte den Zerfall der Antike, besonders weil die vierte Ecloge als Prophetie auf Christus galt. Cassiodorus zitiert die *Georgica* (2,484) in seinen *Institutionen* (1,28), wie auch der christliche Dichter Endelechius (4./5. Jh.) in seinem Werk über Rindersterben (*De mortibus*

10 B. Otis, *Ovid as an Epic Poet*, Cambridge 1966, S. 184.
11 B. Effe, »Labor improbus [...]«, in: *Gymnasium* 78 (1971) S. 393 ff.
12 E. de Saint-Denis, »Columelle, Mirroir de Virgile«, in: *Vergiliana*, hrsg. von H. und V. Bardon, Leiden 1971, S. 328 ff.
13 R. T. Bruère, »Pliny the Elder and Virgil«, in: *Classical Philology* 51 (1956) S. 228 ff.
14 E. Heck, »Vestrum est – poeta noster [...]«, in: *Museum Helveticum* 47 (1990) S. 102 ff.

boum) Elemente aus Vergils Beschreibung der Norischen Viehseuche verwendet.

Nach den Stürmen der Völkerwanderung wurde Vergil im 8. und 9. Jahrhundert neu entdeckt, weshalb man die Karolingische und die Ottonenzeit *Aetas Vergiliana* nennt. Einflüsse der *Georgica* zeigen sich in Gedichten Alcuins aus der Zeit Karls des Großen und besonders im Werk des Walafrid Strabo über den Gartenbau (*De cultu hortorum*), das in über 400 Versen den Kräutergarten der Reichenau beschreibt und ein wirkliches Lehrgedicht darstellt (um 835).[15] Einfluß der *Georgica* zeigt vielleicht auch das Gedicht über die Namen der zwölf Monate (*De mensium XII nominibus*) des Wandalbert von Prüm (geb. 813). Vergil wurde in den Klosterschulen viel behandelt, und die Nachahmung seiner Verse durchzieht große Teile der mittelalterlichen Dichtung; zwar traten die *Georgica* vor der *Aeneis* zurück, doch finden sich Reste von *Georgica spiritualia* aus dem 13. Jahrhundert. Man verglich auch den glücklichen Zustand der Saturnischen Zeit, der durch göttlichen Eingriff verschlechtert wird, mit dem Paradies.

Ein neues Verhältnis zu Vergil zeigt sich bei Dante, der nicht mehr nachahmt, sondern Neues schafft; doch bezeugt Dante seine Dankesschuld, indem er Vergil zum Führer durch Hölle und Läuterungsberg wählt und bezeugt, dieser habe ihn zum Dichter und Christen gemacht. Petrarca zitiert das Wort vom *labor improbus* an wichtigen Stellen: Im Brief über die Besteigung des Mont Ventoux und in seiner Rede zur Dichterkrönung auf dem Capitol. Überhaupt studieren die italienischen Humanisten eifrig die *Georgica*; so schrieb etwa A. Poliziano als Einleitung zu einer Vorlesung über Hesiod und die *Georgica* ein kleines Epos *Rusticus* (1483; 570 Verse), Sannazaro verwendete die Aristaeus-Geschichte in seiner *Arcadia* (1504), G. Rucellai verfaßte 1539

15 Vgl. B. Effe, »Zur Rezeption von Vergils Lehrdichtung [. . .]«, in: *Antike und Abendland* 21 (1975) S. 140ff.

ein Poem *Le Api* nach Vergil, und L. Alamanni folgte 1546 in seinem Werk *La Cultivazione* Vergils Spuren. G. Fracastro verteidigte das Lehrgedicht in seiner Schrift *Naugerius* (1555).[16]

Vom Italien der Renaissance verlagerte Vergils Einfluß sich nach Frankreich und England, und besonders in der Romania war seine Wirkung unermeßlich. In Spanien zeigte Juan de Mena (1411–56) in seinem Werk *Laberinto* Einfluß der *Georgica.* In Frankreich sah M. de Montaigne (1533–92) darin das vollkommenste Werk der Dichtung (»le plus accomply ouvrage de la poesie«), und der Einfluß dieses Werkes ist auch in den Eclogen Ronsards (1524–85) festzustellen.

Auch das England des 16. und 17. Jahrhunderts steht unter dem Einfluß der *Georgica.* Spensers *Shepheardes Calender* (1579) übernimmt Einzelzüge, ebenso Milton im *Verlorenen Paradies* (1667; besonders im zehnten Buch über die Auffassung der Arbeit). Ben Jonson, Chapman und Fletcher zeigen Beziehungen, und Dryden nennt Vergils *Georgica* »the best poem of the best poet«. J. Addison, sein Zeitgenosse, widmete den *Georgica* einen rühmenden Essay (1693), in dem er die Beziehungen Vergils zu Hesiod besprach und meinte, der größte Vorzug Vergils liege »in his application of ornament«. Die *Georgica* seien »the most complete, elaborate and finished piece in all antiquity«. J. Swift schrieb 1710 *A Description of a City-Shower* in Nachahmung der *Georgica.*[17]

In Frankreich verwendete der Jesuit R. Rapin (1621–87) die *Georgica* in seinen *Hortorum libri IV* (1665), und in Deutschland lobte sie M. Opitz in seinem *Buch von der Deutschen Poeterey* (1624) mehrfach.

Auch das 18. Jahrhundert war dem Werk günstig. Es diente als Muster für neuzeitliche Lehrdichtung über den

16 Vgl. V. Zabughin, *Virgilio nel Rinascimento*, Bologna 1921–23.

17 Vgl. W. P. Mustard, »Virgil's Georgics and the British Poets«, in: *American Journal of Philology* 29 (1908) S. 1 ff.

Landbau, besonders in England, wo Drydens Übersetzung (1696) ein Lieblingsbuch der Nation wurde und Anstoß zu zahlreichen Arbeiten gab, so für J. Thomsons (1700–48) *The Seasons*, dem Vorbild der Jahreszeiten von J. Haydn.[18] Auch die folgenden Dichtungen sind von Vergils *Georgica* beeinflußt: J. Denham, *Cooper's Hill* (1642); A. Pope, *Windsor Forest* (1713); Chr. Smart, *The Hop-Garden* (1752); J. Philips, *Cyder* (1708; über Apfelanbau); J. Gay, *Rural Sports* (1713); W. Sommerville, *The Chase* (1735).[19] Weitere Einflüsse finden sich bei W. S. Landor, Wordsworth, Byron, Tennyson, R. Browning. Vergils Werk war so bekannt, daß es in Parlamentsreden zitiert wurde.

Für das Frankreich des 18. Jahrhunderts gilt Ähnliches. Bossuet soll Vergils Werke fast auswendig gekonnt haben, und auch die didaktische Art machte Vergil beliebt. Vanière schrieb ein *Praedium rusticum* (lateinisch), de Rosset ein Werk *Agriculture*; von J. Delille stammt *L'homme des champs*, von J. de Berni *Les quatre saisons*.

Goethe zitierte in der *Italienischen Reise* (12. 9. 1786) am Gardasee einen Vers aus den *Georgica* (2,160), und vielleicht sind vom Ausgang des ersten *Georgica*-Buches angeregt die Worte im Egmont (2,2): »Wie [...] gepeitscht gehen die Sonnenpferde der Zeit mit unsers Schicksals leichtem Wagen durch.«

Doch änderte sich in der zweiten Hälfte des 18. Jahrhunderts das Urteil über Vergil. Nun wird ihm Homer als der einfache, ursprüngliche Dichter entgegengestellt, und wenn Lessing auch die *Georgica* als das »Meisterstück des Virgil« bezeichnete, stellte er doch im *Laokoon* Homer über Vergil, wie es dann Herder in den »Kritischen Wäldern« und Hegel in seiner Ästhetik taten. Im Bereich der Romania dagegen blieb Vergil auch im 19. Jahrhundert fast unangefochten, wofür Sainte-Beuves (1804–69) *Étude sur Virgile* Zeugnis ablegt.

18 B. Spiecker, *J. Thomsons Seasons und das römische Lehrgedicht*, Nürnberg 1975.

19 Vgl. insgesamt: J. Chalker, *The English Georgic*, London 1969.

Im Deutschland des 20. Jahrhunderts haben die Arbeiten von Heinze, Burck, Klingner und Buchheit Vergil neues Ansehen verschafft. In England schrieb V. Sackville-West 1926 das Buch *The Land* in Vergils Art, und T. S. Eliot sagte in seinem berühmten Essay »What is a classic?«[20], kein Dichter verkörpere das Klassische reiner als Vergil.

Moderne Bilder zu den *Georgica* stammen von Aristide Maillol (1937), A. D. de Segouzac (1947) und von R. Seewald (1953). G. Francesco Malipieri schuf musikalische Kompositionen zu Ausschnitten der *Georgica* (1946/48), ebenso Jan Novak (zwischen 1968 und 1974).

20 London 1945; dt.: »Was ist ein Klassiker«, abgedr. in: *Antike und Abendland* 3 (1948) S. 9ff.